청탁금지법 해설

부정청탁 및 금품등
수수의 금지에 관한 법률

■

홍성칠 저

박영사

머리말

    법은 최소한의 도덕이라 하지만 법과 도덕의 경계가 그리 분명하지 않고, 관습과도 상당 부분 영역이 중첩된다. 도덕은 당위를 중심으로 형성되고 관습은 오랜 관행에서 비롯되지만 법은 인간의 존엄이나 이성과 같은 선험적, 자연적 근본규범에 기초하여 필요에 따라 실정법으로 현실화 된다. 법은 당위에 있어서 도덕과 궤를 같이 하나 필요성에 따라 규범화 될 수 있는 점에서 차이가 있고, 관습과는 당위성과 현실적 필요성 때문에 상충되기도 한다.

    법이 기왕의 관행이나 관습과 배치되는 규범을 현실화 할 때, 또는 도덕적으로 크게 비난받지 않던 행위를 위법으로 규정할 때 그 규율대상자는 상당한 혼란을 겪게 되고 법에 대한 저항도 생기기 마련이다. 그런데 최근 이와 같은 시도를 한 것이 '김영란법'이라고 불리는 "부정청탁금지 및 공직자의 이해충돌방지법안"이다. 이 법안은 오랜 공동체 문화에서 비롯된 호의적 청탁문화, 미풍양속이라는 명목으로 법에 저촉되지 않는 수준의 식사·선물·경조사 등의 관행을 모두 실정법 영역에 편입하여 금지하고 있다. 2012. 8. 이 법안이 입법예고 되자 많은 논란과 찬반양론이 일었다. 그러나 청탁과 금품수수로 얼룩진 우리 공직사회의 현실이 공정사회·일류국가로 발돋움하는 데 막대한 장애요인이 되고 있다는 공감대가 형성되어 결국 2015. 3. 27. '부정청탁 및 금품등 수수의 금지에 관한 법률'이 제정되어 2016. 9. 28. 시행을 앞두고 있는 것이다.

이 법은 비록 공직자를 중심으로 되어 있지만 법 적용대상자에 공직자뿐만 아니라 부정청탁과 금품수수의 상대방인 일반 국민을 포함하고, 그 내용은 일상에서 사람들을 만나 식사하고 대화하면서 서로의 애로사항을 들어주던 영역이나 경조사에 부조금을 건네던 관행까지 규율 대상으로 하고 있다. 예컨대, 공직자가 지인의 승용차에 동승하거나 친구의 별장에 함께 놀러가 잠을 자는 것과 같이 편의를 제공받으면 금품을 수수한 것이 되고, 학교법인이 운영하는 대학교부속병원에서 예약된 진료순서를 무시하고 빠른 진료를 부탁하는 것은 정상적인 거래관행에 반하는 부정청탁에 해당한다. 이처럼 이 법은 평소 아무런 거리낌 없이 하던 일상생활을 규제하는 것이므로 사회 일반에 미칠 파장은 실로 예측하기 어렵다. 한마디로 이 법은 우리의 일상 관습이나 생활문화를 획기적으로 바꾸기 위하여 제정된 법이다.

이와 같은 법이 제정되어 시행을 앞두고 있으나 부정청탁 및 금품수수가 금지된다는 개략적인 내용과 수수가 허용되는 금품 중 음식물·선물 및 부조금의 상한액이 각 3만원, 5만원, 10만원이라는 정도 이외에 알려진 것이 별로 없다. 공직자들이 어떻게 처신해야 하는지 알지 못하면 자칫 외부와의 모든 접촉을 끊고 필요 이상으로 행동을 조심하게 될 수 있다. 비록 이 법의 내용을 잘 알고 있더라도 금품등 수수와 관련하여서는 직무관련성과 금품가액에 따라 쉽게 부패신고 또는 조사 및 수사의 대상으로 될 수 있기 때문에 의심받기 싫어서라도 가급적 대외 접촉을 삼갈 수 있다. 이러한 현상이 생기면 당장 음식물과 관련 있는 외식산업이나 선물과 관련 있는 농·축·수산물 산업이 충격을 받는 것은 물론이고, 장기적으로 공직사회의 장벽은 더욱 높아지고 소통부재로 인하여 공직자가 사회 일반과 괴리되어 효율적인 정책수립과 집행이 어려워질 수도 있다. 필자가 용기를 내어 이 책을 쓰게 된 동기는 이러한 현상을 줄이고 이 법의 적용을 받는 공직자와 일반인들이 이 법을 이해하는 데 조금이나마 도움이 되었으면 하는 바람 때문이었다.

우선 이 책은 몇 가지 제한된 조건 하에서 집필하였다.

첫째, 이 책은 이 법이 제정된 것을 전제로 하고 있다. 즉 현 시점에서 이 법의 필요성이나 입법 자체의 타당성에 관한 검토는 제외하였다.

둘째, 이 법의 위헌성 시비와 관련하여 현재 헌법재판소에 위헌심판이 여러 건 제기된 상태이므로 그 부분에 관한 언급은 피하였다. 헌법재판소에서 진행 중인 심판사건에 대하여 왈가왈부하지 않는 것이 법조인으로서의 도리이기 때문이다. 다만 심판사건과 관련이 없는 일정 부분에 대한 최소한의 검토는 하였다.

셋째, 이 책은 「부정청탁 및 금품등 수수의 금지에 관한 법률」에 대한 해설서이지만 보통의 법학 전문서적과 달리 이 법의 적용대상인 공직자, 교직원, 언론인 및 일반인에게 참고가 될 수 있도록 신경을 썼다. 따라서 될 수 있는 대로 전문적 법 이론에 대한 논의를 줄이고 일반인의 입장에서 이 법을 이해하고 어떤 행위가 이 법에 저촉되는지 여부를 가늠해 볼 수 있도록 노력하였다.

원고를 마무리하고 보니 가장 아쉬운 점은 이 법이 공직자를 규율하는 법이라고 알려졌지만 사실은 공직자와 교류가 있는 대다수 일반 국민도 적용대상으로 하고, 오히려 일반 국민에 비해 공직자를 상대적으로 보호하는 측면이 있다는 것이다. 이 법은 공직자등이 직무와 관련하여 금품등을 받거나 요구 또는 약속하여 위반행위를 하였더라도 이를 소속기관장이나 수사기관 등에 지체 없이 신고하거나 반환 또는 거부의사를 표시하면 처벌대상에서 제외하지만 금품등을 제공하거나 약속 또는 의사표시를 한 그 상대방은 그렇지 않다. 심지어 공직자등이 노골적으로 요구하거나 우회적으로 암시하여 상대방이 금품등을 제공하거나 약속한 경우도 마찬가지이기 때문이다.

이 책에서는 목적론적 해석을 경계하고 되도록 문리해석(文理解釋)에 입각하여 법 이론과 기존 판결례에 충실하고자 하였지만 필자의 개인적 견해도 일부 가미되었기 때문에 구체적 사건에서 수사 또는 재판기관의 유권적 해석·적용과 다를 수 있음을 미리 밝힌다. 검토 과정에서 여러 가지로 부족함을 많이 느꼈고 원고를 마친 후에도 내용이 보잘 것 없음을 다시금 느낀다. 앞으로 각계

전문가와 독자 여러분들의 비판을 달게 받을 각오이니 많은 조언과 지도를 바란다.

끝으로 이 책의 출간을 흔쾌히 맡아주신 박영사 조성호 이사님과 세밀하게 교정을 봐주신 편집부 이승현 선생에게 깊이 감사드린다.

2016. 6. 1.

麻浦 寓居에서 著者 識

차 례

제 1 장 총 칙

제 3 장 금품등의 수수금지

제4장 부정청탁 및 금품수수 금지에 관한 업무처리

제 5 장　징계 및 벌칙

제1장 총 칙

제1절 입법목적

우리 사회는 오랫동안 공동체의식에 터 잡은 연고주의, 온정주의가 하나의 문화로 정착하였고, 그 결과 서로 청탁하고 이를 들어주는 관행이 사회 전반에 만연해 있으며, 공직자가 직무관련자로부터 떡값·촌지 등 명목으로 금품등을 수수하여도 '대가성'이 없다는 이유로, 또 지인으로부터 거액을 수수하였음에도 '직무관련성' 및 '대가성'이 없다는 이유로 형사처벌 받지 않은 것은 주지의 사실이다. 그 결과 공공기관의 업무는 청탁과 금품수수에 의해 왜곡되고 지속적으로 발생하는 공직자의 부정부패·비리사건으로 인하여 공직자의 청렴성과 공직사회에 대한 국민의 신뢰는 심각할 정도로 훼손되었고, 이로 인하여 대한민국이 공정한 사회, 선진 일류국가로 발돋움하는 데 최대의 장애요인이 되고 있다는 국민적 공감대가 형성되기에 이르렀다. 이러한 상황에서 공직부패를 효과적으로 규제하기 위한 제도적 장치를 마련하기 위하여 「부정청탁 및 금품등 수수의 금지에 관한 법률」(이하 '청탁금지법'이라 한다)이 발의되고 제정되게 되었다.[1] 그러므로 이 법은

---

[1] 정부 '부정청탁금지 및 공직자의 이해충돌 방지법안' 제안이유 및 국회 정무위원회 부정청탁금지법안 제안이유 참조.

공직자의 공정한 직무수행을 저해하는 부정청탁 관행을 근절하고 공직자의 금품
등의 수수행위를 금지함으로써 공직자의 공정한 직무수행을 보장하고 공공기관
에 대한 국민의 신뢰를 확보하는 데 그 입법목적이 있다(법 제1조). 아울러 부정청
탁과 금품공세를 방지하여 공직자와 공적 업무 종사자를 보호하는 데에도 일정
한 역할을 할 것으로 기대된다.

제 2 절   법 적용 대상기관

청탁금지법은 "공공기관"에 소속된 "공직자등"을 그 적용대상으로 하는데, 여
기서 말하는 "공공기관"이란 다음 각 기관·단체를 말한다(법 제2조 제1호).

1. 국가기관 또는 지방자치단체

국회, 법원, 헌법재판소, 선거관리위원회, 감사원, 국가인권위원회, 중앙행정기
관(대통령 소속 기관과 국무총리 소속 기관을 포함한다)과 그 소속 기관 및 지방자치단체
(법 제2조 제1호 가.목)

헌법에 규정된 국회, 법원, 헌법재판소, 선거관리위원회, 감사원, 행정각부 및
지방자치단체가 여기에 포함된다. 다만 행정각부는 이 법에서 정부조직법상 중앙
행정기관(대통령 소속 기관과 국무총리 소속 기관을 포함한다)과 그 소속 기관을 포괄하
는 것으로 규정되었다. 대통령 소속 및 국무총리 소속 중앙행정기관에는 17부(기
획재정부, 교육부, 미래창조과학부, 외교부, 통일부, 법무부, 국방부, 행정자치부 등), 5처(국민
안전처, 인사혁신처, 법제처, 국가보훈처, 식품의약품안전처), 16청(국세청, 조달청, 병무청,
검찰청, 경찰청, 특허청 등), 2원(감사원 및 국가정보원), 5실(대통령비서실, 대통령경호실,
국가안보실, 국무조정실, 국무총리비서실), 5위원회(방송통신위원회, 공정거래위원회, 금융위
원회, 국민권익위원회, 원자력위원회)가 있다. 그 외에 국가인권위원회는 헌법상의 기
관도 아니고 대통령 및 국무총리 소속기관도 아니지만 법률에 의해 설립된 국가
기관이므로 공공기관에 포함된다. 지방자치단체에는 17개 광역자치단체, 228개

기초자치단체 및 17개 시·도교육청이 있다.[2]

2. 공직자윤리법상 공직유관단체

공직자윤리법 제3조의2에 따른 공직유관단체(법 제2조 제1호 나.목)

"공직유관단체"란 공직자윤리법 제3조의2 제1항에 따라 정부 공직자윤리위원회가 정부 또는 지방자치단체의 재정지원 규모, 임원선임 방법 등을 고려하여 지정하는 기관·단체를 말하는데 다음 각 호와 같다.

1. 한국은행
2. 공기업
3. 정부의 출자·출연·보조를 받는 기관·단체(재출자·재출연을 포함한다), 그 밖에 정부 업무를 위탁받아 수행하거나 대행하는 기관·단체
4. 지방공기업법에 따른 지방공사·지방공단 및 지방자치단체의 출자·출연·보조를 받는 기관·단체(재출자·재출연을 포함한다), 그 밖에 지방자치단체의 업무를 위탁받아 수행하거나 대행하는 기관·단체
5. 임원선임 시 중앙행정기관의 장 또는 지방자치단체의 장의 승인·동의·추천·제청 등이 필요한 기관·단체나 중앙행정기관의 장 또는 지방자치단체의 장이 임원을 선임·임명·위촉하는 기관·단체

인사혁신처장은 위와 같이 공직자윤리위원회가 지정한 공직유관단체를 「공직자윤리법 시행령」 제3조의2 제2항에 의하여 매 반기 말까지 관보에 고시하여야 하는데 인사혁신처고시 2015-7호에 의하면 2016. 1. 1. 기준 공직유관단체는 983개이며 이를 살펴보면 대략 다음과 같다.

1. 한국은행
2. 공기업 : 대한석탄공사, 대한주택보증공사, 부산항만공사 외 항만공사 3개, 인천국제공항공사, 한국가스공사, 한국감정원, 한국공항공사, 한국관광공사, 한국광물자원공사, 한국도로공사, 한국마사회, 한국방송광고진흥공사, 한국석유공사, 한국수력원자력㈜, 한국수자원공사, 한국전력공사, 한국조폐공사, 한국지역난방공사, 한국철도공사, 한국주택토지공사, 해양환경환리공단, 한국남동·남부·동서·서부·중부발전

---

2 행정자치부 홈페이지//정책자료//통계//통계연보/주제별통계//2015 행정자치 통계연보(2014. 12. 31. 기준) 참조.

㈜ 등 30개 기관·단체

3. 지방공사 및 지방공단 : 강남구도시관리공단 등 각 지방자치단체의 도시관리공단 또는 시설관리공단, 경상북도개발공사 등 각 지방자치단체의 개발공사, 경기관광공사 등 각 지방자치단체의 관광공사 또는 관광개발공사, 경기도시공사·대구도시공사 등 각 지방자치단체의 도시공사, 대구도시철도공사 등 각 지방자치단체의 도시철도공사 또는 교통공사, 부산환경공단 등 각 지방자치단체의 환경공단 등 144개 기관·단체

4. 정부 또는 지방자치단체의 출자·출연·보조를 받는 기관·단체 : 강원도생활체육회 등 각 지방자치단체의 생활체육회·체육회 또는 장애인체육회, 경기개발연구원·서울연구원 등 각 지방자치단체의 연구원·개발연구원·발전연구원, 경기복지재단 등 각 지방자치단체의 복지재단, 서울장학재단 등 각 지방자치단체의 장학재단, 원주문화재단 등 각 지방자치단체의 문화·예술재단, 대한적십자사, 대한체육회, 국민생활체육회, 국립공원관리공단, 국립중앙의료원, 국토연구원, 기초과학연구원, (사)대한노인회, (사)한국과학기술한림원, 산업연구원, 수산업협동조합중앙회, ㈜강원랜드, 통일연구원, 한국개발연구원, 한국과학기술연구원, 한국과학기술원, 한국교육개발원, 한국교육방송공사, 한국교통연구원, 한국기계연구원, 한국노동연구원, 한국농수산식품유통공사, 한국농어촌공사, 한국농촌경제연구원, 한국로봇산업진흥원, 한국법제연구원, 한국보건사회연구원, 한국산업단지공단, 한국생산기술연구원, 한국생산성본부, 한국석유관리원, 한국식품연구원, 한국에너지기술연구원, 한국여성정책연구원, 한국연구재단, 한국원자력연구원, 한국인터넷진흥원, 한국저작권위원회, 한국전기연구원, 한국전자통신연구원, 한국정보화진흥원, 한국조세재정연구원, 한국직업능력개발원, 한국천문연구원, 한국콘텐츠진흥원, 한국표준협회, 한국항공우주연구원, 한국해양과학기술원, 한국형사정책연구원, 한국행정연구원, 한국화학연구원, 한국환경공단 등 363개 기관·단체

5. 정부 또는 지방자치단체로부터 출자·출연을 받은 기관·단체가 단독 또는 공동으로 재출자·재출연 한 금액이 자본금의 전액이 되는 기관·단체 : ㈜주택관리공단, ㈜한국가스기술공사, 코레일유통㈜, 한국벤처투자㈜, 한전 KDN㈜, ㈜서울메트로환경, ㈜알펜시아, 한국문화진흥㈜ 등 28개 기관·단체

6. 업무위탁/대행 : 한국거래소, 한국우편사업진흥원, 농업협동조합중앙회, 한국보건의료인국가시험원, 한국엔지니어링협회, 전국재해구호협회, ㈜한국에너지재단 등 18개 기관·단체

7. 임원을 중앙행정기관의 장 또는 지방자치단체의 장이 선임·임명·위촉하거나 그 선임 등을 승인·동의·추천·제청 하는 기관·단체 : 강원·경북·서울·부산·경상·전북·전남·제주·충북·충남대학교병원, 강원도강릉·원주·영월·삼척·속초의료원, 경기도의료원, 경상북도김천·안동·포항·울진군의료원, 충청남도천안·서산·공주·

홍성의료원, 충청북도청주·충주의료원, 개성공업지구지원재단, 건강보험심사평가원, 건설근로자공제회, 게임물관리위원회, 경찰공제회, 공무원연금공단, 과학기술인공제회, 교통안전공단, 국립대학법인 서울대학교·인천대학교, 국립암센터, 국민연금공단, 국방과학연구소, 군인공제회, 근로복지공단, 금융감독원, 기술신용보증기금, 대구의료원, 한국국토정보공사, 도로교통공단, 독립기념관, 대한법률구조공단, 대한소방공제회, 대한지방행정공제회, 민주운동화기념사업회, 방송문화진흥회, 방송통신심의위원회, 법령정보관리원, (사)남북교류협력지원협회, 사립학교교직원연금공단, 한국산업은행, 선박안전기술공단, 소방산업공제조합, 신용보증기금, 한국에너지공단, 영상물등급위원회, 영화진흥위원회, 예금보험공사, 예술의전당, (재)국립극단, (재)세종문화회관, (재)서울시립교향악단, (재)동북아역사재단, 재외동포재단, 전쟁기념사업회, 정부법무공단, 전자부품연구원, 중소기업연구원, 중소기업은행, 중소기업진흥공단, 축산물품질평가원, 한국가스안전공사, 한국고용정보원, 한국광해관리공단, 한국교직원공제회, 한국국방연구원, 한국국제교류재단, 한국국제협력단, 한국대학교육협의회, 한국무역보험공사, 한국방송공사, 한국발명진흥회, 한국문화예술위원회, 한국보건의료연구원, 한국사학진흥재단, 한국산업기술진흥원, 한국산업인력공단, 한국소비자원, 한국수출입은행, 한국승강기안전관리원, 한국시설안전공단, 한국언론진흥재단, 한국에너지기술평가원, 한국예탁결제원, 한국의약품안전관리원, 한국자산관리공사, 한국장학재단, 한국전기안전공사, 한국전력거래소, 한국전파진흥협회, 한국주택금융공사, 한국지방재정공제회, 한국철도시설공단, 한국투자공사, 한국학중앙연구원, 한국해양수산연구원, 한국해운조합 등 385개 기관·단체
8. 기타 공공기관 : ㈜한국건설관리공사, 코레일관광개발㈜, 코레일네트웍스㈜, 코레일로지스㈜, (재)기초전력연구원, 한국전력기술㈜, 한전 KPS㈜, 한국상하수도협회 등 14개 기관·단체

3. 공공기관의 운영에 관한 법률 소정의 기관

「공공기관의 운영에 관한 법률」 제4조에 따른 기관(법 제2조 제1호 다.목)

이에 해당하는 기관은 국가·지방자치단체가 아닌 법인·단체 또는 기관으로서 「공공기관의 운영에 관한 법률」 제4조 제1항에 따라 기획재정부장관이 공공기관으로 지정한 기관으로 다음 각 호와 같다.

1. 다른 법률에 따라 직접 설립되고 정부가 출연한 기관
2. 정부지원액(법령에 따라 직접 정부의 업무를 위탁받거나 독점적 사업권을 부여받

은 기관의 경우에는 그 위탁업무나 독점적 사업으로 인한 수입액을 포함한다. 이하
같다)이 총수입액의 2분의 1을 초과하는 기관
3. 정부가 100분의 50 이상의 지분을 가지고 있거나 100분의 30 이상의 지분을 가지
고 임원 임명권한 행사 등을 통하여 당해 기관의 정책 결정에 사실상 지배력을 확
보하고 있는 기관
4. 정부와 제1호 내지 제3호의 어느 하나에 해당하는 기관이 합하여 100분의 50 이
상의 지분을 가지고 있거나 100분의 30 이상의 지분을 가지고 임원 임명권한 행
사 등을 통하여 당해 기관의 정책 결정에 사실상 지배력을 확보하고 있는 기관
5. 제1호 내지 제4호의 어느 하나에 해당하는 기관이 단독으로 또는 두 개 이상의 기
관이 합하여 100분의 50 이상의 지분을 가지고 있거나 100분의 30 이상의 지분을
가지고 임원 임명권한 행사 등을 통하여 당해 기관의 정책 결정에 사실상 지배력
을 확보하고 있는 기관
6. 제1호 내지 제4호의 어느 하나에 해당하는 기관이 설립하고, 정부 또는 설립 기관
이 출연한 기관

다만 '구성원 상호간의 상호부조·복리증진·권익향상 또는 영업질서 유지 등
을 목적으로 설립된 기관', '지방자치단체가 설립하고, 그 운영에 관여하는 기
관', '「방송법」에 따른 한국방송공사와 「한국교육방송공사법」에 따른 한국교육방
송공사'는 기획재정부장관이 공공기관으로 지정할 수 없기 때문에 「공공기관의
운영에 관한 법률」 소정의 기관에서는 제외된다(동법 제4조 제2항). 그러나 한국방
송공사와 한국교육방송공사는 위에서 본 바와 같이 「공직자윤리법」상 공직유관
단체에 해당하여 청탁금지법 소정의 공공기관으로 된다.

기획재정부장관은 매 회계연도 개시 후 1개월 이내에 공공기관을 새로 지정하
거나, 지정을 해제하거나, 구분을 변경하여 지정하고(동법 제6조 제1항), 공공기관
은 공기업·준정부기관과 기타 공공기관으로 구분하여 지정하되 공기업과 순정부
기관은 직원정원이 50인 이상인 공공기관 중에서 지정하게 되어 있다(동법 제5조
제1항). 공기업은 다시 세부적으로 자산규모 2조원 이상이고 총 수입액 중 자체수
입액이 85% 이상인 시장형 공기업과 그 외 자체수입액이 총 수입액의 2분의 1
이상인 준시장형 공기업으로 나뉘고, 준정부기관은 다시 국가재정법에 따라 기금
을 관리하거나 기금의 관리를 위탁받은 기금관리형 준정부기관과 기금관리형 준
정부기관이 아닌 위탁집행형 준정부기관으로 구분되며 대략 다음과 같다.

① 시장형 공기업 : 한국석유공사, 한국가스공사, 한국광물자원공사, 한국지역난방공사, 한국전력공사, 한국수력원자력㈜, 한국남동발전㈜, 한국남부발전㈜, 한국서부발전㈜, 한국중부발전㈜, 한국동서발전㈜, 인천국제공항공사, 한국공항공사, 부산항만공사 등 14개

② 준시장형 공기업 : 한국관광공사, 한국조폐공사, 한국방송광고진흥공사, 한국마사회, 대한석탄공사, 한국토지주택공사, 주택도시보증공사, 한국감정원, 한국도로공사, 한국수자원공사, 한국철도공사, 인천항만공사, 울산항만공사, 해양환경관리공단 등 16개

③ 기금관리형 준정부기관 : 사립학교교직원연금관리공단, 공무원연금공단, 국민체육진흥공단, 한국언론진흥재단, 영화진흥위원회, 한국문화예술위원회, 한국무역보험공사, 한국원자력환경공단, 국민연금공단, 근로복지공단, 한국자산관리공사, 신용보증기금, 기술신용보증기금, 예금보험공사, 한국주택금융공사, 중소기업진흥공단 등 16개

④ 위탁집행형 준정부기관 : 한국장학재단, 한국교육학술정보원, 한국인터넷진흥원, 한국연구재단, 한국과학창의재단, 한국정보화진흥원, 한국콘텐츠진흥원, 국제방송교류재단, 한국농수산식품유통공사, 축산품질평가원, 한국농어촌공사, 대한무역투자진흥공사, 한국에너지공단, 한국가스안전공사, 한국산업기술진흥원, 한국산업단지공단, 한국석유관리원, 한국에너지기술평가원, 한국전기안전공사, 한국전력거래소, 건강보험심사평가원, 국민건강보험공단, 한국환경공단, 국립공원관리공단, 한국산업인력공단, 한국국토정보공사, 교통안전공단, 한국철도시설공단, 한국시설안전공단, 한국수산자원관리공단, 한국원자력안전기술원, 한국소비자원, 한국해양과학기술진흥원, 도로교통공단, 중소기업기술정보진흥원, 소상공인시장진흥공사 등 74개

⑤ 기타 공공기관 : 한국수출입은행, 한국투자공사, 한국사학진흥재단, 한국학중앙연구원, 동북아역사재단, 서울대학교병원·부산대학교병원 등 국립대학교병원·치과병원 13개, 국가평생교육진흥원, 한국과학기술원, 기초과학연구원, 한국과학기술연구원, 한국천문연구원, 한국표준과학연구원, 한국항공우주연구원, 한국생명공학연구원, 한국원자력연구원, 한국산업기술연구원, 한국기계연구원, 한국생산기술연구원, 한국식품연구원, 한국에너지기술연구원, 한국예탁결제원, 한국산업은행, 중소기업은행, 한국전기연구원, 한국전자통신연구원, 한국지질자원연구원, 한국철도기술연구원, 한국화학연구원, 재외동포재단, 한국국제교류재단, 대한법률구조공단, 정부법무공단, 한국국방연구원, 민주화운동기념사업회, 국민생활체육회, 예술의전당, 영상물등급위원회, 한국저작권위원회, 태권도진흥재단, 게임물등급위원회, 대한체육회, 기초전력연구원, ㈜강원랜드, ㈜한국가스기술공사, 한국전력기술주식회사, 한전 KDN, 한국로봇산업진흥원, 국립암센터, 대한적십자사, 한국사회복지협의

회, 국립중앙의료원, 한국보육진흥원, 한국의료분쟁조정중재원, 한국보건의료연구원, 한국기술교육대학교, 한국사회적기업진흥원, 건설근로자공제회, 한국건설관리공사, 주택관리공단㈜, 코레일네트웍스㈜, 경제인문사회연구회, 과학기술정책연구원, 국토연구원, 산업연구원, 에너지경제연구원, 정보통신정책연구원, 통일연구원, 한국개발연구원, 한국교육개발원, 한국교육과정평가원, 한국교통연구원, 한국노동연구원, 한국농촌경제연구원, 한국법제연구원, 한국보건사회연구원, 한국여성정책연구원, 한국조세연구원, 한국직업능력개발원, 한국청소년정책연구원, 한국해양수산개발원, 한국행정연구원, 한국형사정책연구원, 한국환경정책평가연구원, 국방과학연구소, 국방기술품질원, 중소기업유통센터, 한국발명진흥회, 한국특허정보원, 한국의약품안전관리원 등 203개

기획재정부장관은 매 회계연도 개시 후 1개월 이내에 공공기관을 새로 지정하거나, 지정을 해제하거나, 구분을 변경하여 지정하는데, 2016. 2. 3. 기획재정부 고시 제2016-2호에 의하여 12개 기관이 공공기관으로 신규지정되고, 기존의 공공기관 중 5개 기관이 지정해제되었으며, 기획재정부 공공기관 경영정보시스템 알리오안내 사이트에 게시된 정보에 의하면 2016년도 공공기관으로 지정된 기관은 모두 323개로 시장형·준시장형 공기업이 30개, 기금관리형·위탁집행형 준정부기관이 90개, 기타공공기관이 203개이다.[3]

다만 위에서 살펴본 바와 같이 공공기관의 대부분이 공직자윤리법에 따른 공직유관단체와 중복된다.

4. 법령에 따라 설치된 각급 학교

초·중등교육법, 고등교육법, 유아교육법 및 그 밖의 다른 법령에 따라 설치된 각급 학교 및 사립학교법에 따른 학교법인(법 제2조 제1호 리.목)

우선 초·중등교육법에 의하여 초·중등교육을 실시하기 위하여 설립된 초등학교·공민학교, 중학교·고등공민학교, 고등학교·고등기술학교, 특수학교 등 각종 학교가 이에 해당한다. 그 설립주체에 따라 국립·공립·사립학교로 구분되나 사립학교법에 따른 학교법인도 해당되므로 설립주체에 상관없이 모두 해당한다.

다음으로 고등교육법에 따라 고등교육을 실시하기 위하여 설립된 대학, 산업대

---

3 기획재정부 홈페이지//공공기관 경영정보시스템//알리오안내//공공기관 지정현황.

학, 교육대학, 전문대학, 방송대학·통신대학·방송통신대학 및 사이버대학, 기술대학 등 각종학교가 이에 해당한다.

유아교육법에 따라 유아의 교육을 위하여 설립·운영되는 학교 즉 "유치원"도 해당한다. 유치원도 그 설립주체에 의하여 국립·공립·사립유치원으로 구분되나 이에 상관없이 모두 해당한다. 그 밖의 다른 법령에 따라 설치된 각급 학교도 이에 해당한다.

교육부 홈페이지 교육통계서비스 사이트의 '2015년 교육통계연보' 중 학교기본통계에 의하면 이에 해당하는 적용대상기관으로 유치원 8,930개, 초등학교 5,978개, 중학교 3,204개, 고등학교 2,344개, 특수학교 167개 등 20,623개의 유·초·중등학교와 대학교·전문대학·교육대학·사이버대학·대학원대학 등 고등교육기관 433개, 대학원(47개 대학원대학 제외) 1,150개 등 약 22,206개의 학교가 있다.[4]

5. 언 론 사

「언론중재 및 피해구제 등에 관한 법률」 제2조 제12호에 따른 언론사(법 제2조 제1호 마.목)

이 법에서 "언론사"란 「언론중재 및 피해구제 등에 관한 법률」 제2조 제12호에 따른 방송사업자, 신문사업자, 잡지 등 정기간행물사업자, 뉴스통신사업자 및 인터넷신문사업자를 말하는데 자세히 살펴보면 다음과 같다.

"방송사업자"란 방송법 제2조 제3호에 따른 지상파방송사업자, 종합유선방송사업자, 위성방송사업자 및 방송채널사용사업자를 말하고, "신문사업자"란 「신문 등의 진흥에 관한 법률」 제2조 제3호에 따른 신문사업자 즉 신문을 발행하는 자를 말하는데 여기서 "신문"이란 정치·경제·사회·문화·산업·과학·종교·교육·체육 등 전체 분야 또는 특정 분야에 관한 보도·논평·여론 및 정보 등을 전파하기 위하여 같은 명칭으로 월 2회 이상 발행하는 간행물을 말하고, 이는 다시 취급분야에 따라 정치·경제·사회·문화 등을 다루는 일반일간신문·일반주간신문과 산업·과학·종교·교육 또는 체육 등 특정 분야(정치를 제외한다)에 국한된 특수

---

4 교육부 홈페이지//정부3.0 정보공개//교육통계서비스//2015년 교육통계연보//각급학교 개황(학교총개황) 및 고등교육기관현황[고등교육기관개황(1)] 참조.

일간신문·특수주간신문으로 나뉜다.

"잡지 등 정기간행물사업자"란 「잡지 등 정기간행물의 진흥에 관한 법률」 제2조 제2호에 따른 정기간행물사업자로서 잡지 등 정기간행물을 발행하는 자를 말하는데 동법 제2조 제1호에 따르면 "잡지"란 정치·경제·사회·문화·시사·산업·과학·종교·교육·체육 등 전체분야 또는 특정분야에 관한 보도·논평·여론 및 정보 등을 전파하기 위하여 동일한 제호로 월 1회 이하 정기적으로 발행하는 책자 형태의 간행물을 말하고, 그 외의 "정기간행물"에는 정보간행물·전자간행물·기타간행물이 있다.

"뉴스통신사업자"란 「뉴스통신 진흥에 관한 법률」 제2조 제3호에 따른 뉴스통신사업자 즉 뉴스통신사업을 하기 위하여 동법 제8조에 따라 등록한 자로서 뉴스통신을 경영하는 법인을 말하고, "뉴스통신"이란 전파법에 따라 무선국(無線局)의 허가를 받거나 그 밖의 정보통신기술을 이용하여 외국의 뉴스통신사와 뉴스통신 계약을 체결하고 국내외의 정치·경제·사회·문화·시사 등에 관한 보도·논평 및 여론 등을 전파하는 것을 목적으로 하는 유무선을 포괄한 송수신 또는 이를 목적으로 발행하는 간행물을 말한다(동법 제2조 제1호).

한편 "인터넷신문사업자"란 인터넷신문을 전자적으로 발행하는 자를 말하는데, 여기서 인터넷신문이란 「신문 등의 진흥에 관한 법률」 제2조 제2호에 따른 인터넷신문, 즉 컴퓨터 등 정보처리능력을 가진 장치와 통신망을 이용하여 정치·경제·사회·문화 등에 관한 보도·논평 및 여론·정보 등을 전파하기 위하여 간행하는 전자간행물로서 독자적 기사 생산과 지속적인 발행 등 대통령령으로 정하는 기준을 충족하는 것을 말한다.

이상과 같이 이 법에 규정된 언론사는 일견 회사인 것 같지만 인터넷신문과 같이 개인사업자도 상당수 포함하고 있다. 언론진흥재단에서 '한국언론연감 2015'를 통해 발표한 언론산업통계에 의하면 2014. 12. 31. 현재 일간신문, 주간신문을 포함한 종이신문사 1,314개, 공영·민영방송, 종편 등 방송사 53개, 인터넷신문사 2,332개, 통신사 15개 등 합계 3,714개 언론사가 있는 것으로 나타났고,[5] 문화체육관광부 정기간행물 현황 등록일람표에 의하면 2015. 12. 31. 현재 문화체육관광부 및 각 시·도에 등록된 정기간행물 수는 연 2회 이상 계속적으로 간

---

5 한국언론진흥재단 홈페이지//자료실//간행물//한국언론연감 2015, 105면, 2014 언론산업 요약 표.

행하는 신문·통신·잡지·기타간행물 12,107건, 그 외 인터넷신문 6,605건 등 합계 18,712건에 달하는 것으로 되어있다.[6] 정기간행물 총합계는 2012년 14,563건, 2013년 16,041건, 2014년 17,607건으로 해마다 1,500건 정도 증가하였고 그중 인터넷신문이 2012년 3,914건, 2013년 4,916건, 2014년 5,950건으로 해마다 1,000건 정도 증가하였다.

6. 법 적용 대상기관을 둘러싼 논의

이 법 적용 대상기관에 국·공립학교 이외에 사립학교 및 사립학교법인을 포함시킬 것인가 하는 문제와 정부 출자기관인 공영방송 이외에 민영방송 및 언론기관을 포함시킬 것인가 하는 문제는 이 법 제정을 전후하여 우리 사회를 뜨겁게 달구었고 이를 이유로 이 법에 대한 헌법소원까지 제기된 상황이며 언제든 다시 폭발할 수 있는 활화산 같은 쟁점이다. 원래 이 법이 입법예고 될 당시부터 국회에 제출된 정부입법안까지 유치원, 사립학교 및 민영방송·언론기관은 적용대상 기관이 아니었고 학교법인도 마찬가지였다. 그러던 것이 국회 정무위원회 법안심사소위원회 논의 과정에서 사립학교 교직원은 국·공립학교 교직원과 형평에 어긋난다는 이유로, 언론은 제4부라 할 만큼 권력기관이고 공공성과 공적 기능이 있다는 이유로 법 적용대상기관에 포함되게 되었고, 국회 법제사법위원회를 거치면서 유아교육법에 따른 유치원과 사립학교법에 따른 학교법인이 추가되었다. 다만 영유아보육법에 의하여 6세 미만의 취학 전 아동인 "영유아"를 보육하는 어린이집은 국가나 지방자치단체로부터 어린이집의 설치 및 보육교사의 인건비 등 운영경비의 전부 또는 일부를 보조받지만 적용대상에서 제외되었다. 그중 가장 논란이 심하였던 것은 언론사의 포함 여부였고 대한변호사협회에서는 이 법이 국회를 통과하자마자 공포되기도 전에 언론사를 포함시킨 법 제2조 제1호 마.목 규정이 위헌이라며 사단법인 한국기자협회 명의로 헌법소원심판을 제기하였다.

생각건대, 언론사를 법 적용대상 기관에 포함시킬 것인지 여부는 기본적으로 입법정책의 문제이고 언론을 포함시킨 국회의 논리도 일면 일리는 있다. 규제의 필요성도 어느 정도 수긍할 수 있고 법이 통과될 당시 몇몇 여론조사에서 60%가

---

6 연도별 정기간행물 등록현황(http://www.index.go.kr/potal/main/EachDtlPageDetail.do?idx_
　cd=1645).

넘는 찬성여론도 있었다. 견해에 따라서 위헌과 합헌이 갈리기도 하고 국민 누구
나 위헌 또는 합헌 의견을 자유롭게 표현할 수 있다. 그러나 국회에서 제정한 법
률이 헌법에 위반되는지 여부를 다수 국민의 여론으로 결정할 것은 아니므로 위
헌 또는 합헌 여부를 여론에 묻거나 여론을 그 이론적 근거로 드는 것은 한마디
로 넌센스다. 아무튼 언론사에 대한 이 법 규정이 합헌인지 위헌인지는 규제의
목적, 대상의 범위와 적정성, 규제의 정도에 따라 위헌 여부가 판가름 나겠지만
위헌심판이 제기된 이상 헌법재판소에서 비례의 원칙, 평등의 원칙, 과잉금지의
원칙 등과 목적의 정당성, 수단의 상당성, 침해의 최소성, 법익 균형성 등을 면밀
히 검토하여 결정할 사안이므로 언급을 피하기로 한다.

　다만 다음과 같은 이유로 공영방송이 아닌 언론사를 법 적용대상 기관에 포함
시킨 것은 입법정책적 관점에서 적절하지 않다고 본다.

　첫째, 이 법의 입법목적에 부합하지 않는다. 원래 이 법을 추진하게 된 배경은
끊임없이 드러나는 공직자의 부정부패와 비리사건으로 공직자를 비롯하여 공직
사회 전체에 대한 국민들의 신뢰가 땅에 떨어지고 국가 부패인식지수 등 대외 신
인도까지 하락하는 추세에 있음에도 기존의 형법, 「특정범죄 가중처벌 등에 관한
법률」, 공직자윤리법, 변호사법 등 부패방지 관련법으로는 문제해결에 한계가 있
다고 봤기 때문이다. 즉 이 법은 '공무원을 비롯한 공직자들'의 부정부패를 근절
하기 위하여 제정된 것이고, 법 제1조(목적)에도 "공직자등의 공정한 직무수행을
보장하고 공공기관에 대한 국민의 신뢰를 확보하는 것을 목적으로 한다"고 되어
있다. 그런데 언론이 청탁금지법상 공공기관에 해당되어야 한다는 국회 정무위
법안심사소위원회와 국회의 논리는 이렇다. 한국방송공사(KBS)와 한국교육방송
공사(EBS)가 공공기관인데 문화방송(MBC)이나 SBS 방송이 제외되면 형평에 어
긋나고, 방송이 포함되는데 신문이 포함되지 않으면 역시 형평에 어긋나므로 언
론사는 그 기관의 성격 때문이 아니라 수행하는 업무의 공공성에 초점을 맞춰 공
공기관에 포함시켜야 한다는 것이다.

　우선, 한국방송공사(KBS)는 국내외 방송을 효율적으로 실시하기 위한 국가기
간방송으로 방송법에 의하여 설립된 법인으로서 공사의 자본금 3천억원 전액을
정부가 출자하고 이사장을 포함한 이사 11인을 방송통신위원회에서 추천하여 대
통령이 임명하는 공영방송이고, 한국교육방송공사(EBS)는 학교교육을 보완하고

국민의 평생교육과 민주적 교육발전에 이바지함을 목적으로 한국교육방송공사법에 의하여 설립된 법인으로서 공사의 자본금 1천억 원 전액을 정부가 출자하고 사장은 방송통신위원회 위원장이 방송통신위원회의 동의를 받아 임명하는 공영방송인 것은 맞다. 그리고 언론이 공적인 관심사에 대하여 공익을 대변하며, 취재·보도·논평 또는 그 밖의 방법으로 민주적 여론형성에 이바지함으로써 그 공적 임무를 수행할 사회적 책임이 있기 때문에 공적 업무를 수행하는 사회의 공기(公器)임은 분명하다. 그렇지만 언론이 공적 임무를 수행하는 사회의 공기로서 그에 상응하는 사회적 책임이 있다 하여 이를 곧바로 공직자윤리법상 공직유관단체나 공기업·준정부기관 등과 유사한 공공기관이라 할 수는 없다. 또한 한국방송공사(KBS)와 한국교육방송공사(EBS)가 공공기관의 지위를 갖는 것은 정부가 자본금을 전액 출자하고 법률에 의하여 설립된 공직자윤리법상 공직유관단체이기 때문인 것이지 공적 업무를 담당하기 때문인 것은 아니다. 그런데 이 두 기관이 공공기관이고 다른 언론사와 형평성에 반한다는 이유로 방송·신문은 물론 정기간행물 등 모든 언론사를 공공기관으로 편입시켜 이 법의 적용대상으로 삼는 것은 논리의 비약이라 생각한다. 게다가 다른 법 적용대상 기관은 그 '기관의 성격'을 이유로 포함시키면서 유독 언론사만 그 '업무의 성격'에 의하여 포함시킨 것은 일관성이 없고 타당성도 없어 보인다. 업무의 성격에 의하여 포함여부를 결정한다면 공공성이 강한 시민단체, 의료계, 법조계, 금융계 등은 왜 포함시키지 않느냐는 비판도 나오는 이유이다. 언론사에 문제가 있어 규제의 필요성이 있다면 신문·방송·통신 등 언론관계법에서 규정할 일이지 공직사회의 부패척결을 목적으로 하는 이 법에 언론사를 포함시켜 규제하는 것은 바람직스럽지 않다고 본다. 사립학교는 국가 또는 지방자치단체의 재정지원을 받기 때문에 국·공립학교의 서자 정도로 봐줄 수 있지만 언론사는 성격상 공공기관과 다른 남의 자식이다. 적어도 이 법의 입법목적을 수정하지 않은 상태에서 공공기관에 언론사를 포함시킨 것은 모순이라 할 것이다.

　둘째, 언론의 자유를 위축시킬 우려가 있다. 언론은 정치와 권력을 감시하는 역할을 하고 표현의 자유와 언론·출판의 자유는 민주주의를 지탱하는 근간이다. 그런데 언론의 사회적 공공성을 이유로 공공기관에 포함시켜 과다한 규제를 하면 취재를 위축시키고 언론의 자유를 침해할 우려가 있다. 이 법이 일상에서 사람을 만나고 식사하는 다반사와 밀접하게 연관되어 있기 때문이다. 행위의 위법 여부를 떠나 누구나 일단 수사의 대상이 될 수 있다는 자체가 사람을 위축시키기 때문에 사회 일각에서는 필요에 따라 비판적인 언론을 합법적으로 사찰할 수 있다는 우려도 제기되고 있다. 이 법이 표적수사와 자의적 법 집행이 발생할 가능성이 높다고 보아 법안에 반대한 국회의원도 있고, 경찰·검찰 공화국이 될 것이라고 경고하는 국회의원도 있는 이유이다. 언론을 단순한 민간영역이라고 치부할 수도 없고 규제의 필요성도 있지만 그래도 큰 틀에서 보면 득보다 실이 많은 규제라고 생각한다.

참고로 이 법에 관한 국회 전문위원의 검토보고서에도 공직자의 범위에 언론기관의 임직원을 포함하는 것은 법의 목적이 공직자에 대한 부정청탁 및 금품 등의 수수를 금지하여 공직자의 공정한 직무수행을 보장하기 위한 것임에 비추어 신중히 검토할 필요가 있다는 의견을 개진하였고, 그 논거로 민간영역에 대한 과도한 제한이 되어 위헌 소지가 있고, 공공성을 이유로 언론사의 종사자를 공직자 등에 포함할 경우 다른 공공성을 띠는 민간영역과의 형평성이 문제될 우려가 있으며 법 적용을 받는 사람의 범위가 애초 공직자보다 크게 확대됨에 따라 적용대상범위가 과도하게 광범위해짐으로써 법의 규범력 및 실효성이 오히려 저하될 우려가 있다는 점을 들고 있다.[7]

셋째, 청탁금지법상 부정청탁 유형과 언론사의 업무와 연관성이 부족하다. 청탁금지법이 금지하는 부정청탁의 유형은 모두 "법령을 위반하여" 또는 "법령에서 부여받은 지위·권한을 벗어나" 어떤 직무행위를 할 것을 청탁하는 내용으로 되어 있는데, 공무원이나 공공기관의 임직원과 달리 언론사의 임직원이 그 업무를 처리함에 있어서 부정청탁을 받고 그 업무와 관련된 법령을 위반하는 경우를 상정하기 어렵다. 여기서 말하는 부정청탁은 언론사 임직원이 다른 공공기관의 업무와 관련하여 부정청탁을 하는 것이 아니라 제3자가 언론사 임직원에게 그 업무에 관하여 부정청탁을 하는 것임을 유의하여야 한다. 실제 이 법 제5조 제1항의 부정청탁 유형 15개 중 마지막 보충적 유형 하나를 제외한 개별 유형 14개가

---

7 국회 의안정보시스템//부정청탁 및 금품등 수수의 금지에 관한 법률안(위원회안)//법사위 검토보고서, 4면 참조; 국회 법제사법위원회 수석전문위원은 이러한 내용을 제19대 국회 제331회(임시회) 제1차 법제사법위원회에 보고한 바 있다. 국회 의안정보시스템//제19대 국회 제331회(임시회) 제1차 법제사법위원회 회의록, 25~26면.

주로 국가·지방자치단체 또는 공공기관의 업무와 관련하여 발생되는 청탁을 중심으로 규정되어 있기 때문에 이 법으로는 언론분야에서 발생되는 부정청탁행위 유형을 포섭하기도 어려운 상황이라는 지적도 있다.[8] 그러므로 언론사 임직원에게는 청탁금지법의 부정청탁금지 부분이 적용될 여지가 거의 없어 사실상 유명무실하다 해도 과언이 아니다. 이점에서도 언론사를 법 적용대상 기관으로 한 위 규정의 설득력은 상당히 떨어진다고 생각한다.

제 3 절 법 적용 대상자

1. 공직자등

청탁금지법은 "공직자등"을 그 적용대상으로 하는데, 여기서 말하는 "공직자등"이란 다음에서 보는 바와 같은 공직자 또는 공적 업무 종사자를 일컫는다.

가. 「국가공무원법」 또는 「지방공무원법」에 따른 공무원과 그 밖에 다른 법률에 따라 그 자격·임용·교육훈련·복무·보수·신분보장 등에 있어서 공무원으로 인정된 사람
나. 공직자윤리법 제3조의2에 따른 공직유관단체의 장과 그 임직원
다. 「공공기관의 운영에 관한 법률」 제4조에 따라 기획재정부장관이 공공기관으로 지정한 기관의 장과 그 임직원
라. 「초·중등교육법」, 「고등교육법」, 「유아교육법」 및 그 밖의 다른 법령에 따라 설치된 각급 학교의 장과 교직원 및 학교법인의 임직원
마. 「언론중재 및 피해구제 등에 관한 법률」 제2조 제12호에 따른 언론사의 대표자와 그 임직원

여기서 '공직자'란 위 가·나·다의 공무원과 공직유관단체 및 공공기관의 임직원을 포괄하여 지칭하고, '공적 업무 종사자'란 유아교육법 및 사립학교법에 따른 사립학교의 장과 교직원, 사립학교법인의 임직원, 그리고 언론사의 대표자와 그 임직원을 말하며 이들을 모두 포괄하여 "공직자등"이라 하고 있다.

---

8 이천현, '부정청탁 쟁점 및 제도의 합리적 운영방안'에 대한 토론문, 「부정청탁 및 금품등 수수의 금지에 관한 법률」 시행령 제정을 위한 공개토론회 자료집(2015), 69면.

　　이 법의 적용대상인 '공직자'의 수는 행정자치부 홈페이지에 게시된 '2015 행정자치 통계연보(2014. 12. 31. 기준)'에 의하면 국회 3,993명, 법원 17,729명, 헌법재판소 284명, 중앙선거관리위원회 2,792명, 감사원 1,035명 등 헌법기관 합계 25,833명이고, 일반행정·교육·공안·현업기관 등 국가공무원 622,108명, 광역시·도, 시·군·구, 시·도교육청 지방공무원 363,404명 등 공무원 총수는 1,010,310명이다.[9] 여기에 공기업·준정부기관·기타공공기관 임직원 287,084명[10]을 비롯한 지방공사·공단, 국가 또는 지방자치단체 출자·출연기관 등의 임직원 약 35만 명과 특정직공무원인 군인·군무원까지 합하면 대략 150만 명을 넘는 것으로 추정된다. 이 법 소정의 '공적 업무 종사자' 중 언론사 임직원에 관한 한국언론진흥재단 '한국언론연감 2015'의 언론산업통계에 의하면 2014. 12. 31. 현재 언론산업종사자 수는 종이신문 23,523명, 방송 16,845명, 인터넷 13,460명, 통신 1,679명 총합계 55,507명에 이르고, 그중 기자직 종사자는 종이신문 15,192명, 방송 3,140명, 인터넷신문 9,363명, 통신 1,323명 합계 29,018명인 것으로 나타났다.[11] 한편 교육부 홈페이지 교육통계서비스 사이트의 '2015년 교육통계연보' 중 학교기본통계에 의하면 '공적 업무 종사자' 중 유아교육법 및 사립학교법에 따른 유·초·중등학교의 교원 116,618명, 직원 13,182명 합계 129,800명, 전문대·산업대를 포함한 사립대학의 교원 62,796명, 사립대학원의 교원 5,659명, 직원 761명 등 합계 199,016명으로[12] 각종 사립학교 교직원, 사립학교법인의 임직원은 약 20만 명 가량 된다.

2. 공직자등의 배우자

　　공직자등의 배우자는 아래에서 보는 바와 같이 청탁금지법의 적용대상이 된다. 정부에서 제출한 법률안 및 정무위 의결안은 "공직자의 가족"을 법 적용 대상자로 하고 가족은 '민법 제779조에 따른 가족'을 말하는 것으로 되어 있었는데, 법

9　행정자치부 홈페이지//정책자료//통계//통계연보/주제별통계//2015 행정자치 통계연보(2014. 12. 31. 기준) 참조.
10　기획재정부 홈페이지//공공기관 경영정보시스템//통계센터//주요통계//임직원 현황.
11　전게 한국언론연감 2015, 107면, 표 2-2-1 참조.
12　교육부 홈페이지//정부3.0 정보공개//교육통계서비스//2015년 교육통계연보//유초중등통계 및 대학통계 참조.

적용범위가 너무 넓다는 비판이 제기되자 법제사법위원회에서 최종적으로 배우자만 해당하는 것으로 수정되었다. 배우자에는 아래에서 보는 바와 같이 법률혼 관계에 있는 배우자만 해당되고 사실혼 관계에 있는 배우자는 포함되지 아니한다. 단순한 내연의 관계에 있는 자 또는 일시적 동거관계에 있는 자도 제외된다. 참고로 '민법 제779조에 따른 가족'이란 "1. 배우자, 직계혈족 및 형제자매, 2. 직계혈족의 배우자, 배우자의 직계혈족 및 배우자의 형제자매(이 경우에는 생계를 같이 하는 경우에 한한다)"를 말한다.

3. 공무수행사인

공공기관의 의사결정 등에 참여하는 민간인과 같은 공무수행사인도 공무수행과 관련하여 부정청탁금지 및 신고, 금품등 수수금지 및 신고 등의 규정이 적용되는데 공무수행사인은 구체적으로 아래의 4가지 유형에 해당하는 개인, 법인, 기관, 단체를 말한다(법 제11조 제1항).

1. 「행정기관 소속 위원회의 설치·운영에 관한 법률」 또는 다른 법령에 따라 설치된 각종 위원회의 위원 중 공직자가 아닌 위원

정부조직법은 행정기관에 그 소관사무의 일부를 독립하여 수행할 필요가 있는 때에는 법률로 정하는 바에 따라 행정위원회 등 합의제행정기관을 둘 수 있게 되어 있고(제5조), 「행정기관 소속 위원회의 설치·운영에 관한 법률」상 대통령과 그 소속 기관, 국무총리와 그 소속 기관, 정부조직법 제2조 제2항에 따른 중앙행정기관과 그 소속 기관에 해당하는 행정기관의 장은 행정기관의 소관 사무에 관하여 자문에 응하거나 조정, 협의, 심의 또는 의결 등을 하기 위한 복수의 구성원으로 이루어진 합의제 기관을 설치할 수 있다. 합의제 기관인 위원회(위원회, 심의회, 협의회 등 명칭을 불문한다)에는 정부조직법 제5조에 따라 설치되는 합의제행정기관인 "행정위원회"와 이를 제외한 위원회인 "자문위원회" 등이 있다. 행정기관의 장이 위원회를 설치하려면 미리 행정자치부장관과 협의하여야 하고, 일정한 요건을 갖춰야 한다. 즉 행정위원회를 설치할 경우에는 ① 업무의 내용이 전문적인 지식이나 경험이 있는 사람의 의견을 들어 결정할 필요가 있을 것, ② 업무의 성

질상 특히 신중한 절차를 거쳐 처리할 필요가 있을 것, ③ 기존 행정기관의 업무
와 중복되지 아니하고 독자성(獨自性)이 있을 것, ④ 업무가 계속성·상시성(常時
性)이 있을 것 등의 요건을 갖춰야 하고, 자문위원회 등을 설치할 경우에는 위 요
건 중 ①, ②의 요건을 갖춰야 한다. 정부조직법 제2조 제2항에 따라 다른 법률에
의하여 중앙행정기관으로 설치되는 위원회에는 방송통신위원회, 공정거래위원
회, 금융위원회, 국민권익위원회, 원자력안전위원회, 국가인권위원회 등이 있다.
중앙행정기관으로 설치되는 위원회 내에도 위원회를 설치·운영할 수 있다.

2. 법령에 따라 공공기관의 권한을 위임·위탁받은 법인·단체 또는 그 기관이나 개인

  권한의 위임·위탁과 관련하여 공공기관 행정능률의 향상, 행정사무의 간소화
와 법령에 따라 행정 간여(干與)의 범위를 축소하여 민간의 자율적인 행정 참여의
기회를 확대하기 위하여 법률에 규정된 행정기관의 소관 사무 중 지방자치단체
가 아닌 법인·단체 또는 그 기관이나 개인에게 위탁할 사무를 정한 일반 법령으
로 「행정권한의 위임 및 위탁에 관한 규정」(대통령령 제27040호)이 있다. 여기에
해당하는 공무수행사인에는 다음과 같은 것이 있다. 예컨대, 의료법 제58조 제2
항에 의하여 보건복지부장관으로부터 의료기관 인증과 관련된 업무를 위탁받은
인증전담기관,13 공인회계사법 제52조 제1항에 의하여 금융위원회로부터 업무를
위탁받은 공인회계사회, 공인중개사법 제45조에 따라 국토교통부장관 또는 시·
도지사로부터 업무를 위탁받은 공인중개사협회, 「부동산 가격공시 및 감정평가
에 관한 법률」 제41조에 의하여 국토교통부장관으로부터 감정평가사의 등록 신
청과 접수 등 업무, 감정평가사사무소의 개설·변경·휴업·폐업신고의 접수업무,
감정평가사 연수교육, 감정평가사 실무수습의 관리 및 감정평가업자의 지도 업무
를 위탁받은 감정평가협회 또는 대통령령으로 정하는 감정평가법인(소속 감정평가
사의 수가 50인 이상인 감정평가법인 중에서 국토교통부장관이 지정하는 법인), 변리사법 제
28조에 따라 특허청장으로부터 업무를 위탁받은 대한변리사회, 행정자치부장관
으로부터 온천법 제24조의2 제1항 및 동법 시행령 제20조에 따른 온천자원 관측
사무를 위탁받은 온천협회, 농림축산식품부장관으로부터 관세법 제93조 제1호에

---

13 의료법상 '인증전담기관'이란 동법 제58조 제2항에 따라 '의료기관 인증을 목적으로 보건복지부
   장관의 허가를 받아 설립된 비영리법인'을 말한다(「의료법 시행령」 제29조).

따른 관세면제대상 물품 중 특정 사료작물 재배용 종자에 대한 관세면제 대상 물품의 확인사무를 위탁받은 농업경제지주회사, 농림축산식품부장관 또는 해양수산부장관으로부터 약사법 제42조 제1항에 따른 동물용 의약품등의 수입품목 중 안전성 및 유효성에 문제가 없다고 인정된 품목에 대한 품목신고의 수리 및 변경신고에 관한 사무 등을 위탁받은 사단법인 한국동물약품협회, 산업통상자원부장관으로부터 석탄산업법 제25조에 따른 연탄의 품질검사에 관한 사무를 위탁받은 연료공업협동조합, 산업통상자원부장관으로부터 전기사업법 제51조에 따른 부담금 징수에 관한 사무를 위탁받은 전기판매사업자 또는 구역전기사업자, 보건복지부장관으로부터 관세법 제71조 및 동법 시행령 제92조에 따른 의약품수량 할당의 추천 사무를 위탁받은 한국의약품수출입협회 등이 이에 해당한다.

3. 공무를 수행하기 위하여 민간부문에서 공공기관에 파견 나온 사람

이 법에서 말하는 공무는 공공기관이 수행하는 공적 업무를 말한다. 민간부문에서 파견 나온 사람이란 이 법에서 말하는 공적 업무영역이 아닌 민간영역에 소속된 사람이 신분상의 변동 없이 공적 업무를 담당하게 된 경우를 말한다. 원래 신분이 공직자등이거나 파견으로 인하여 공직자등의 신분을 취득한 사람은 여기서 말하는 공무수행사인이 아니다.

파견의 근거는 법령에 의해서든 계약에 의해서든 상관없으나 공무를 수행하여야 한다.

참고로 「파견근로자보호 등에 관한 법률」 제2조에 의하면 파견 근로자란 파견사업주에게 고용되어 근로자 파견의 대상이 되는 자로서 파견사업주와 사용사업주 간에 약정한 근로자파견계약의 내용에 따라 사용사업주의 지휘·명령을 받아 사용사업주를 위한 근로에 종사하는 자를 말한다. 동법에 의한 근로자파견대상업무는 전문지식·기술·경험 또는 업무의 성질 등을 고려하여 적합하다고 판단되는 업무로서 대통령령이 정하는 업무를 대상으로 하며(동법 제5조 제1항), 동법 시행령 제2조 제1항 별표1에 규정된 파견대상업무는 컴퓨터 관련 전문가의 업무, 경영 및 재정 전문가의 업무, 특허 전문가의 업무, 번역가 및 통역가의 업무 등 30여 가지로 한정되어 있다.

4. 법령에 따라 공무상 심의·평가 등을 하는 개인 또는 법인·단체

법령에 따라 공무상 심의·평가를 하는 것이 어떤 의미인지 명확하지 않다. 우선 법 제11조 제1항 제1호의 법령에 따라 설치된 행정기관 소속 각종 위원회의 위원으로서 심의·평가 하는 것도 이에 포함된다 할 것이고, 같은 조항 제2호의 법령에 따라 공공기관의 권한을 위임·위탁받아 심의·평가 등을 할 수도 있기 때문이다. 이 규정이 위 제1호 및 제2호와 같은 조항에 병렬적으로 들어 있으므로 위와 같은 경우를 제외한 나머지 경우를 뜻하는 것으로 보인다. 그러므로 권한을 위임·위탁받은 것은 아니지만 법령에 근거하여 업무를 위임·위탁받거나 용역계약을 체결하고 심의·평가 등을 하는 경우, 대행 또는 대리하여 업무를 처리하는 경우 등이 이에 해당한다 할 것이다.

예컨대, 「과학기술분야 정부출연연구기관 등의 설립·운영 및 육성에 관한 법률」제18조의 규정에 따라 설립된 「연구회」 또는 동법 제8조에 따라 설립된 과학기술분야 정부출연 「연구기관」으로부터 업무의 일부를 위탁받은 법인·단체 또는 개인이 이에 해당한다. 연구회 또는 연구기관은 동법 제30조 제1항의 규정에 따라 그 업무의 일부를 법인·단체 또는 개인에게 위탁할 수 있는데, 이 경우 위탁할 수 있는 업무는 ① 시험·분석 및 연구개발 등 특수한 전문지식·기술 및 시설 장비가 요구되는 업무, ② 연구과제 또는 연구기관에 대한 평가 등 공정성 및 객관성이 특별히 요구되는 업무, ③ 그 밖에 위탁함으로써 기관 운영 및 예산 집행의 효율성 향상이 기대되는 업무에 한하고(동법 시행령 제22조 제2항), 위탁하는 경우에는 위탁받을 자와 위탁업무의 내용과 범위, 위탁 기간, 업무 수행결과의 보고에 관한 사항 등을 포함한 계약 또는 협약을 체결하여야 한다(동법 시행령 제22조 제1항). 업무를 위탁할 수 있는 연구회에는 기초기술연구회·산업기술연구회·공공기술연구회 등이 있고, 과학기술분야 정부출연 연구기관으로는 한국과학기술연구원, 한국기초과학지원연구원, 한국천문연구원, 한국생명공학연구원, 한국과학기술정보연구원, 한국한의학연구원, 한국생산기술연구원, 한국전자통신연구원, 한국건설기술연구원, 한국철도기술연구원, 한국표준과학연구원, 한국식품연구원, 한국해양연구원, 한국지질자원연구원, 한국기계연구원, 한국항공우주연구원, 한국에너지기술연구원, 한국전기연구원, 한국화학연구원이 있다(동법 제8조 제1항 별표).

또한 「정부출연연구기관 등의 설립·운영 및 육성에 관한 법률」 제8조 제1항에 따라 설립된 정부출연 연구기관 또는 동법 제18조 제1항에 따라 설립된 경제·인문사회연구회로부터 위탁을 받아 그 업무를 수행하는 자도 이에 해당한다 할 것이다. 경제·인문사회연구회는 연구기관을 지원·육성하고 체계적으로 관리하기 위하여 설립된 법인이고(동법 제4조, 제18조), 정부출연 연구기관은 정부가 출연하고 연구를 주된 목적으로 하는 법인인데(동법 제2조, 제4조), 연구기관 및 연구회는 업무의 일부 또는 전부를 법인, 단체 또는 개인에게 용역위탁을 할 수 있고, 그 경우 그 용역결과물의 저작자와 저작권 귀속에 관한 사항을 계약내용에 포함하여야 한다(동법 제29조의2 제4항). 업무를 위탁할 수 있는 정부출연 연구기관에는 한국개발연구원, 한국조세연구원, 대외경제정책연구원, 통일연구원, 한국형사정책연구원, 한국행정연구원, 한국교육과정평가원, 산업연구원, 에너지경제연구원, 정보통신정책연구원, 한국보건사회연구원, 한국노동연구원, 한국직업능력개발원, 한국해양수산개발원, 한국법제연구원, 한국여성정책연구원, 한국청소년정책연구원, 한국교통연구원, 한국환경정책·평가연구원, 한국교육개발원, 한국농촌경제연구원, 국토연구원, 과학기술정책연구원이 있다(동법 제8조 제1항 별표).

3-1. 공무수행사인인 법인·단체의 범죄능력과 형사책임

청탁금지법은 위와 같이 공직자에 준하는 공무수행사인으로 개인뿐만 아니라 '법인·단체 또는 그 기관'이나 '법인 또는 단체'를 규정하고 있는데 이와 관련한 문제점에 관하여 본다.

1) 서 설

사법상 권리능력은 법질서에 의하여 인정되는 법적 힘으로서의 권리와 의무의 주체가 될 수 있는 자격이나 지위를 의미하는데 "사람은 생존한 동안 권리와 의무의 주체가 된다"는 민법 제3조의 규정과 같이 권리능력은 생존하는 자연인에게 있는 것이 원칙이고, 법률에 의하여 성립하는 인격체인 법인은 그 기관(機關)인 자연인을 통하여 행위하고 "정관으로 정한 목적의 범위 내에서 권리·의무의 주체가 된다." 한편 형사법상 범죄란 '구성요건에 해당하는 위법하고 책임 있는

행위'를 의미하므로 우선 평가 대상인 범죄의 구성요건행위가 존재하고 그 행위
의 위법성과 행위자의 책임이 있어야 한다. 즉 형법상 범죄능력은 행위능력과 책
임능력이 있어야 하는 것이다. 그런데 청탁금지법이 '법인 또는 단체'를 직접 수
범자로 규정하여 처벌규정의 완결성뿐만 아니라 법인의 범죄능력과 관련하여 형
사법 이론이나 확립된 판례와 조화롭지 못한 문제가 발생하게 된다. 이는 법인이
직접 범죄를 실행할 행위능력이 있느냐와 행위에 대한 책임을 질 책임능력이 있느
냐의 문제로 법인의 대표자나 기관 또는 대리인·종업원의 행위에 대하여 지휘·감
독상 과실이 있는 경우에 법인이 책임을 지는 양벌규정의 경우와 엄밀한 의미에서
는 다른 문제이다. 그 외에 법인이 형사처벌받을 형벌능력이 있느냐 하는 문제도
발생한다.

2) 법인의 범죄능력

a) 전통적 견해

　　형법상 법인의 범죄능력은 법인에게 행위능력과 책임능력이 있느냐의 문제
인데 이를 함께 보기로 한다. 전통적으로 형법상 행위의 주체는 원칙적으로 의사
활동에 따라 행위할 수 있는 자연인에 한하는 것으로 이해한다. 따라서 법인이나
단체는 그 대표기관인 자연인의 의사결정에 따른 대표행위를 통하여 의사를 실
현하는 것이므로 범죄행위의 주체가 될 수 없다는 것이 대륙법계 형사법의 전통
적인 견해이고 독일과 일본에서는 물론 우리나라의 통설[14] 내지 다수설[15]이다.

　　한편 근대 형법의 기본원칙인 행위책임의 원칙과 「책임 없으면 형벌 없다」
(Keine Strafe ohne Schuld)라는 책임주의 원칙상 책임은 행위자가 위법한 행위를
하였다는 데 대한 불법의 비난가능성이 그 본질이고 전통적 견해에 의하면 비난
가능성은 윤리적 비난가능성을 의미한다. 행위자에게 법규범에 따라 행위할 수
있는 의사결정능력 즉, 책임능력이 없으면 원칙적으로 책임도 없고 형벌도 없다
는 것이다. 그런데 법인은 자연인과 달리 시비와 선악을 변별하여 적법하게 행위
할 의사결정능력이 없기 때문에 윤리적 비난가능성 즉 책임능력도 없다고 보는
것이 전통적인 도의적 책임론의 입장이다.[16]

---

14 이재상, 형법총론, 2011, 93면.
15 신동운, 형법총론, 2011, 117면; 오영근, 형법총론, 2012, 143면.
16 이재상, 전게서, 291면 이하 참조.

법인의 범죄능력 부정설의 논거는 ① 범죄는 자연인의 의사활동에 따른 행위이므로 의사와 육체가 없는 법인은 이러한 행위의 주체가 될 수 없고, ② 법인은 대표자 등 기관을 통하여 행위를 하므로 실제 행위자인 자연인에게 형사책임을 물으면 족하고 법인까지 처벌할 필요는 없고, ③ 법인을 처벌하면 행위자가 아닌 범죄와 관계없는 자를 처벌하는 것이 되어 근대형법의 기본원칙인 개인책임과 자기책임의 원칙에 반하는 결과가 되며, ④ 책임은 위법행위에 대한 비난가능성을 의미하는데 법인에 대하여는 사회윤리적 비난이라는 의미에서의 책임비난을 귀속시킬 수 없고, ⑤ 법인은 목적의 범위 내에서만 활동할 수 있는데 범죄행위는 법인의 목적이 될 수 없으며, ⑥ 형법이 규정하는 가장 중요한 사형과 자유형을 법인에게 집행할 수 없고, 형법이 법인처벌에 관한 총칙규정을 두고 있지 아니하였으므로 형법은 자연인만 범죄의 주체로 인정하고 있다고 보아야 하고, ⑦ 법인을 처벌할 필요성이 있다 하더라도 영업정지나 영업허가취소 등 행정벌 또는 행정질서벌을 과하면 족하고 형사정책적 목적은 형벌 이외의 다른 수단에 의하여 달성해야 한다는 점 등이다.[17]

b) 기존 판례의 입장

대법원도 법인이나 단체의 경우 범죄능력을 부인하고 실제로 행위하는 대표자 또는 기관인 자연인에게 범죄행위능력을 인정하는 것이 확립된 입장이다. 즉 대법원은 1984. 10. 10. 선고 82도2595 전원합의체 판결에서 형법 제355조 제2항의 배임죄에 있어서 타인의 사무를 처리할 의무의 주체가 법인이 되는 경우라도 법인은 다만 사법상의 의무주체가 될 뿐 범죄능력이 없는 것이며 그 타인의 사무는 법인을 대표하는 자연인인 대표기관의 의사결정에 따른 대표행위에 의하여 실현될 수밖에 없어 그 대표기관은 마땅히 법인이 타인에 대하여 부담하고 있는 의무내용대로 사무를 처리할 임무가 있다 할 것이므로 법인이 처리할 의무를 지는 타인의 사무에 관하여는 법인이 배임죄의 주체가 될 수 없고 그 법인을 대표하여 사무를 처리하는 자연인인 대표기관이 바로 타인의 사무를 처리하는 자 즉 배임죄의 주체가 된다고 하였다. 그 외에도 법인은 그 기관인 자연인을 통하여 행위를 하게 되는 것이기 때문에, 자연인이 법인의 기관으로서 범죄행위를 한 경우에도 행위자인 자연인이 그 범죄행위에 대한 형사책임을 지는 것이고, 다만 법률이 그

17 이재상, 전게서, 93~94면; 오영근, 전게서, 143면 참조.

목적을 달성하기 위하여 특별히 규정하고 있는 경우에만 그 행위자를 벌하는 외에
법률효과가 귀속되는 법인에 대하여도 벌금형을 과할 수 있을 뿐이라거나(대법원
1961. 10. 19. 선고 4294형상417 판결, 1976. 4. 27. 선고 75도2551 판결, 1994. 2. 8. 선고
93도1483 판결 등 참조), 법인격 없는 사단과 같은 단체는 법인과 마찬가지로 사법
상의 권리의무의 주체가 될 수 있음은 별론으로 하더라도 법률에 명문의 규정이
없는 한 그 범죄능력은 없고 그 단체의 업무는 단체를 대표하는 자연인인 대표기
관의 의사결정에 따른 대표행위에 의하여 실현될 수밖에 없으며, 구 건축법 제26
조 제1항의 규정에 의하여 건축물의 유지·관리의무를 지는 '소유자 또는 관리자'
가 법인격 없는 사단인 경우에는 자연인인 대표기관이 그 업무를 수행하는 것이므
로 같은 법 제79조 제4호에서 같은 법 제26조 제1항의 규정에 위반한 자라 함은
법인격 없는 사단의 대표기관인 자연인을 의미한다고 한 사례(대법원 1997. 1. 24.
선고 96도524 판결), 공직선거법 제47조의2 제1항에 의하여 정당이 특정인을 후보
자로 추천하는 일과 관련하여 금품이나 그 밖의 재산상의 이익을 제공받은 당사자
가 정당인 경우에는 자연인인 기관이 그 업무를 수행하는 것이므로, 같은 법 제
230조 제6항에서 같은 법 제47조의2 제1항의 규정에 위반한 자란 정당인 경우
업무를 수행하는 정당의 기관인 자연인을 의미한다고 하여 정당의 대표를 처벌한
사례(대법원 2009. 5. 14. 선고 2008도11040 판결) 등 다수가 있다.

  c) 법인의 범죄능력 긍정설

    이러한 다수설 및 판례와 달리 법인의 범죄능력을 긍정하는 소수설의 논거는
① 법인은 기관을 통하여 의사결정 및 행위를 할 수 있으므로 법인도 의사능력과
행위능력이 있고, ② 법인이 그 목적범위 내에서만 활동한다는 것은 당위에 불과
하고 현실에 있어서는 그 활동과정에서 범죄행위를 할 수 있으며, ③ 법인에 대해
서도 윤리적 비난이나 도의적 책임을 묻는 것이 불가능하지 않고, 책임을 반사회
적 위험성이라고 본다면 법인에게도 책임을 물을 수 있으며, ④ 법인의 기관의 행
위는 기관 구성원 개인의 행위임과 동시에 법인의 행위라는 양면성을 가지므로 법
인을 처벌한다고 하여 이중처벌이 되지 않고 자기책임의 원리에 반하지 않으며,
⑤ 책임능력을 형벌적응능력이라고 보면 법인에게도 책임능력이 있고, ⑥ 법인의
영업정지나 영업취소 또는 해산은 법인의 생명형이나 자유형과 같이 볼 수 있으며
벌금형의 중요성이 점차 커지고 있는 현실에서 벌금형은 법인에 적절한 형벌이고,

⑦ 법인의 사회적 활동이 증대함에 따라 반사회적 활동도 격증하고 있는 현실에 비추어 범죄능력을 인정해야 할 형사정책적 필요가 있다는 것이다.[18]

3) 법인의 형사책임

　형벌은 범죄행위의 주체에게 과해지는 것이기 때문에 원칙적으로 범죄의 주체와 형벌의 객체는 일치할 것을 요한다. 그런데 오늘날 법인과 단체의 사회적 활동이 일반화되고 증대함에 따라 반사회적 위법활동도 격증하고 있는 것이 현실임에 비추어 법인을 처벌해야 할 형사정책적 필요가 있는 것도 사실이다. 이에 따라 각종 행정법규에서 행위자 이외에 법인도 처벌하는 규정을 두고 있는데 그 대부분은 양벌규정의 방식을 취하고 있다. 법인의 범죄능력을 인정하는 입장에서는 법인 자신의 행위에 의하여 당연히 처벌되는 것으로 보지만 법인의 범죄능력을 부정하는 전통적인 견해에 의하면 범죄능력이 없는 법인도 행정형법에 있어서는 형벌능력을 가진다고 해석하여 문제를 해결하고 있다. 즉 행정형법은 형법에 비하여 윤리적 색채가 약하고 행정목적을 달성하기 위한 기술적·합목적적 요소가 강조되는 것이므로 행정단속 기타 행정적 필요에 따라 법인을 처벌할 수 있다는 것이다.[19]

4) 청탁금지법과 법인의 형사책임 문제

　법인과 관련된 대부분의 행정형벌 규정이 행위자를 처벌하는 외에 법인까지 벌하는 양벌규정 형식으로 정하고 있는 것과 달리 청탁금지법은 공무수행사인으로서의 '법인 또는 단체'(아래에서는 '법인'이라고만 한다)를 양벌규정에 의하여 처벌하는 것이 아니라 공직자등에 포함시켜서 위반행위를 한 자, 즉 직접 수범자로 규정하고 있다. 예컨대, 법령에 따라 공무상 심의·평가 등을 하는 공무수행사인인 법인이 심의·평가 대상으로부터 연구용역비 또는 컨설팅비용 명목으로 법인 계좌를 통해 1천만원을 받았지만 사실은 공무와 관련하여 수령한 것이어서 청탁금지법 제22조 제1항 제1호에 저촉되는 경우, 또는 공무수행사인인 법인이 심의·평가와 관련하여 부정청탁을 받고 부정청탁에 따라 법인 명의로 심의·평가서를 작성하여 청탁금지법 제22조 제2항 제1호를 위반한 경우에 공무수행사

18 이재상, 전게서, 94면; 오영근, 전게서, 144면.
19 이재상, 전게서, 97면.

인인 법인이 청탁금지법을 위반한 것이 되는데 이 경우 행위자는 누구이고 처벌을 받을 자는 누구이며 이 경우 법인을 어떻게 처벌할 것인가 하는 문제가 있다. 청탁금지법에는 금품등을 받거나 부정청탁을 받는 공무수행사인으로서 법인의 대표기관인 자연인을 직접 처벌하는 규정이 없고 법인에게 적용되는 양벌규정도 없다. 참고로 청탁금지법 제24조 양벌규정에서는 법인의 대리인, 사용인, 그 밖의 종업원이 그 법인의 업무에 관하여 공직자등(또는 배우자)에게 제8조 제1항 또는 제2항의 금품등을 제공한 경우와 제5조 제1항의 금지 규정에 위반하여 공직자등에게 부정청탁을 한 경우에 한하여 법인도 처벌하도록 되어 있을 뿐이다.

우선 이 규정은 법인이 위반행위를 해서는 아니 되는 공직자등에 해당하고 위반하였을 경우 직접 처벌규정의 적용을 받게 되어 있으므로 법인의 범죄능력을 정면으로 인정하는 듯한 규정 형식이다. 이러한 규정 형식은 법인의 범죄능력을 인정하지 않는 통설·판례의 입장이 아니라 법인의 범죄능력을 인정하는 입장에 선 것 같이 보인다. 그렇지만 기존의 판례 입장은 위에서 본 대법원 1984. 10. 10. 선고 82도2595 전원합의체 판결과 같이 법인이 범죄의 주체가 될 수 없고 법인을 대표하여 사무를 처리하는 대표기관이 바로 범죄의 주체가 된다거나, 대법원 2009. 5. 14. 선고 2008도11040 판결과 같이 당사자가 정당인 경우 자연인인 기관이 그 업무를 수행하는 것이므로 위반자는 정당의 기관인 자연인을 의미한다고 하고 있으므로 청탁금지법의 경우도 공무수행사인인 법인이 아니라 그 대표기관인 자연인을 행위자로 보아 처벌하여야 한다고 해석할 것으로 예상된다. 그러나 만약 이 규정이 법인의 범죄능력을 인정하는 규정으로 해석한다면 법 제22조 처벌규정의 법정형 중 징역형으로 처벌이 불가능하여 처벌규정의 완결성에 문제가 있다는 비판을 받을 수 있다.

청탁금지법 제11조 제1항 제2호는 제4호와 달리 "법인·단체 또는 그 기관"을 공무수행사인으로 하고 있는데 이는 제2호의 해당 법령이 법인·단체의 기관인 대표자에게 직접 권한을 위임 또는 위탁하는 경우를 고려한 것으로 보인다. 법인의 기관이 권한을 위탁받은 경우는 법인·단체의 기관이 바로 공무수행사인으로 된다 할 것이다.

다음으로, 법인의 기관이 아닌 실무를 담당하는 보조자나 종업원이 위반행위를 하였을 경우 법인을 처벌할 수 있을 것인지, 그 경우 실제 행위자는 처벌할 수 있을 것인지의 문제도 있다. 법인의 기관인 대표자가 직접 위반행위를 하거나 지시 또는 공모하였을 경우에는 법인의 행위가 있었다고 보아 법인을 처벌하면 된다. 하지만 법인의 업무를 처리함에 있어서 금품등을 받거나 부정청탁을 받고 그에 따라 직무를 수행하는 것은 실무를 처리하는 담당자가 은밀히 할 가능성이 많은데 이 경우 법인의 기관인 대표자 등에게 고의가 없다면 법인의 행위로 된다고 할 수 없다. 법인의 기관에 감독상의 과실이 있다 하더라도 청탁금지법에 과실범 처벌규정이 없으므로 법인을 처벌할 수도 없다. 그렇다고 법인의 기관이 아닌 보조자나 종업원의 행위를 이유로 법인을 처벌할 수도 없다. 그런데 이 경우 실제 행위자인 종업원등을 처벌할 근거규정도 없으므로 실제 행위자를 처벌할 수도 없어 결국 청탁금지법으로는 아무도 처벌하지 못하는 결과가 된다. 위 사례들에 대하여 법 제24조의 양벌규정이 적용되지 않음은 위에서 본 바와 같고, 또한 과태료 부과대상도 아니다. 다만 법인의 기관이 아닌 보조자나 종업원이 대표기관인 자연인과 공모하였을 경우는 공범으로 처벌이 가능하다 할 것이다.

4. 일반 국민

일반 국민도 이 법에 의하여 수수가 금지된 '금품등'을 공직자등(공무수행사인을 포함한다) 또는 그 배우자에게 제공하거나 그 제공의 약속 또는 의사표시를 하면 이 법의 적용을 받는다(법 제8조 제5항, 제22조 제1항 제3호). 또한 이 법에서 금지하고 있는 부정청탁과 관련하여 제3자를 위하여 '공직자등'(공무수행사인을 포함한다)에게 부정청탁을 하거나 자신의 일에 대하여 제3자를 통하여 '공직자등'(공무수행사인을 포함한다)에게 부정청탁을 한 자도 그 적용대상이 된다(법 제5조 제1항, 제23조 제2·3항).

그 외에 법인 또는 단체의 대표자나 법인·단체 또는 개인의 대리인, 사용인 그 밖의 종업원이 그 법인·단체 또는 개인의 업무에 관하여 금지된 금품등을 제공하거나 제공의 약속 또는 의사표시를 하는 경우에는 그 행위자 외에 그 법인·단체 또는 개인도 이 법의 적용대상으로 된다. 다만 업무에 관하여 상당한 주의와 감독을 게을리 하지 아니한 경우에는 그러하지 아니하다(법 제24조).

제1장 총 칙

5. 외 국 인

속지주의 원칙에 따라 외국인도 대한민국의 영토 또는 대한민국의 법률이 적용되는 구역에서는 이 법의 적용을 받는다. 다만 국제법상 면책특권을 가진 외국 국가원수 또는 외교사절과 그 가족 등은 제외된다.

1. 재산적 이익

청탁금지법에서는 우선적으로 금전, 유가증권, 부동산, 물품, 숙박권, 회원권, 입장권, 할인권, 초대권, 관람권, 부동산 등의 사용권 등 일체의 재산적 이익의 수수를 금지한다.

여기서 말하는 재산적 이익은 금전, 유가증권, 부동산, 물품 등 유체물 형태의 재물뿐만 아니라 양복티켓, 해외여행권, 숙박권, 회원권, 입장권, 할인권, 초대권, 관람권, 부동산 등의 사용권 등 재산적 가치가 있고 관리가능한 이익 등 무체물을 모두 포함한다.

형법상 뇌물죄에 있어서의 '뇌물'은 직무에 관한 불법한 보수 또는 직무에 관한 부당한 이익으로 보는 것이 학계의 통설이므로[20] 뇌물은 직무행위에 대한 대가로서의 불법한 보수 또는 부정한 이익을 말하는 데 반해 청탁금지법에서 말하는 '금품등'은 직무와의 관련성을 요하지 않고 금품등이면 된다. 직무와 관련 없이 의례적, 관행적으로 주고받던 금품도 해당되고 기부·후원·성금·경조사 부조금 등 명목여하를 불문하고 금품이면 모두 이에 해당된다.

2. 접대·향응 또는 편의제공

음식물·주류·골프 등의 접대·향응 또는 교통·숙박 등의 편의제공도 수수가

---

[20] 김일수, 형법각론, 1996, 653면; 이재상, 형법각론, 2010, 723면.

금지되는 '금품등'에 해당한다. 형법상 뇌물죄에 있어서도 뇌물의 내용인 이익이라 함은 금전, 물품 기타의 재산적 이익뿐만 아니라 사람의 수요, 욕망을 충족시키기에 족한 일체의 유형, 무형의 이익을 포함한다고 해석되고 있다.[21]

여기서 말하는 접대·향응 또는 편의제공이란 별도로 금품이나 이익을 제공하는 것이 아니라 일상생활 영역에서 주고받는 자들이 함께 누리는 욕망충족행위나 생활 편의제공까지 포함한다. 이 중에는 향응제공이나 골프접대, 성접대[22] 등 형법상 뇌물죄에 있어서 뇌물로 인정된 것도 있으나 상당부분이 애매한 영역에 속하거나 사적인 영역으로 인정되어 특별히 문제가 되지 않던 것들이 여기에 모두 포함된다. 접대나 향응의 경우 수수한 금품 액수는 접대나 향응을 제공한 자가 직접 소비한 부분을 제외하여야 하고, 각자의 소비한 액수가 불명일 때에는 이를 균등하게 분할한 액수를 수수하였다고 하여야 하며, 만약 공직자가 그 자리에 스스로 제3자를 초청하여 함께 접대나 향응을 받은 때에는 그 제3자가 별도의 지위에서 접대를 받는 공직자이거나 그럴 사정이 있지 않는 한 그 제3자의 접대에 요한 비용도 포함시켜서 수수한 것으로 보아야 할 것이다.[23] 욕망충족행위라도 재산적으로 객관화 할 수 있는 이익이 아닌 단순한 호기심이나 명예욕, 허영심의 충족 등 순수한 주관적 욕망충족행위는 해당되지 않는다고 할 것이다.

문제는 직무관련성만 있으면 대가성을 불문하고 액수에 관계없이 형사처벌 되거나 과태료에 처해지게 되고, 직무관련성이 없더라도 1회 100만원을 초과하면 형사처벌 되기 때문에 평소 용인되어 왔고 별다른 죄의식 없이 일상생활 속에서 함께 식사하거나 술을 마시고 소통하는 행위도 이제는 청탁금지법에 저촉되게 된 것이다.

3. 경제적 이익 등

'채무 면제, 취업 제공, 이권(利權) 부여 등 그 밖의 유형·무형의 경제적 이익'도 수수가 금지되는 "금품등"에 해당한다. 대법원 판례를 통해 뇌물로 인정된 사례를 보면 금품의 무상대여를 통하여 위법한 재산상 이익을 취득한 경우 그로 인

---

21 대법원 1979. 10. 10. 선고 78도1793 판결, 2002. 11. 26. 선고 2002도3539 판결 등 참조.
22 대법원 2014. 1. 29. 선고 2013도13937 판결.
23 대법원 2001. 10. 12. 선고 99도5294 판결 참조.

한 금융이익 상당액,[24] 투기적 사업에 참여할 기회를 얻는 것도 경제적 이익에 해당되므로 장래 시가의 앙등이 예상되는 주식을 액면가에 매수한 경우,[25] 토지의 매수 및 개발을 통한 건축 등 투자기회를 제공받은 경우,[26] 액수 미상의 프리미엄이 예상되는 조합아파트 1세대를 분양해 준 경우[27] 등에서 얻을 수 있는 경제적인 이익이 이에 해당한다. 이 경우 그 행위가 종료된 후 경제사정의 변동 등으로 인하여 당초의 예상과는 달리 그 사업 참여로 아무런 이득을 얻지 못한 경우라도 상관없이 행위 당시를 기준으로 판단하여야 할 것이다.[28] 또한 채무면제나 채무의 대위변제는 그 자체로 명백한 경제적 이익의 제공이므로 당연히 금품등에 해당하고, 쇼핑센터에 납품할 기회를 얻는 것[29] 뿐만 아니라 리스차량을 마음대로 사용·수익할 수 있는 무형의 이익도[30] 이에 해당한다.

　이러한 뇌물죄에 있어서 경제적 이익은 수수 당시에 현존할 필요는 없고 그 당시에 예기할 수 있는 것이라도 무방하며, 그 가액이 확정되어 있지 않아도 된다 할 것이다. 예컨대 수년 동안 처분하려고 노력하였으나 매수하려는 사람이 없어 처분하지 못했던 토지와 자신이 매수하고 싶었던 전원주택지로서 인근에 다리가 건설되고 개발이 되면 향후 가격이 상승할 가능성이 있는 토지를 교환한 경우에는 오랫동안 처분하지 못하고 있던 부동산을 처분하고 가격이 상승할 가능성이 있는 토지를 매수한 무형의 이익을 얻었다고 보여지므로 금품등을 수수한 경우에 해당한다.[31] 청탁금지법에 있어서의 경제적 이익도 원칙적으로 이와 다를 바 없다. 그러나 청탁금지법이 직무관련성 여부와 상관없이 1회 100만원 또는 매 회계연도 300만원을 초과하는 금품등을 수수·요구·약속하는 행위를 금품등수수죄의 구성요건으로 정하고 있기 때문에 아래에서 보는 바와 같이 범죄의 구성요건해당성을 판별하는 데 어려운 점이 있다.

---

24 대법원 1979. 10. 10. 선고 78도1793 판결, 2014. 5. 16. 선고 2014도1547 판결.
25 대법원 1994. 11. 4. 선고 94도129 판결.
26 대법원 2012. 8. 23. 선고 2010도6504 판결.
27 대법원 2002. 11. 26. 선고 2002도3539 판결.
28 대법원 2002. 5. 10. 선고 2000도2251 판결, 2002. 11. 26. 선고 2002도3539 판결 등.
29 대법원 2002. 1. 25. 선고 99도4920 판결.
30 대법원 2006. 4. 27. 선고 2006도735 판결, 2006. 5. 26. 선고 2006도1716 판결 등 참조.
　　이와 달리 자동차의 사실상 소유자로서 자동차에 대한 실질적인 사용 및 처분권한이 있다면 자동차 자체를 수수한 금품등으로 보아야 할 것이다.
31 대법원 2001. 9. 18. 선고 2000도5438 판결 참조.

4. 금품등과 관련한 문제점

1) 금품등의 용어 정의에 관한 문제

청탁금지법은 공직자등이 동일인으로부터 1회 100만원 또는 매 회계연도 300만원을 초과하는 금품등을 받거나 요구·약속한 경우에는 그 직무관련성 및 대가성 여부를 묻지 않고 형사처벌 하도록 하고 있는데 이 법에서 정한 '금품등'이란 용어의 정의규정에 가액을 산정할 수 없는 것을 포함하고 있거나 적어도 행위 당시에는 경제적 이익의 가액산정이 불가능한 경우가 있어서 문제가 된다.

예컨대 성접대의 경우, 「성매매방지 및 피해자보호 등에 관한 법률」에 의하여 타인의 성을 매수할 수 없어서 통상의 가격을 산정할 수 없는데 실제 지불액수를 기준으로 평가할 것인지 또는 달리 평가할 방법이 있는지 알 수 없다. 또한 이해당사자 본인이 여성일 경우 매수행위 없이 성접대가 이루어지는 경우에는 어떻게 가액을 산정할 것인가 하는 문제도 생길 수 있다.

또한 취업제공을 한 경우에도 그 가액 산정의 문제가 발생한다. 공직자등에게 취업제공을 한 경우 그 가액평가를 할 수 있을 것인지, 있다면 어떻게 하는 것이 적정한 평가인지 의문이다. 취업제공은 다른 금품제공과 달리 취업하여 일할 기회를 제공하는 것이지만 취업한 자가 제공받는 경제적 이익은 정당한 근로의 대가로 지급받는 급여이고, 상당기간 지속될 것이 예정되어 있어서 취업기간이 늘어남에 따라 지급받는 금품이 증가한다는 특수성이 있다. 그래서 취업제공으로 지급받는 경제적 이익을 근로의 대가로 지급받는 급여액 전부라고 하기는 무리가 있고, 종전 직장에서 받던 급여와 새로운 직장에서 받게 된 급여의 차액이라고 하는 것도 문제가 있다. 취업의 경우 급여조건뿐만 아니라 직업의 안정성, 직업에 대한 사회적 평판, 업무의 질과 강도, 근무연한 등도 직업선택의 중요한 기준이 되는 현실을 감안하면 단순히 급여만을 기준으로 평가한다는 것도 문제이고, 급여액 기준으로 차액이 없거나 수령액이 줄어들었다면 경제적 이익이 없다고 보는 것이 과연 타당한가 하는 비판도 있을 수 있다. 그리고 종전 급여와 차액을 금품으로 볼 경우 동일한 취업제공에 대한 경제적 평가를 종전에 직업이 있었는지 여부에 따라 달리 할 수 있는지, 종전 직장에 대한 평가는 전혀 관계없는 것인지 하는 의문도 생긴다. 또한 급여 또는 그 차액이 수령한 금품이라고 하더라도 평가 기준이 되는 급여 기준을 무엇으로 할 것인가도 문제다. 통상 월 급여를 기준으로 한다면 급여차액이 100만원을 초과하지 않을 경우에 범죄가 성립되지 않는 것인지, 아니면 원래 상당기간 근로할 것이 예정되어 있으므로 지급 예정된 급여 전부를 1회 제공 금품으로 보아 취업제공 시점에서 바로 범죄가 성립한다고 볼 것인지, 그 경우 1회 제공으로 평가되는 기간은 어디까지로 볼 것인지 등등 의문이 생긴다. 그러면 월 급여 또는 차액을 1회 제공 금품으로 볼 경우 1회 100만원을 초과하지는 않지만 연간 300만원을 초과하면 범죄가 성립될 수 있을 것인가? 부정하여야 한다고 본다. 만약 실제 수령한 급여가 300만원이 초과할 때 범죄가 성립된다고 본다면 형법상 행위개념과 부합하지 않는 문제가 생긴다. 청탁금지법상 금품등수수죄는 행위의 종료와 동시에 범죄가 기수로 되는 즉시범이고 범죄의 기수 이후에도 범죄행위가 계속되는 감금죄 또는 주거침입죄 등과 같은 계속범이라고 할 수는 없다. 그렇다면 금품등수수죄에서 그 금품등이 취업제공이라고 하여 달리 볼 수는 없으므로 금품 제공의 수단으로 취업제공을 하였다면 원칙적으로 취업제공 그 자체가 범죄행위이고 취업이 확정됨으로써 범죄는 기수가 되며 범죄행위도 종료되는 것이고, 범죄행위로 제공된 금품등의 경제적 가액이 얼마인지 하는 평가는 별개라 할 것이다. 취업제공이 범죄행위라고 하여 취업 후에도 범죄행위가 계속된다고 할 수 없고, 취업 후 계속하여 근로를 제공하고 그 대가로 급여를 받는 것까지 포괄하여 하나의 범죄행위로 볼 것도 아니다. 또한 취업자가 일하면서 근로의 대가로 지급받는 급여가 전부 위법하다고 보기도 어렵다. 급여는 근로의 대가로 지급되는 것이고 근로를 조건으로 지급하는 것이기 때문이다. 이는 형식상 취업을 가장하여 매월 일정액의 금품을 지급받는 경우와 달리 봐야 한다. 그리고 취업제공을 요구하거나 제공의 의사표시를 한 경우에는 그 가액을 산정하기가 더욱 힘들다.

　이러한 문제는 형법상 뇌물죄의 경우와 차원이 다르다. 형법은 직무와 관련하여 뇌물을 수수하면 가액과 상관없이 일단 범죄가 성립하고 그 가액은 형벌의 양형사유나 형벌에 부가하는 몰수·추징의 문제로 되고 몰수나 추징은 부정한 이익을 보유하지 못하게 하는 것이기 때문에 형을 정하거나 몰수·추징하는 뇌물가액은 재판시를 기준으로 산정하면 된다. 대법원도 몰수는 범죄에 의한 이득을 박탈하는 데 그 취지가 있고, 추징도 이러한 몰수의 취지를 관철하기 위한 것인 점 등에 비추어 볼 때, 몰수할 수 없는 때에 추징하여야 할 가액은 범인이 그 물건을 보유하고 있다가 몰수의 선고를 받았더라면 잃었을 이득상당액을 의미하므로, 다른 특별한 사정이 없는 한 그 가액산정은 재판선고시 가격을 기준으로 하여야 한다고 하였다(대법원 2008. 10. 9. 선고 2008도6944 판결).

그러나 청탁금지법에서는 '1회 100만원 또는 매 회계연도에 300만원을 초과하는 금품등의 수수'가 범죄구성요건이기 때문에 금품등에 해당하는 취업제공의 경제적 가액은 범죄의 성립에 관한 문제이다. 청탁금지법에서 금품등의 가액은 범죄구성요건에 해당하기 때문에 그 가액산정 시기는 범죄행위 완료 시 즉 범죄성립 시가 되어야만 그 행위가 범죄에 해당하는지 여부를 알 수 있다. 가액산정이 불가능하여 어떤 행위가 범죄에 해당하는지 여부가 불분명하다면 명확성의 원칙에 반하여 위헌이라 할 것이다. 그러므로 청탁금지법이 다른 부가요건 없이 오직 '1회 100만원 또는 매 회계연도에 300만원을 초과하는 금품등의 수수'를 범죄구성요건으로 하고 있으면서 가액산정이 불가능한 '취업제공' 등을 '금품등'에 명문으로 규정한 것은 잘못이다. 즉 구성요건 규정형식이 문제가 아니라 가액산정에 관하여 아무런 규정도 없이 '취업제공' 등을 금품등에 규정한 것이 문제라는 것이다.

2) 공직선거법의 규정과 차이점

청탁금지법 이외에 금품의 가액을 범죄구성요건으로 정하고 있는 것으로 공직선거법이 있다.

〔공직선거법 관련 규정〕

공직선거법 제113조는 국회의원·지방의회의원·지방자치단체의 장·정당의 대표자·후보자(후보자가 되고자 하는 자를 포함한다)와 그 배우자는 기부행위를 할 수 없고(제1항), 누구든지 제1항의 행위를 약속·지시·권유·알선 또는 요구할 수 없다(제2항)고 규정하고, 제114조 제1항에서는 정당 및 후보자의 가족 등의 기부행위제한을, 제115조에서는 제113조 또는 제114조에 규정되지 아니한 제3자의 기부행위제한을 규정하고, 제116조에서 "누구든지 선거에 관하여 제113조부터 제115조까지에 규정된 기부행위가 제한되는 자로부터 기부를 받거나 기부를 권유 또는 요구할 수 없다"라고 하여 기부행위 자체를 금지하고, 벌칙 규정 제257조 제1항 제1호에서 제113조·제114조 제1항 또는 제115조의 규정에 위반한 자는 5년 이하의 징역 또는 1

천만원 이하의 벌금에 처한다고 하면서도 같은 조 제2항에서는 제116조(기부의 권유·요구 등의 금지)에 규정된 행위의 상대방에게 기부를 지시·권유·알선·요구하거나 그로부터 기부를 받은 자(제261조 제9항 제1호·제6호에 해당하는 사람은 제외한다)는 3년 이하의 징역 또는 500만원 이하의 벌금에 처한다고 규정하였다. 한편 제261조 제9항 제1호에서는 제116조를 위반하여 금전·물품·음식물·서적·관광 기타 교통편의를 제공받은 자 및 제116조를 위반하여 제113조에 규정된 자로부터 주례행위를 제공받은 자(그 제공받은 금액 또는 음식물·물품 등의 가액이 100만원을 초과하는 자는 제외한다)는 그 제공받은 금액 또는 음식물·물품 등의 가액의 10배 이상 50배 이하에 상당하는 금액(주례의 경우에는 200만원)의 과태료를 부과하되, 그 상한은 3천만원으로 한다고 되어 있다.

간략하게 말하면 공직선거법은 제113조, 제114조 제1항, 제115조에서 기부행위가 제한된 자를 규정하고 이들이 기부행위를 하면 그 액수를 불문하고 5년 이하의 징역 또는 1천만원 이하의 벌금에 처하고, 이들에게 기부를 지시·권유·알선·요구하거나 그로부터 기부를 받은 자는 3년 이하의 징역 또는 500만원 이하의 벌금에 처하되 다만 기부행위 제한자로부터 제공받은 금전·물품·음식물·서적·관광 기타 교통편의의 가액이 100만원 이하인 자는 제외한다고 규정하여 기부를 제공받은 자 중 기부금품 등의 가액이 100만원을 초과하는 자에 한하여 형사처벌 한다. 그리고 100만원 이하의 금품 등을 제공받은 자는 그 제공받은 금액 또는 음식물·물품 등의 가액의 10배 이상 50배 이하에 상당하는 금액의 과태료를 부과하되 그 상한은 3천만원으로 한다.

그러나 공직선거법에서 "기부행위"라 함은 당해 선거구 안에 있는 자나 기관·단체·시설 및 선거구민의 모임이나 행사 등에 대하여 "금전·물품 기타 재산상 이익의 제공, 이익제공의 의사표시 또는 그 제공을 약속하는 행위"를 말한다(제112조). 금전·물품 기타 재산상의 이익에 한하여 기부행위가 성립되므로 청탁금지법에서 말하는 금품등과 그 범위가 다르고 가액산정이 가능한 것을 대상으로 할뿐만 아니라 적어도 법문에 가액산정이 명백히 불가능한 것을 규정하고 있지는 않다. 또한 기부행위 제한자에 대하여는 그 기부금품 가액을 불문하고 형사처벌 하므로 기부금품의 가액이 범죄구성요건이 아니다. 다만 기부행위 제한자로부터 기부금품 등을 받은 자에 한하여 그 가액이 100만원 이하일 경우에만 형사처벌 하지 않고 과태료를 부과하는 것이다. 그러므로 공직선거법에서는 수령한 기부

금품의 가액을 기준으로 형사처벌 하더라도 청탁금지법과 같은 문제는 없다. 그 외에 공직선거법 제230조 제1항 제1호에 당선되거나 당선되게 하거나 당선되지 못하게 할 목적으로 재산상의 이익이나 "공사의 직을 제공하거나 그 제공의 의사를 표시하거나 그 제공을 약속한 자"는 5년 이하의 징역 또는 1천만원 이하의 벌금에 처하게 되어 있으나 이 경우는 '공사의 직 제공'의 가액을 불문하므로 또한 문제가 없다.

3) 취업제공의 상대방

공직자등에게 제공하는 금품등이 '취업제공'일 경우 그 제공의 상대방은 공직자등에 한정되는 것인지 아니면 그 친인척일 경우도 범죄가 성립하는지의 문제다. 우선 공직자등에게 직접 취업제공을 하는 경우 또는 그 배우자에게 직무와 관련하여 취업을 제공하는 경우에는 수수 금지된 금품등에 해당하는 것이 분명하다. 그러나 현실은 공직자등에게 직접 취업제공을 하는 경우보다 공직자등을 봐서 그 자녀 또는 형제자매 등 친인척을 취업시키는 경우가 더 많다. 예컨대, 국회의원의 자녀를 재벌회사의 법무실 변호사로 채용하거나 또는 유력 정치인의 처남을 재벌회사의 계열사에 취직시키는 경우 등 현실적으로 일어날 수 있는 사례들이나, 국비나 시·도비의 지원을 받고 있는 복지시설에 감독관청 공무원의 친인척을 취직시켜주는 경우, 수도권매립지관리공사 고위 임원의 친인척을 매립지관리공사의 협력사에 취업시켜 준 경우 또는 시(市) 산하 시설관리공단 무기계약직에 당해 시 간부 공무원의 친인척을 채용해주는 경우 등 실제로 일어났던 사례들이 이에 해당한다. 이러한 사례들은 모두 사회적으로 논란이 될 수 있는데 이 경우 취업제공을 공직자등에게 금품등을 제공한 것으로 볼 것인가? 단도직입적으로 말해서 친인척에 대한 취업제공을 공직자등에 대한 금품등의 제공으로 볼 수는 없다. 이러한 경우 취업하는 당사자에게 취업을 제공하는 것이 아니라 그 친인척인 공직자등에게 제공하는 것이라고 해석하는 것은 유추해석금지 내지 죄형법정주의 원칙에 반하기 때문이다. 참고로 뇌물죄와 관련하여 형법 제130조(제삼자뇌물제공)는 "공무원 또는 중재인이 그 직무에 관하여 부정한 청탁을 받고 제3자에게 뇌물을 공여하게 하거나 공여를 요구 또는 약속한 때에는 5년 이하의 징역 또는 10년 이하의 자격정지에 처한다"고 규정하여 제3자에게 뇌물을 공여한

경우 별도의 처벌규정을 두고 있다. 또 형법 제357조(배임수재)와 관련하여 법무
부는 2015. 9. 3. 타인의 사무를 처리하는 자가 그 임무에 관해 부정한 청탁을
받고 제3자로 하여금 재물 또는 재산상의 이익을 취득하게 한 때, 즉 제3자 배임
수재죄를 신설하여 기존의 배임수재죄와 별도로 처벌하는 형법 개정안을 입법예
고하였다. 그러나 청탁금지법은 위와 같은 규정을 두고 있지 않으므로 공직자등
의 친인척에 대한 취업제공을 하더라도 공직자등을 처벌할 수 없다.

　이러한 법적 문제를 떠나서 취업제공이 금품등에 포함되는 한 공직자등은 향
후 재직 중에 새로운 직업을 구함에 있어 공개채용 등이 아닌 특별채용을 거치면
거의 이 법에 저촉된다고 볼 수 있다. 퇴직하고 난 후 취업되었더라도 재직 중에
취업제공을 약속하게 되면 범죄가 성립된다. 현실적으로 공직자등이 상당기간 재
직하다가 전직하는 경우 공개채용으로 취업하는 것이 드물기 때문에 앞으로 공
직자등은 퇴직한 이후가 아니면 특별채용으로 새로운 직장을 구하기가 어렵게
되었다.

제 5 절　국가의 책무와 공직자의 의무

　청탁금지법은 국가 및 공공기관에 대한 신뢰를 확보하고 공직자의 청렴성을 증
진하기 위하여 국가 및 공공기관에게 공정하고도 청렴한 공무수행을 위한 책무가
있음을 규정하고 공직자의 청렴의무와 공평무사한 직무수행의무를 규정하고 있다.

1. 국가 및 공공기관의 책무

1) 국가의 근무여건 조성 책무
'국가는 공직자등이 공정하고 청렴하게 직무를 수행할 수 있는 근무 여건을 조
성하기 위하여 노력하여야 한다'. 국가책무의 내용이 추상적으로 규정되어 있을
뿐 구체적으로 어떠한 상태가 공직자가 공정하고 청렴하게 직무를 수행할 수 있
는 근무여건인지에 대한 구체적인 내용규정이 없고, 또한 그러한 근무여건을 조

성하기 위하여 어떠한 노력을 하여야 하는지에 관하여도 아무런 규정이 없다. 게다가 책무의 주체가 '국가'라고만 되어 있어서 그 책무를 부담하여야 하는 구체적인 기관이 어디인지 아무런 규정이 없고, 책무를 이행하지 않을 경우 어떠한 제재가 있는 것도 아니다. 따라서 이 규정은 구체적인 의무규정이나 효력규정이 아니라 추상적인 선언적 규정이다.

2) 공공기관의 책무

a) 공공기관은 공직자등의 공정하고 청렴한 직무수행을 보장하기 위하여 부정청탁 및 금품등의 수수를 용인(容認)하지 아니하는 공직문화 형성에 노력하여야 한다. 여기서 말하는 '부정청탁 및 금품등의 수수를 용인하지 아니하는 공직문화'의 개념 역시 구체적인 내용을 정의하기 어려운 추상적 개념이고, '공직문화 형성에 노력하여야 한다'는 규정 역시 어떠한 노력을 어떻게 하여야 하는지 알 수가 없다. 또한 그 책무의 주체가 공공기관으로 되어 있고 그 기관의 기관장 또는 행정청에게 구체적인 의무를 부여하는 규정도 없고, 불이행하였을 경우 제재가 따르는 것도 아니므로 국가에 대한 책무와 마찬가지로 추상적인 선언적 규정이라 하겠다.

b) 공공기관은 공직자등이 위반행위 신고 등 이 법에 따른 조치를 함으로써 불이익을 당하지 아니하도록 적절한 보호조치를 하여야 한다. 청탁금지법에 의하면 공직자등이 부정청탁을 받았을 때, 또는 자신이나 배우자가 수수 금지된 금품등을 받거나 그 제공의 약속 또는 의사표시를 받은 경우에 기관장에게 신고하고 금품등을 반환하거나 기관장에게 인도하는 등 조치를 취하여야 하는데 이 경우 당해 공직자등이 불이익을 당하지 아니하도록 적절한 보호조치를 하여야 한다는 것이다. 여기서 말하는 '적절한 보호조치'는 '직무 참여 일시중지', '직무 대리자의 지정', '전보', '부정청탁 관련사실을 해당 공공기관의 인터넷 홈페이지 등에 공개', '금품등 수수 관련사실 수사기관에의 통보', '수수한 금품등의 반환 요구' 등 청탁금지법에 규정되어 있는 바와 같은 보호조치를 포함하여 기타 규정되지 않은 보호조치라도 적절하다면 하여야 한다는 것이다. 법에 규정된 여러 보호조치 이외의 조치를 가능하게 하는 보충적 규정이라 할 것이다.

2. 공직자등의 의무

1) 공정하고 청렴한 직무수행 의무

공직자등은 사적 이해관계에 영향을 받지 아니하고 직무를 공정하고 청렴하게 수행하여야 한다. 국가공무원법 제61조 및 지방공무원법 제53조는 공무원이 직무와 관련하여 직접 또는 간접을 불문하고 사례·증여 또는 향응을 주거나 받을 수 없으며, 직무상의 관계가 있든 없든 그 소속 상관에게 증여하거나 소속 공무원으로부터 증여를 받아서는 아니 된다고 청렴의무를 규정하고 있다. 이러한 의무를 공무원뿐만 아니라 이 법의 적용대상이 되는 공직자 또는 공적 업무 종사자 전부에게 확대하여 규정한 것이다. 참고로 지방자치법에 지방의회의원의 청렴의무규정은 있으나 국회법에 국회의원의 청렴의무 규정은 없다. 이 규정을 둔 취지는 사전에 부정한 청탁이 있었는지의 여부나 금품수수의 시기 등을 가릴 것 없이 공직자등의 직무와 관련한 금품수수행위를 방지하여 공직자등의 순결성과 직무행위 불가매수성을 보호하고 공직자등 직무집행의 적정을 보장하려는 데에 있는 것으로 보아야 할 것이다.[32]

또한 공직자등은 공사를 분별하고 공정하게 직무를 처리하여야 한다. 국가공무원법 제59조 및 지방공무원법 제51조에 공무원의 경우 국민(주민) 전체의 봉사자로서 친절·공정하게 집무하여야 하는 친절·공정의무를 규정하고 있다. 또한「국가공무원 복무규정」제4조 제1항에 "공무원은 공사(公私)를 분별하고 인권을 존중하며 친절하고 신속·정확하게 업무를 처리하여야 한다"고 규정하고 있다. 이러한 공정의무를 공무원뿐만 아니라 이 법에서 규정하는 공직자등에까지 확대한 것이다.

이 의무는 단순한 도덕적 의무가 아니라 법적 의무이므로 위반하면 청탁금지법의 다른 처벌규정에 저촉되거나 형사법상 범죄를 구성함은 별론으로 하고 그 자체로 징계사유가 된다.

2) 공평무사한 직무수행 의무

공직자등은 직무수행과 관련하여 공평무사하게 처신하고 직무관련자를 우대하

---

32 대법원 1992. 11. 27. 선고 92누3366 판결 취지 참조.

거나 차별해서는 아니 된다. "대한민국의 주권은 국민에게 있고, 모든 권력은 국민으로부터 나온다"는 헌법 제1조 제2항의 국민주권주의 원칙과 헌법 제7조 제1항 "공무원은 국민전체의 봉사자이고 국민에 대하여 책임을 진다"는 공무원의 지위와 책임규정에 비추어 공무원은 '국민전체에 대한 봉사자'로서 공공의 이익을 위하여 근무하여야 할 책임을 지는 특수한 지위에 있다. 따라서 공무원에게는 국민전체의 이익을 위해서 헌법과 법률에 따라 그 직무를 성실하게 수행하여야 할 책임이 있고, 공무원의 직무는 공공성·공정성·성실성 및 중립성이 보장되어야 한다.[33] 공무원이 어떤 특정 집단이나 특정 정당 또는 개인 등 국민 일부를 위하여 공무를 수행하거나 그 이익을 대변하면 국민전체의 이익추구에 장애를 초래하는 등 공익에 반하고 공무수행의 공정성이나 중립성에 대한 국민의 신뢰를 현저히 훼손하기 때문이다. 이러한 공무원의 의무와 책임을 청탁금지법의 적용대상이 되는 '공직자등'에까지 확대한 것이다. 다만 '공직자등'에는 공직자와 공적업무 종사자는 포함되나 공무수행사인은 해당하지 않음은 물론이다.

---

33 대법원 2012. 4. 19. 선고 2010도6388 전원합의체 판결.

제 2 장

부정청탁의 금지

부정청탁의 주체

　일반적으로 부정청탁을 할 수 있는 사람은 제한이 없다. 모든 국민이 자기 또는 제3자를 위하여 공직자 및 공적 업무 수행자 또는 공무수행사인에게 부정한 청탁을 할 수 있기 때문이다. 청탁금지법 제5조 제1항은 '누구든지 직접 또는 제3자를 통하여 직무를 수행하는 공직자등에게 일정한 유형에 해당하는 부정청탁을 해서는 아니 된다'고 규정하여 일반적으로 금지하는 것처럼 되어 있다. 그러나 그 제재규정까지 종합하여 살펴보면 부정청탁이 금지되는 행위주체는 이해관계 당사자 본인이 아닌 제3자에게 초점이 맞춰져있다.

　1) 공직자등(공무수행사인을 포함한다)은 제3자를 위하여 다른 공직자등에게 부정청탁을 해서는 아니 된다. 이에 위반하면 3천만원 이하의 과태료 제재를 받게 된다(법 제23조 제1항 제1호).

　2) 일반 국민 누구든지 제3자를 위하여 공직자등에게 부정청탁을 해서는 아니 된다. 이에 위반하면 2천만원 이하의 과태료 제재를 받게 된다(법 제23조 제2항).

　3) 이해관계 당사자 본인은 제3자를 통하여 공직자등에게 자신의 일에 관하여

부정청탁 하는 것이 금지되어 있다. 이에 위반하면 1천만원 이하의 과태료 제재를 받게 된다(법 제23조 제3항).

4) 이해관계 당사자 본인이 '직접' 부정청탁을 하는 경우에는 어떠한 처벌이나 제재도 받지 않는다. 그러나 이해관계 당사자가 청탁을 한 경우 제재대상에서 제외하는 것이 적절한 것인지는 의문이다. 부정청탁은 '법령을 위반'하는 내용임을 전제로 하는 것인데 이해관계 당사자가 직접 한다고 하여 부정청탁을 허용하는 것은 결국 위법행위 청탁을 법적으로 보장하는 것이고, 또한 제3자를 통하여 하는 청탁이나 제3자를 위하여 하는 청탁도 다만 제3자를 거쳐서 한다는 청탁방법에 차이가 있을 뿐 이해관계 당사자로 인하여 이루어지고 그 당사자를 위하여 이루어지는 것은 마찬가지인데 직접 청탁하는 것만 제재하지 않고 허용하는 것은 이해하기 힘들다. 특히 부정청탁의 유형 중 하나인 법 제5조 제1항 제6호는 공직자등으로 하여금 법령을 위반하여 직무상 비밀을 누설하도록 하는 것인데 이해당사자 본인이 직접 비밀을 누설하도록 청탁하는 것을 제재에서 제외시킨 것은 납득하기 어렵다. 만약 이해당사자를 제외한 것이 국민의 청원권을 제한할 우려가 있기 때문이라면 그 이유도 타당하지 않다. 국민의 정당한 청원이나 민원 제기는 예외조항에서 청원법, 「민원사무 처리에 관한 법률」,[34] 행정절차법, 국회법 그 밖의 다른 법령·기준에서 정하는 절차·방법에 따라 권리침해의 구제·해결을 요구하거나 그와 관련된 법령·기준의 제정·개정·폐지를 제안·건의하는 등 특정한 행위를 요구하는 행위(제1호) 및 공개적으로 공직자등에게 특정한 행위를 요구하는 행위(제2호)의 경우 이 법을 적용하지 아니하기 때문이다. 아무튼 청탁금지법은 제3자를 위하여 또는 제3자를 통하여 부정청탁을 하는 경우만 제재하기 때문에 부정청탁금지에 관한 이 법의 실효성은 상당부분 떨어진다고 보아야 할 것이다.

이와 관련하여 이해관계 당사자가 법인인 경우 그 기관 아닌 임직원 또는 보조자가 실제 청탁을 하는 경우 이를 직접 청탁이라고 할 것인가? 살피건대, 법인의 대표기관이 법인의 업무에 관하여 공직자등에게 청탁을 하면 그 행위는 법인의 행위로 되기 때문에 직접 청탁으로 되지만 특별한 규정이 없으면 법인의 대표기관이 아닌 임직원이나 또는 보조자가 하는 청탁은 법인의 업무와 관련되더라도

---

34 이 법은 2015. 8. 11. 법률 제13459호로 전부개정되어 「민원 처리에 관한 법률」로 되었다.

법인의 행위로 볼 수 없기 때문에 법인이 하는 청탁이라 할 수 없다. 다시 말하면 법인의 기관이 아닌 임직원 또는 보조자가 법인의 업무로 공직자등에게 부정청탁을 하였을 경우는 제3자 청탁이 되기 때문에 이 법에 저촉되어 제재대상이 된다 할 것이다. 법인의 대표기관에는 그 명칭이나 직위 여하, 또는 대표자로 등기되었는지 여부를 불문하고 당해 법인을 실질적으로 운영하면서 법인을 사실상 대표하여 법인의 사무를 집행하는 사람도 포함된다(대법원 2011. 4. 28. 선고 2008다15438 판결 참조). 그러면 법인의 대표기관이 선임한 대리인의 행위는 어떨까? 대리인의 경우 본인의 이름으로 법률행위를 하고 일정한 경우 그 행위의 효과가 본인에게 귀속되기는 하나 본인인 법인과 행위자인 대리인은 별개의 인격체이기 때문에 법인과 하나의 인격체인 대표기관과 동일하게 취급할 수는 없다. 결론적으로 법인의 기관이 직접 청탁하면 법인이나 기관 자연인도 제재를 받지 아니하나 기관 아닌 임직원 또는 보조자·대리인 등이 청탁을 하여 제3자 청탁으로 되면 청탁하는 당사자가 과태료의 제재를 받는 것은 물론이고 법인도 제3자를 통하여 청탁을 한 자로서 제재를 받게 된다.

그러면 당사자 본인이 공직자등인 경우에 자신의 일을 직접 부정청탁하여도 상관없는가? 누구든지 공직자등에게 부정청탁을 해서는 아니 되므로 공직자인 이해관계 당사자가 자신의 일로 인해 부정청탁을 하면 위 금지규정 위반이 되어 징계처분의 대상이 되고, 이와 별도로 공무원의 품위유지의무 또는 법령준수의무 위반에 해당하여 법령에 의해 징계를 받거나 처벌될 수도 있다.

제 2 절 금지되는 부정청탁 행위

1. 서 론

1) 부정청탁의 유형화

원래 정부 입법안은 부정청탁의 개념을 "직무를 수행하는 공직자에게 법령을 위반하게 하거나 지위 또는 권한을 남용하게 하는 등 공정하고 청렴한 직무수행을 저해하는 청탁 또는 알선 행위"라고 정의해놓고 "누구든지 직접 또는 제3자를 통하여 공직자에게 부정청탁을 해서는 아니 된다"고 부정청탁을 일반적으로 금지하고 예외적으로 허용되는 행위를 규정하는 형식이었으나 국회 논의 과정에서 부정청탁을 개별적으로 유형화하여 부정청탁에 해당하는 행위유형을 15개로 열거하고 아울러 예외적으로 허용되는 행위도 규정하는 형식으로 변경되었다(법 제5조 제1항).

이러한 규정방식에 대하여 입법기술상 옳지 않다는 지적이 있다.[35] 통상 일반적 금지규정을 두고 제한적으로 예외규정을 두는 형식을 취하고, 제한적 금지규정을 두게 되면 예외규정을 두지 않는 것이 대부분인데 청탁금지법의 경우 제한적·열거적 금지규정을 두고 그와 동시에 열거적 예외규정을 두고 있기 때문이다. 부정청탁의 유형을 제한적·열거적으로 명확히 규정한다면 굳이 예외규정을 둘 필요 없이 그에 해당하지 않으면 금지되지 않은 것으로 보면 된다. 그런데 금지규정과 예외규정을 모두 제한적·열거적으로 규정하는 것은 금지규정이 명확하지 않다는 것으로 비춰질 수 있기 때문에 위와 같은 비판은 일정부분 타당하다고 할 것이다.

2) 부정청탁의 상대방

이 법에서 금지되는 부정청탁은 '직무를 수행하는 공직자등'에게 하는 것이다. 직무를 수행하는 공직자등에게 하는 것이면 이해당사자 본인이 직접 하든지 제3자를 통해서 하든지 제3자가 하든지 금지에 구분은 없다. 다만 제재의 유무 및 정도에 차이가 있을 뿐이다. 그러나 직접 직무를 처리하는 자 외에는 제3자일 뿐이므로 직무수행자가 아닌 자를 직무수행자로 착각하고 청탁하더라도 부정청탁이 되지 않는다. 직무담당자가 아닌 자에게 청탁을 하면서 직무수행자에게 청탁하는 내용까지 포함하였다면 물론 제3자를 통한 청탁으로 부정청탁에 해당하고, 그 제3자 역시 직접 직무수행자에게 같은 내용의 청탁을 하였다면 제3자 청탁으로 이 법에 저촉된다. 반대로 상대방이 직무수행자임에도 불구하고 그런 사정을 모르고 제3의 직무수행자에게 청탁해줄 것을 내용으로 청탁하였다면 그 제3자가 특정되었든 아니든, 그리고 그 제3자가 실제 직무수행자이든 아니든 상관없이 부정청탁이 된다. 상대방에 대한 청탁 내용에 직무수행자에게 청탁하려는 내용이 포함되었기 때문이다.

---

35 이천현, 부정청탁의 쟁점 및 제도의 합리적 운영방안에 대한 토론문, 「부정청탁 및 금품등 수수의 금지에 관한 법률」 시행령 제정을 위한 공개토론회 자료집(2015), 72~73면.

　직무담당자가 여러 명일 경우는 그 중 1인에게 청탁하면 부정청탁행위는 완성
되고, 직무담당자 상호간에 실제로 어떤 청탁이 있었는지 여부는 묻지 않는다.
직무담당자들 사이에 새로운 청탁이 이루어지더라도 이는 이해당사자 본인과는
원칙적으로 상관이 없기 때문에 이해당사자는 직접 부정청탁을 한 것으로 되어
아무런 제재를 받지 않는다. 다만 이해당사자 본인이 공직자등에게 부정청탁을
하면서 다른 직무담당자에 대한 청탁까지 함께 하였다면 제3자를 통한 부정청탁
으로 되어 제재를 받는다. 만약 원래의 부정청탁에 위와 같이 또 다른 청탁까지
포함되어 있지 않았는데 부정청탁을 받은 공직자가 청탁을 들어주기 위하여 자
발적으로 다른 직무담당자에게 다시 청탁을 하였다면 제3자를 위한 부정청탁으
로 되어 그 공직자는 제재를 받게 될 것이다. 직무담당자 사이에서 부정청탁이
이루어지는지에 관하여는 아래에서 보는 바와 같이 결재선의 상위 담당자인지
또는 하위 담당자인지 여부에 따라 달리 봐야 할 것이다. 그리고 처음 부정청탁
을 받은 직무수행자가 다시 상관인 직무담당자에게 내부적으로 청탁하였다 하더
라도 청탁에 따라 직무를 수행하게 되면 종국적으로 자신이 직무수행자로서 형
사처벌 되기 때문에 그가 상관인 직무담당자에게 하는 청탁은 자신의 직무수행
에 흡수된다고 보는 것이 타당하다. 만약 부정청탁을 받은 공직자가 상관에게 다
시 청탁하였으나 부정청탁에 따른 직무수행이 이루어지지 않았다면 그 공직자는
제3자를 위한 부정청탁으로 인하여 제재를 받게 된다. 부정청탁이 결재선의 상위
담당자에게 이루어진 경우 청탁을 받은 공직자와 그 하위 직무담당자 사이에는
위법·부당한 직무상 지시 여부의 문제와 그로 인한 하위 담당자의 복종의무의
한계 및 복종하였을 경우 형사·징계책임의 문제가 발생할 뿐이다.

　3) '법령을 위반하여'에서 '법령'의 의미

　a) 이 법에 규정된 부정청탁의 유형은 제5조 제1항 제1호부터 제14호까지는
모두 "법령을 위반하여" 업무처리 할 것을 청탁하는 것이고, 제15호는 제1호 내
지 제14호 해당 업무에 관하여 "법령에 따라 부여받은" 지위와 권한을 벗어나거
나 권한에 속하지 아니한 사항을 청탁하는 것이어서 결국 모든 부정청탁 유형에
"법령"을 위반하는 것이 포함되어 있는데 여기서 말하는 "법령"의 개념을 확정
할 필요가 있다. 법령에 위반하여 행위 할 것을 청탁하는 것이 부정청탁이 되고,

공직자등이 "부정청탁에 따라" 직무를 수행하면 형사처벌 되기 때문이다.

　b) 그런데 법령이라는 용어는 다양한 의미로 사용되고 있다. 경우에 따라서는 헌법·법률·조약·명령을 포함하는 뜻으로 사용되기도 하고, 때로는 헌법·법률·조약·대통령령·총리령·부령·훈령·예규 등을 포괄하는 뜻으로 사용되기도 한다. 그러나 일반적으로 '법령'은 법률, 명령(대통령령, 총리령, 부령)을 의미하는 것으로 이해된다(헌법재판소 2009. 7. 30. 2007헌바75 결정 참조). 이 경우 명령은 법규명령을 말한다. 법규명령이란 이른바 일반적·추상적 규정으로서 국민의 권리·의무에 변동을 가져오는 법규범으로서의 성질을 가지는 성문의 명령을 말한다.[36] 행정법의 법원(法源)으로서의 명령도 이러한 법규명령을 의미한다. 명령에는 법률의 효력을 갖는 대통령의 긴급명령과 긴급재정·경제명령, 법률에서 위임받은 사항과 법률을 집행하기 위한 사항에 관한 통상의 대통령령, 총리령 및 부령이 있다. 그 밖에 명칭은 규칙이지만 명령의 성질을 갖는 것으로 국회규칙, 대법원규칙, 헌법재판소규칙, 중앙선거관리위원회규칙 등 헌법이 특별히 규칙제정권을 부여한 기관에서 제정하는 규칙이 있다. 그러나 훈령·예규·통첩·일일명령·고시·지침·지시 등의 명칭을 갖는 행정규칙 또는 행정명령은 상급행정기관이 하급행정기관에 대하여 업무처리지침이나 법령의 해석적용에 관한 기준을 정하여서 발하는 것으로 일반적으로 공법상 특별권력관계 또는 행정조직 내부에서만 효력을 가질 뿐 대외적인 구속력을 갖는 것은 아니기 때문에 여기서 말하는 법령에는 해당하지 않는다. 다만 예외적으로 법령의 규정이 특정행정기관에 그 법령 내용의 구체적 사항을 정할 수 있는 권한을 부여하면서 그 권한행사의 절차나 방법을 특정하고 있지 아니한 관계로 수임행정기관이 행정규칙의 형식으로 그 법령의 내용이 될 사항을 구체적으로 정하고 있다면 그와 같은 행정규칙, 규정은 행정규칙이 갖는 일반적 효력으로서가 아니라, 행정기관에 법령의 구체적 내용을 보충할 권한을 부여한 법령규정의 효력에 의하여 그 내용을 보충하는 기능을 갖게 된다 할 것이므로 이와 같은 행정규칙, 규정은 당해 법령의 위임한계를 벗어나지 아니하는 한 그것들과 결합하여 대외적인 구속력이 있는 법규명령으로서의 효력을 갖게 된다(대법원 1987. 9. 29. 선고 86누484 판결, 2013. 3. 28. 선고 2012도16383 판결 등 참조). 부정청탁 규정의 '법령'을 이와 같이 해석해야 함에는 다음과 같은 이유

---

36 김동희, 행정법 I, 2012, 136면.

도 있다. 국회 정무위원회 입법과정에서 부정청탁을 유형화하여 제안한 법률안에
는 모든 부정청탁 유형에 '법령·기준을 위반하여' 업무처리 할 것을 청탁하는 것
으로 되어 있었는데 법사위원회에서 기준을 위반하는 것은 삭제하고 '법령'을 위
반하는 경우만 규정하였기 때문에 행정기관 내부기준에 해당하는 행정규칙 등은
원칙적으로 제외시키는 것으로 해석함이 입법취지에도 맞다.

  c) 이와 달리 '법령'에 부정청탁 대상 행정행위를 규정하는 개별 법령 이외에
업무수행과 관련한 국가공무원법 등 모든 법령 일체가 포함되고, 나아가 법령의
해석·적용에 관한 일반 법원칙 또는 불문법상 조리(條理)도 포함된다는 견해[37]가
있으므로 이에 관하여 살펴본다.

  ① 우선 일반 법원칙 내지 조리가 법령에 포함되어야 한다는 입장에서는 일반
법원칙으로 권력남용금지의 원칙, 신의성실의 원칙 등을 들고, 조리의 대표적인
것으로는 평등의 원칙, 비례의 원칙, 신뢰보호의 원칙 등이 있다. 그런데 부정청
탁은 '청탁자가 공직자등에게 법령에 위반하여 직무를 수행하도록' 청탁하는 것
이고, 부정청탁을 받은 공직자등이 '그에 따라' 직무를 수행하면, 즉 '법령을 위
반하여' 직무를 수행하면 2년 이하의 징역 등 형사처벌 받게 되어 있다. 그러므
로 공직자등이 직무수행에 있어서 법령에 위반하는 것은 범죄의 구성요건이 되
는 것이다. 다시 말하면 위 견해는 공직자등이 직무를 수행함에 있어서 신의성실
의 원칙을 위반하거나 평등의 원칙·비례의 원칙을 위반하면 형사처벌 된다는 것
인데 이는 명백히 죄형법정주의에 반한다. 신의성실의 원칙이나 평등·비례의 원
칙이 민법상 의무이거나 일반적인 법원칙으로서 기능과 역할을 하고 있으나 이
러한 법원칙을 그대로 범죄의 구성요건으로 할 수는 없다. 이는 부정청탁이 이루
어지는 측면만을 고려한 견해라 할 수 있다. 위 견해는 "국가배상책임에 있어 공
무원의 가해행위는 법령을 위반한 것이어야 하고, 법령을 위반하였다 함은 엄격
한 의미의 법령 위반뿐 아니라 인권존중, 권력남용금지, 신의성실, 공서양속 등과
같이 공무원으로서 마땅히 지켜야 할 준칙이나 규범을 지키지 아니하고 위반한
경우를 포함하여 널리 그 행위가 객관적인 정당성을 결여하고 있음을 뜻하는 것
이므로, 경찰관이 범죄수사를 함에 있어 경찰관으로서 의당 지켜야 할 법규상 또
는 조리상의 한계를 위반하였다면 이는 법령을 위반한 경우에 해당한다"고 판시

---

37 곽형석, 부정청탁 쟁점 및 제도의 합리적 운영방안, 부정청탁 및 금품등 수수의 금지에 관한 법률
   시행령 제정을 위한 공개토론회 자료집(2015), 37면.

한 대법원 판례(대법원 2002. 5. 17. 선고 2000다22607 판결, 2005. 6. 9. 선고 2005다
8774 판결, 2008. 6. 12. 선고 2007다64365 판결 등)를 근거로 삼고 있는 듯하다. 위
2007다64365 판결은 심지어 "경찰관은 그 직무를 수행함에 있어 헌법과 법률에
따라 국민의 자유와 권리를 존중하고 범죄피해자의 명예와 사생활의 평온을 보호
할 법규상 또는 조리상의 의무가 있고, 특히 이 사건과 같이 성폭력범죄의 피해자
가 나이 어린 학생인 경우에는 수사과정에서 또 다른 심리적·신체적 고통으로 인
한 가중된 피해를 입지 않도록 더욱 세심하게 배려할 직무상 의무가 있다"고 판
시하고 있다. 위 판례들은 그 설시하는 바와 같이 국가배상책임의 유무를 가리는
것을 전제로 하여 엄격한 의미의 법령위반뿐 아니라 널리 그 행위가 객관적인 정
당성을 결여하고 있음을 뜻하는 것으로 해석한다. 그런데 국가배상법에 따른 국
가 또는 지방자치단체의 배상책임은 공무원이 직무를 집행하면서 타인에게 손해
를 입힌 경우에 그 손해발생의 원인이 되는 '고의 또는 과실로 법령을 위반한 행
위'에 대한 해석의 문제이고 배상책임 범위에 관한 문제이다. 그러나 부정청탁의
개념에 있어서 법령위반은 이와 달리 범죄구성요건에 관한 문제이기 때문에 엄
격하게 해석하여야 함은 당연하다. 배상책임의 유무에 관한 법 해석을 형사처벌
규정의 구성요건 요소로 도입할 수는 없다. 부정청탁에 있어서 법령의 개념을 일
반 법원칙이나 조리를 포함하는 것으로 해석하는 것은 죄형법정주의 원칙에 반
하는 것이다. 이는 "법령"의 개념에 관한 문제이고 "위반" 여부에 관한 해석의
문제가 아님을 유의하여야 한다.

　② 다음으로 부정청탁 대상 업무와 관련 없는 국가공무원법 또는 지방공무원
법과 같은 일반적인 업무수행과 관련한 법령도 포함한다는 입장에 대하여 보건
대, 국가공무원법상 성실의무(제56조), 친절·공정의무(제59조), 종교중립의 의무
(제59조의2), 청렴의무(제61조), 품위유지의무(제63조) 등을 위반하여 직무를 수행
할 경우 위 견해에 의하면 업무관련 법령 위반이 없더라도 형사처벌 해야 한다.
그런데 정작 위 각 의무를 규정한 국가공무원법에서도 정치행위의 금지(제65조)
또는 집단행위의 금지(제66조) 규정을 위반하면 형사처벌 하지만 위 각 의무를 위
반하였다고 형사처벌 하지는 않는다. 심지어 비밀엄수의무(제60조)를 위반하여도
별도의 형법 제126조(피의사실 공표죄) 또는 제127조(공무상 비밀누설죄) 등에 해당
하지 않으면 국가공무원법 위반으로 형사처벌 하지는 않고 있다. 또한 공직자등

이 업무수행을 하면서 성실의무를 위반하거나 품위유지의무, 친절·공정의무를
위반한다는 것은 너무 애매모호하고 불확정한 개념인데 그 행위를 처벌한다는
것은 명백히 죄형법정주의의 명확성 원칙에 반한다. 게다가 위 견해에 의하면 이
법이 적용되는 '공직자등'에는 공무원뿐만 아니라 공공기관 등 공직유관단체 임
직원, 사립학교 교직원, 언론기관 임직원, 나아가 공무수행사인까지 포함되는데,
법 적용대상자 중 일부는 국가공무원법 등 일반 직무수행과 관련한 법령의 적용
을 받지만 공공기관 또는 법인의 임직원 같이 법령이 아닌 복무규정의 적용을 받
는 자도 있어서 적용대상자 간 형평성의 문제도 발생할 수 있다.

　나아가 청탁금지법에서 정한 부정청탁의 유형에 관한 규정을 살펴보면, "법령
에 일정한 요건을 정하여 놓고 … 처리하는 직무에 대해 법령을 위반하여 처리하
도록 하는 행위"(제1호), "행정처분 또는 형벌부과에 관하여 법령을 위반하여 감
경 또는 면제하도록 하는 행위"(제2호), "우수기관 선정 또는 우수자 선발에 관하
여 법령을 위반하여 … 선정 또는 탈락되도록 하는 행위"(제5호), "입찰·경매 등
에 관한 직무상 비밀을 법령에 위반하여 누설하도록 하는 행위"(제6호), "계약관
련 법령을 위반하여 … 계약 당사자로 선정 또는 탈락되도록 하는 행위"(제7호),
"법령에서 정하는 가격 … 에서 벗어나 매각·교환 … 하도록 하는 행위"(제9호),
"병역 관련 업무에 관하여 법령을 위반하여 처리하도록 하는 행위"(제11호), "각
종 평가·판정업무에 관하여 법령을 위반하여 처리하도록 하는 행위"(제12호), "법
령을 위반하여 … 단속·감사·조사 대상에서 … 선정·배제되도록 하거나 단속·
감사·조사의 결과를 조작하거나 또는 그 위법사항을 묵인하게 하는 행위"(제13
호), "수사·재판·심판 … 또는 이에 준하는 업무를 법령을 위반하여 처리하도록
하는 행위"(제14호), "법령에 따라 부여받은 지위·권한을 벗어나 행사하거나 …
하는 행위"(제15호) 등 대부분 법령에 정해진 요건·기준·가격 또는 직무와 관련
한 법령을 위반하는 경우를 부정청탁 유형으로 규정하고 있다. 그러므로 부정청
탁의 내용이 되는 법령 위반은 직무담당자가 직무와 관련된 법령을 위반하도록
하는 것을 의미하는 것으로 해석하는 것이 법 문언에도 충실한 해석이라 할 것이
다. 특히 위 제1호, 제2호, 제5호, 제6호, 제9호, 제11호, 제12호, 제14호, 제15
호의 경우는 직접 직무관련 법령 이외에 다른 일반 법령이 포함된다고 해석하기
어려운 규정이다. 또한 부정청탁을 하는 자가 직무담당자에게 직무관련 규정 이

외에 일반 직무수행 규정을 위반할 것을 청탁한다는 것은 상식에도 맞지 않는다. 왜냐하면 이 법은 부정청탁 받은 자가 청탁과 직접 관련 없는 법령을 위반하여 업무를 처리하는 것을 규율대상으로 하는 것이 아니라 '관련 법령을 위반하는 업무처리'를 부탁하는 것 그 자체를 부정청탁으로 보기 때문이다. 직무와 직접 관련 없는 일반 직무수행 규정 위반은 이 법이 아닌 다른 규정에 의하여 제재를 가하면 족한 것이다.

다만 이 법의 부정청탁 유형 중 "채용·승진·전보 등 공직자등의 인사에 관하여 법령을 위반하여 개입하거나 영향을 미치도록 하는 행위"(제3호), "법령을 위반하여 각종 … 직위에 선정 또는 탈락되도록 하는 행위"(제4호), "보조금·장려금·출연금·출자금·교부금·기금 등의 업무에 관하여 법령을 위반하여 특정 개인·단체·법인에 배정·지원하거나 투자·예치·대여·출연·출자하도록 개입하거나 영향을 미치도록 하는 행위"(제8호) 유형은 마치 직접 직무관련 법령이 아닌 법령을 위반하여서도 부정청탁이 가능한 것같이 보이고, 마치 제3자가 개입하거나 영향을 미치는 것같이 되어 있다. 그러나 제5조 제1항 각호 소정의 법령의 의미를 각각 달리 해석한다는 것은 타당하지 않다. 그리고 이 법에서 부정청탁을 받는 자는 부정청탁의 대상인 직무를 직접 처리하는 자이지 직무담당자에게 어떤 영향력을 행사하는 자가 아니다. 직접 직무담당자가 아니면 모두 제3자로서 부정청탁을 하는 자의 범주에 속한다. 제3자가 직무처리 권한이 없는 한 직무에 개입하거나 영향을 미치는 것은 직무담당자로 하여금 거절하기 곤란하도록 하는 제3자 부정청탁의 특수한 형태일 뿐이다. 그러므로 부정청탁 규정 형식이 "개입하거나 영향을 미치도록 하는 행위"로 되어 있는 일부 유형은 그 표현이 오해를 불러일으킬 소지가 있는 것일 뿐이고, 이를 이유로 제5조 제1항의 '법령'에 일반 복무규정 등 직무와 관련 없는 법령도 포함된다고 해석할 것은 아니다.

나아가 어떤 행위를 부정청탁 행위로 볼 것인지 또는 부정청탁을 받은 자의 직무수행 행위로 볼 것인지 하는 문제와 관련하여 직무담당자가 여러 명이고 그 중 1인이 다른 담당자에게 영향을 미치는 행위를 한 경우를 살펴본다. 이 경우는 앞에서 본 바와 같이 직무담당자 중 1인에게 부정청탁을 하면 청탁자의 부정청탁행위는 완성된다. 다만 직무담당자들 사이에서는 사정을 나눠서 봐야 한다. 부정청탁이 결재선의 상위 담당자에게 이루어진 경우 그 하위 담당자에 대하여는 더 이상 새로운 부정청탁이 생기지 않고 부정청탁이 하위 담당자에게 이루어진 경우 그 상위 담당자에 대하여는 새로운 부정청탁이 이루어질 수 있다고 봐야 할 것이다. 예컨대 담당 계장에게 부정청탁을 하였을 경우 하위 주무관에게 청탁받은 대로 직무처리를 하게 하였을 경우 이는 위법·부당한 직무상 지시에 해당하는 것은 별론으로 하고 부정청탁이 이루어졌다고 보기는 어렵다. 반대로 담당계장이 윗선인 과장이나 부장에게 청탁받은 내용대로 직무처리를 부탁할 경우는 자신의 권한 밖의 일에 관한 것이므로 새롭게 제3자를 위한 부정청탁이 성립한다고 보는 것이 옳다고 생각한다. 만약 부정청탁이 최종 결정권자에게 이루어질 경우에는 더 이상 부정청탁이 이루어지지 않고, 다만 부정청탁에 따른 직무수행 또는 부하직원의 가담여부의 문제만 남을 뿐이다. 직무담당자가 직무관련 법령을 위반하여 업무처리를 하였다면 직접 부정청탁을 받은 담당자는 부정청탁에 따른 직무수행을 한 것으로 되어 형사처벌 되고 새로운 제3자 부정청탁이 이루어진 경우 그 청탁을 받은 담당자 역시 부정청탁에 따른 직무수행을 한 자로 처벌받는다. 다만 직접 청탁을 받지 않은 하위 담당자는 공범으로 처벌될 가능성이 있다. 그러나 직접 부정청탁을 받은 직무담당자가 다른 하위 담당자에게 영향을 미쳤다 하더라도 결과적으로 직무관련 법령의 위반이 없었다면 부정청탁에 따른 직무수행은 없었다고 볼 것이다. 이 경우 영향을 미친 직무담당자는 일반 복무규정 위반으로 징계 등의 제재를 받을 수 있으나 이 법에 의한 형사처벌은 받지 않는다 할 것이다.

　d) 또한 공직자등이 부정청탁에 따라 직무를 수행할 경우 2년 이하의 징역 또는 2천만원 이하의 벌금에 처하게 되어 있어서 '부정청탁에 따라 직무를 수행하는 것'이 범죄구성요건에 해당하므로 이와 같이 부정청탁의 개념을 엄격하게 해석하는 것은 당연하다.

　e) 일반적으로 법령의 개념에는 포함되지 않지만 청탁금지법에 의하여 법령에 포함되게 된 것으로 조례와 규칙이 있다. 지방자치단체는 지방자치법 제22조에 의하여 자치사무에 관하여 법령의 범위 안에서 그 사무에 관하여 조례를 제정할 수 있고, 법률의 위임이 있으면 주민의 권리제한 또는 의무부과에 관한 사항이나 벌칙을 정할 수 있기 때문이다. 지방자치단체의 장은 법령이나 조례가 위임한 범위에서 그 권한에 속하는 사무에 관하여 규칙을 제정할 수 있다(지방자치법 제23조).

4) 부정청탁 유형화의 한계

이와 같이 법령의 개념을 엄격하게 해석하여야 하기 때문에 만약 직무와 관련한 법령이 포괄적이거나 또는 법령에 규정하지 않고 행정규칙에서 규율하고 있는 경우에는 법령을 위반한 것으로 되지 않는다. 즉 법규명령이 아닌 행정규칙을 위반하여 업무처리 할 것을 청탁하는 경우라도 법령을 위반하는 부분이 없다면 부정청탁으로 되지 않고 이러한 청탁에 따라 직무를 수행하여도 이 법 제6조(부정청탁에 따른 직무수행 금지)에 위반한 것이 아니므로 형사처벌 되지 않는다. 이러한 경우가 많으면 그만큼 청탁금지법의 적용 영역은 좁아질 수밖에 없다.

그리고 청탁은 법령 또는 재량의 범위 내에서 많이 이루어지는 것이 현실인데 이러한 경우는 법령을 위반하는 것이 아니기 때문에 부정청탁에 해당되지 않는다 할 것이다. 다만 재량의 범위를 일탈·남용할 경우에는 그 자체가 위법하기 때문에 법령을 위반하는 것으로 될 수 있음을 유의하여야 한다.

2. 법령에 요건을 정해 놓고 신청을 받아 처리하는 직무에 대한 청탁

1) 법령에 일정한 요건을 정해 놓고 신청을 받아 처리하는 직무

인가·허가·면허·특허·승인·검사·검정·시험·인증·확인 등 법령(조례·규칙을 포함한다. 이하 부정청탁 행위에 관하여는 같다)에서 일정한 요건을 정하여 놓은 직무에 대하여 청탁을 하는 행위(법 제5조 제1항 제1호). 각 분야별로 일정한 요건을 정해 놓은 직무를 살펴보면 다음과 같다.

a) 인 가

행정행위로서의 인가는 상대방인 국민에게 권리·능력(권리능력·행위능력), 포괄적 법률관계를 발생·변경·소멸시키는 형성적 행위 중의 하나로[38] 제3자인 법률관계 당사자의 법률행위를 보충하여 그 법률적 효력을 완성시켜주는 행정행위를 말한다.[39]

예컨대, 도시개발법의 도시개발조합 설립인가, 주택법의 주택조합 설립인가,

---

38 김동희, 행정법 I, 2012, 288면; 정하중, 행정법개론, 2015, 206면; 김남진·김연태, 행정법 I, 2012, 243면.
39 김동희, 전게서, 291면; 정하중, 전게서, 208면; 김남진·김연태, 전게서, 245면.

산림조합법의 산림조합 설립인가 등 공공조합의 설립인가가 대표적인 것이고, 대
한변호사회, 공인중개사협회, 공인회계사회, 약사회·한약사회 등 각종 단체·협회
의 설립인가 등이 이에 해당한다. 그 외에 사립대학의 설립인가, 법학전문대학원
설치인가, 유치원 설립인가 등 각종 학교의 설립인가, 도시·주거환경정비사업 시
행인가 및 준공인가, 도시개발사업 실시계획인가 등 각종 사업·계획·준공인가도
있다.

그 외에 법령상 '인가'라는 용어를 사용하지는 않으나 토지거래계약에 관한
허가,[40] 사립학교법인 임원의 취임승인,[41] 민법상 재단법인의 정관변경허가[42] 등은
성질상 인가에 해당하는 것이라 할 것이다. 그러나 이 법에서는 인가, 허가, 승인,
특허 등의 행위가 동일하게 취급되므로 그 성질상 분류는 의미가 없다.

b) 허   가

허가란 법령에 의한 일반적 금지를 특정한 경우에 해제하여 적법하게 일정한
사실행위 또는 법률행위를 할 수 있게 하는 행정행위를 말한다.[43] 즉 일반적 금지
를 해제하여 본래의 자유를 회복하여 주는 행위인 것이다. 허가는 심사대상에 따
라 운전면허와 같은 대인적 허가, 주유소허가 또는 건축허가와 같은 대물적 허가,
화약류제조허가와 같은 혼합적 허가로 분류할 수 있다.

예컨대, 식품위생법상 각종 영업허가, 일반도시가스사업허가, 약사법상 의약품
제조업·판매업허가, 담배제조업허가 등 각종 영업·제조업·사업허가와 건축허가
가 대표적이다. 그 외에 도로점용허가, 개발행위의 허가, 의료법인 설립허가, 자동
차 임시운행허가 등이 있다.

다만 법령상 면허·특허·승인 등의 용어가 사용되더라도 성질상 허가에 해당하
는 것이 있다. 운전면허, 의사면허, 한의사면허,[44] 주류제조면허[45] 등이 그것이다.
이 법과 관련하여서는 행정행위 성질상 구분의 실익이 없음은 앞에서 본 바와 같다.

c) 면   허

면허란 대체로 일반인에게는 허가되지 않는 특수한 행위를 특정한 사람에게

---

40 대법원 1991. 12. 24. 선고 90다12243 판결.
41 대법원 1987. 8. 18. 선고 86누152 판결.
42 대법원 1996. 4. 26. 선고 95누4810 판결.
43 김동희, 전게서, 283면; 정하중, 전게서, 197면; 김남진·김연태, 전게서, 233면.
44 대법원 1998. 3. 10. 선고 97누4289 판결.
45 대법원 1989. 12. 22. 선고 89누46 판결.

만 허가하는 행정행위를 말한다. 이에는 의료법상 의사·치과의사·한의사·간호사면허, 약사법상 약사·한약사면허, 수의사면허, 조리사면허, 영양사면허, 이·미용사면허, 자동차운전면허, 건설기계조종사면허 등 각종 자격 면허가 대표적이고, 여객자동차운송사업면허, 국내·국제항공운송사업면허, 해상여객운송사업면허 등 각종 운송사업면허도 있다. 그 외에 공유수면매립면허, 내수면어업면허 등 각종 사업면허도 있다.

　d) 특　허

　특허란 특정 상대방에 대하여 새로이 권리·능력 또는 법적 지위를 설정하는 형성적 행위이다.[46] 예컨대, 특허법에 의한 각종 특허, 약사법에 의한 의약품에 관한 특허, 관세법상 특허보세구역의 설치·운영에 관한 특허 등이 있다.

　그 외에도 성질상 특허에 해당하는 것으로 법적 지위를 설정하는 행위인 외국인에 대한 귀화허가,[47] 권리를 설정하는 행위인 공유수면매립면허,[48] 광업권설정허가[49] 등이 있다.

　e) 승　인

　승인은 법령에서 대체로 행정행위 상대방의 법률행위를 보충하여 그 법률적 효력을 완성시켜주는 의미로 사용된다. 이에 해당하는 것으로는 각종 주택건설사업계획승인, 택지개발사업 실시계획승인, 온천개발계획승인 등 각종 계획의 승인이 가장 대표적이다. 그 외에 건설기계 형식승인, 철도차량 형식승인, 계량기 형식승인, 소방용품 형식승인 등 각종 기기·물품의 형식승인이 있고, 공직자윤리법상 취업승인, 가축전염병예방법상 사람과 차량의 이동승인, 건축물사용승인, 주택임시사용승인 등 특정행위에 대한 승인도 있다. 그 밖에 국가유공자단체의 수익사업승인, 재향군인회의 수익사업승인 등 각종 사업승인이 있다.

　f) 검　사

　검사에는 예컨대, 측량기기검사, 승강기의 검사, 고압가스용기 등 검사, 계량기의 검사, 자동차 검사·종합검사, 소방용품의 검사, 전기설비의 검사 등 기기·시설의 성능·안전성검사가 대표적이고, 도시가스 품질검사, 먹는 물 수질검사, 온천

---

46 김동희, 전게서, 288면; 정하중, 전게서, 206면.
47 대법원 2010. 10. 28. 선고 2010두6496 판결.
48 대법원 1989. 9. 12. 선고 88누9206 판결.
49 대법원 2009. 5. 14. 선고 2009두638 판결.

수·지하수 수질검사, 농산물·수산물·축산물 검사, 석유제품의 품질검사 등 각종 품질검사가 있다. 그 외에 농어촌정비사업 준공검사, 공공주택지구조성사업 준공검사, 도시개발사업 준공검사, 주택사용검사 등 각종 사업·시설·공사의 준공검사가 있다. 다만 징병검사는 같은 조항 제11호에서 징병검사 등 병역관련 업무를 따로 규정하고 있으므로 여기에 해당하지 않는 것으로 봄이 타당하다.

검사는 종류에 따라 직접검사·대행검사, 정기검사·수시검사, 임시검사·정밀검사·중간검사·특별검사 등이 있다.

g) 검 정

검정에는 국가기술자격법에 의한 국가기술자격검정 등 인적 능력을 확인해주는 경우가 대표적이고 계량기검정 등 기기 및 품질검사의 성격을 띠고 있는 것들도 있다. 예컨대, 인적 능력을 확인해주는 검정으로 교원의 자격검정, 한국어교육능력 검정, 운전기능 및 도로운전능력 검정, 한국사능력의 검정 등이 있고, 기기 및 품질검사를 위한 검정으로는 택시미터기 검정, 계량기 검정, 교과용도서의 검정, 농산가공품의 품질·성분·유해물질 검정 등이 있다.

h) 시 험

시험에는 예컨대, 의약품·의약부외품·의료기기·화장품 등의 시험, 임업시험, 농약 등 성분시험 등 각종 물품·품질·성분시험이 있고, 형식승인을 얻기 위한 각종 형식승인시험, 국립환경과학원에서 실시하는 대기오염물질·소음·진동·자동차 배출가스 등에 관한 시험, 질병관리본부에서 실시하는 배설물·분비물과 혈청 등 혈액에 관한 시험 및 가검물에 관한 시험 등이 있다.

i) 인 증

인증에는 국립농산물품질관리원에서 유기농·축산물을 원료 또는 재료로 하여 제조, 가공한 식품에 대해 그 안전성을 인증하는 유기농·축산물, 무농약 농산물, 무항생제 축산물, 저농약 농산물 등 친환경인증, 우수관리농산물(GAP) 인증, 식품의약품안전처의 위해요소 중점관리 우수식품에 대한 해썹(HACCP, 식품안전관리 인증기준) 인증, 중소기업제품 성능인증, 전기용품 안전인증 등 각종 품질인증이 대표적이다. 그 외에 의료기관 인증, 어린이집 평가인증, 사회적기업 인증 등 각종 사업 인증이 있다.

j) 확   인

강학상 확인은 기존의 특정한 사실 또는 법률관계에 관하여 의문이 있는 경우에 공적 권위로써 그 존부 또는 정부를 판단하는 행위를 말한다.[50] 그러나 실제 법령에서 확인은 존재·부존재에 대한 사실확인이 대부분이다. 예컨대, 국민연금 가입자자격 취득·상실에 관한 확인 등 자격확인, 복제·배급하고자 하는 영상물이 영상물 등급분류를 받은 비디오물과 동일한 내용인지의 여부에 대한 영상물등급위원회의 확인, 액화석유가스의 충전시설·판매시설 등 설치공사의 안전성 확인, 중소기업자의 직접생산확인 등이 있다.

2) 예시적 열거인가 또는 한정적 열거인가

부정청탁으로 열거된 직무가 예시적 열거인가 한정적 열거인가? 법 규정 형식은 "~ 등" 포괄적으로 되어 있지만 청탁에 따라 직무를 수행할 경우 형사처벌 되는 것을 생각하면 한정적 열거라고 볼 여지도 있다. 한정적 열거라고 볼 경우 법의 수범자나 집행자에게 법의 적용여부 또는 적용의 한계가 분명하다. 그러나 이 법에 "법령에서 일정한 요건을 정하여 놓고 직무관련자로부터 신청을 받아 처리하는 직무"라고 부정청탁의 요건을 나름대로 명확히 규정한 것으로 보이므로 그 앞에 열거된 직무는 예시적 열거에 해당한다고 보는 것이 타당하다. 다만 '법령'의 의미가 무엇인지에 관해서는 앞에서 본 바와 같이 엄격하게 해석하여야 한다. 법 제5조 제1항 제1호에 열거된 직무 이외에 법령에서 일정한 요건을 정해 놓고 신청을 받아 처리하는 직무에는 등록, 신고 등이 있을 수 있다.

3) 직무관련자

제5조 제1항 제1호의 부정청탁이란 법령에서 일정한 요건을 정하여 놓고 직무관련자로부터 신청을 받아 처리하는 업무에 관한 청탁이다. 여기서 '직무관련자'란 부정청탁의 대상이 되는 허가·인가 등 요건을 정해놓은 직무에 대해 어떠한 법적 조치나 행위를 신청하였거나 신청할 가능성이 있는 관련자를 말한다. 뇌물죄에서 말하는 '직무관련성'과 달리 실제 구체적으로 신청하였거나 신청을 준비하고 있는 자에 한하지 않고 그러한 직무와 관련된 업무에 종사하는 자를 의미한

---

50 김동희, 전게서, 293면; 정하중, 전게서, 211면.

다고 해석된다. 예컨대, 변호사는 법원에 구체적 사건이 계류되지 않았더라도 법원의 재판업무에 대한 직무관련자에 해당하고, 건축사는 건축허가 신청이 없더라도 건축허가 부서의 직무에 대한 직무관련자의 지위에 있다고 할 것이다. 신청을 받아 처리하는 '직무'에 초점이 있는 것으로 보이므로 직무관련자란 일반적으로 그러한 직무에 신청을 할 수 있는 자이면 족하고 반드시 직무에 관한 신청을 하였거나 신청할 가능성이 농후할 필요는 없다. 그리고 위와 같은 직무에 관하여 부정청탁을 하는 자도 직무관련자임을 요하지 않는다.

4) 법령을 위반하여 처리하도록 하는 행위

법령에 정해진 요건을 충족하지 않았음에도 불구하고 신청을 수리하여 처리하도록 하는 행위 등을 말한다. 법령이 아닌 훈령·예규·통첩·지침·지시 등 행정규칙에 위반하여 처리하도록 하는 것은 원칙적으로 부정청탁이 아니다. 다만 예외적으로 그것이 법규명령의 효력을 가질 때에는 그에 위반하여 직무를 수행하도록 하면 부정청탁으로 된다.

3. 과태료·범칙금 등 각종 행정처분 또는 형벌부과에 대한 청탁

1) 각종 행정처분 또는 형벌부과 업무

인가 또는 허가의 취소·조세·부담금·과태료·과징금·이행강제금·범칙금·징계 등 각종 행정처분 또는 형벌부과 업무에 관하여 청탁을 하는 행위(법 제5조 제1항 제2호). 각 분야별 직무를 살펴보면 다음과 같다.

a) 인가 또는 허가의 취소

인·허가의 취소는 권익침해적 행정행위에 해당하므로 법률에 근거가 있어야 되고 직권에 의하여 일방적으로 행하여지는 것이 보통이며 위법·부당한 권리침해를 방지하기 위하여 청문절차 등 일정한 절차를 거치도록 되어 있다. 인·허가의 취소사유로 대표적인 것은 거짓 또는 부정한 방법으로 인·허가를 받은 경우, 인·허가사항 또는 조건에 위반한 경우, 목적달성이 불가능한 경우 등이다. 인·허가의 취소 중 대표적인 것은 각종 협회·단체·대학의 설립 인·허가의 취소, 각종 사업 인·허가의 취소 등이 있다.

　　여기서 열거한 인·허가의 취소와 관련된 업무에 면허·특허·승인·인증 등 인·허가와 유사한 업무의 취소를 모두 포함한다고 볼 것인가 하는 문제가 있다. 우선 인·허가의 취소만 해당되는 한정적 열거로 볼 경우 앞에서 본 바와 같이 "~ 등 각종~"이라고 규정된 법문과 맞지 않는다. 그리고 앞에서 본 바와 같이 법령에 특허·면허·승인 등 표현은 다르더라도 그 업무의 성질상 인·허가에 해당하는 것이 많고, 특허·면허·검정·검사·인증·승인·시험 등 제1호에 규정된 업무의 취소를 제외시키는 것이 논리적으로 타당하지도 않기 때문에 법 문언에 한정하여 해석하는 것은 바람직하지 않다. 그러면 예시적 열거로 보아야 할 것인데 뒤에서 보는 바와 같이 "각종 행정처분"이라는 부분이 너무 포괄적이어서 불명확하다. 다시 말해서 인·허가의 취소뿐만 아니라 특허·면허·검정·검사·인증·승인·시험 등 제1호에 규정된 업무의 취소도 포함된다고 하는 것이 바람직스러운데 현행 "각종 행정처분"의 규정을 이와 같이 제한적으로 해석할 근거도 없다. 왜냐하면 부정청탁행위의 요건은 결국 공직자등이 부정청탁에 따라 업무를 처리하는 범죄행위의 구성요건으로 되는데 죄형법정주의 원칙상 법 규정이 명확하여야 하고 규정 해석에 있어서도 엄격한 해석이 반드시 필요하기 때문이다. 예시적 열거에 관한 문제점은 뒤에서 자세히 보기로 한다.

　　b) 조　세

　　조세는 크게 국세와 지방세로 나눠지고 국세는 다시 내국세와 관세로 구분되며 국세에는 대표적으로 소득세, 법인세, 상속세, 증여세, 교육세, 주세, 인지(印紙)세, 종합부동산세, 부가가치세, 개별소비세, 농어촌특별세 등이 있고(국세기본법 제2조), 지방세에는 취득세, 등록면허세, 담배소비세, 지방소비세, 주민세, 지방소득세, 재산세, 자동차세 등이 있다(지방세기본법 제7조). 이러한 조세부과처분에 관하여 법령을 위반하여 감경·면제하도록 하는 행위가 부정청탁행위이다. 조세의 감경·면제에 관해서는 조세특례제한법 및 지방세특례제한법을 기본으로 하고 있다. 이러한 조세의 감경·면제에는 직접 감경·면제에 해당하는 것뿐만 아니라 조세 중과(重科)에 해당하는 것을 중과하지 않거나 가볍게 해주는 것도 포함된다 할 것이다. 그러나 조세의 감경·면제에 조세 범칙행위에 대한 통고처분의 금액을 감경·면제하는 것은 포함되지 않는다고 해석해야 할 것이다. 통고처분은 조세부과처분이 아니고 세무서장 등이 조세범칙자에 대하여 법령에 정해진 '벌금에 해당하는 금액' 등의 납부를 명하는 것일 뿐 처분에 해당하지 않기 때문이다(대법원 1995. 6. 29. 선고 95누4674 판결, 1980. 10. 14. 선고 80누380 판결 참조).

c) 부 담 금

「부담금관리 기본법」 제2조에 의하면 "부담금"이란 중앙행정기관의 장, 지방 자치단체의 장, 행정권한을 위탁받은 공공단체 또는 법인의 장 등 법률에 따라 금 전적 부담의 부과권한을 부여받은 자(이하 "부과권자"라 한다)가 분담금, 부과금, 기 여금, 그 밖의 명칭에도 불구하고 재화 또는 용역의 제공과 관계없이 특정 공익사 업과 관련하여 법률에서 정하는 바에 따라 부과하는 조세 외의 금전지급의무(특정 한 의무이행을 담보하기 위한 예치금 또는 보증금의 성격을 가진 것은 제외한다)를 말한다. 이와 같이 부담금은 국가·지방자치단체 또는 공공단체가 특정 공익사업과 관련하 여 혜택을 보거나 사용 또는 이용을 하거나 원인을 제공하는 등 특별관계에 있는 자에게 금전지급의무를 부담시키는 것을 말한다.[51] 이러한 전통적 부담금은 원인 에 따라 대략 원인자부담금, 수익자부담금 및 손상자부담금 세 가지로 분류되고, 사업의 종류에 따라 개발부담금, 도로부담금, 하천부담금, 도시계획시설 및 기반 시설부담금, 농지개량부담금 등이 있다. 그 외에 특정 공익사업과 상관없이 일정 한 행정목적의 달성을 위하여 부과하는 유도적 부담금, 유도적 기능과 의무이행 확보기능을 동시에 갖는 부담금 등의 특별부담금이 있다.[52]

예컨대, 「개발이익 환수에 관한 법률」 소정의 각종 개발사업으로 인한 개발이 익 환수를 위한 개발부담금, 교통유발부담금, 환경개선부담금, 폐기물부담금, 장 애인고용부담금, 재건축초과이익 환수를 위한 재건축부담금 등이 있다. 그 외에 부담금이라는 용어를 사용하지 않지만 광해방지의무자가 부담하는 비용, 대체초 지조성비, 기반시설설치비용 등도 부담금에 해당한다.

d) 과 태 료

과태료는 행정법상 의무위반에 대하여 과해지는 행정벌 중의 하나로 형법에 형명(刑名)이 없는 행정벌이기 때문에 행정형벌이 아니라 통상적인 행정질서벌에 해당한다. 행정질서벌로서 과태료는 그 행정법령 위반이 직접적으로 행정목적이 나 사회공익을 침해하는 데까지는 이르지 않고 다만 간접적으로 행정상의 질서에 장해를 줄 위험성이 있는 정도의 단순한 의무태만에 대한 제재로서 과해지는 것이

---

51 정하중, 전게서, 1211면.
52 정하중, 전게서, 1212~1213면; 조연홍, 한국행정법원론(하), 2005, 981면.

므로 행정법규 위반이 직접적으로 행정목적과 사회공익을 침해하는 경우에 과해지는 행정형벌과는 다르다(대법원 1969. 7. 29.자 69마400 결정 참조). 또한 과태료는 일반 사인에게 과해지는 제재이기 때문에 특별행정법관계에서 내부질서를 유지하기 위한 징계벌과 다르고, 과거의 의무위반 행위에 대한 제재인 점에서 장래 이행을 확보하기 위하여 과하는 이행강제금과 같은 집행벌과도 다르다.

한편 과태료의 부과·징수 및 재판에 관한 일반법인 질서위반행위규제법 제2조는 "질서위반행위"란 법률(지방자치단체의 조례를 포함한다)상의 의무를 위반하여 과태료를 부과하는 행위를 말한다고 규정하고 있다. 다만 질서위반행위규제법에서 말하는 질서위반행위에는 동법 시행령에서 정한 사법(私法)상·소송법상 의무를 위반하거나 또는 변호사법·변리사법 등 법률에 따른 기관·단체 구성원의 징계사유에 해당하여 과태료를 부과하는 행위는 제외된다.

과태료를 부과하는 행위 또는 부과대상자에는 다음과 같은 것들이 있다. 가족관계 등록사항에 관하여 정당한 사유 없이 기간 내에 신고 또는 신청하지 않은 의무자, 해외금융계좌 신고의무 불이행자, 건축물용도를 변경함에 있어서 건축물대장 기재내용의 변경을 신청하지 아니한 자 등 각종 신고·신청의무 위반행위가 대표적이다. 또한 현장조사를 거부·기피하거나 업무상황·실태 등의 조사·검사·측량 등을 거부·방해 또는 기피하는 행위도 많다. 그 외에 「개인정보 보호법」을 위반하여 개인정보를 수집한 개인정보처리자 등 개별 법령에 산재해 있다. 기타 각종 장부의 작성·비치·보존의무 위반, 허가증·요금표 등 게시의무위반 등에 대한 과태료도 있다.

e) 과 징 금

과징금은 행정법규 위반자에게 경제적 이익이 발생한 경우에 그 이익을 박탈함으로써 간접적으로 의무이행을 확보하기 위하여 부과·징수하는 금전적 제재라 할 수 있다. 과징금과 관련하여 헌법재판소는 "구 독점규제및공정거래에관한법률 제24조의2에 의한 부당내부거래에 대한 과징금은 그 취지와 기능, 부과의 주체와 절차 등을 종합할 때 부당내부거래 억지라는 행정목적을 실현하기 위하여 그 위반행위에 대하여 제재를 가하는 행정상의 제재금으로서의 기본적 성격에 부당이득 환수적 요소도 부가되어 있는 것이라 할 것이고, 이를 두고 헌법 제13조 제1항에서 금지하는 국가형벌권 행사로서의 '처벌'에 해당한다고는 할 수 없다"고 하였다

(헌법재판소 2003. 7. 24. 2001헌가25 결정). 이 제도는 「독점규제 및 공정거래에 관한 법률」에 처음 도입된 것으로 주로 경제법상의 의무위반행위로 인한 불법적인 이익을 박탈하기 위한 것이었다.[53] 그 후 이러한 과징금제도는 많은 법률에 도입되면서 변형되어 주로 다수 국민이 이용하는 사업이나 국가·사회에 중대한 영향을 미치는 사업을 행하는 자가 행정법규를 위반하는 경우에 인·허가 정지처분을 하여야 하나 공익보호 차원에서 영업 또는 사업 자체는 계속하게 하면서 다만 그에 갈음하여 부과하는 행정제재금의 성격을 가지는 것이 많아졌다.

　예컨대, 「독점규제 및 공정거래에 관한 법률」상 사업자의 불공정거래행위금지 및 보복조치의 금지 규정 위반 또는 시장지배적 사업자의 남용행위 금지규정 위반에 대한 과징금, 「부동산 실권리자명의 등기에 관한 법률」에 위반하여 부동산 물권에 대한 명의신탁등기를 한 명의신탁자에게 부과하는 과징금[54] 등은 본래의 불법적인 이익을 박탈함으로써 행정법상 의무이행을 확보하기 위한 과징금이라 할 수 있다.

　한편 여객자동차 운수사업자가 「여객자동차 운수사업법」을 위반하여 사업정지 처분을 하여야 하는 경우 그 사업정지 처분이 그 여객자동차 운수사업을 이용하는 사람들에게 심한 불편을 주거나 공익을 해칠 우려가 있는 때에 그 사업정지 처분을 갈음하여 부과하는 과징금, 의료법상 의료기관이 무자격자에게 의료행위를 하게 하거나 의료인에게 면허사항 외의 의료행위를 하게 한 경우 의료업 정지처분에 갈음하여 부과하는 과징금 등은 변형과징금의 예라 할 것이다.

　f) 이행강제금

　이행강제금은 비대체적 작위의무, 부작위의무 또는 수인의무의 불이행이 있는 경우에 그 의무를 강제하기 위하여 의무자에게 부과하는 행정상의 강제집행수단으로 집행벌이라고도 한다.[55] 이행강제금은 행정상의 강제집행 또는 대집행과 같은 직접적·물리적 강제가 아니라 의무를 이행하지 않으면 금전적 부담을 지게 된다는 것을 미리 알려주어 심리적으로 압박함으로써 장래의 의무이행을 강제하는 간접적·심리적 강제이다. 즉 장래의 의무이행 확보를 위한 강제수단이므로 과

53 김동희, 전게서, 476면; 정하중, 전게서, 487면; 김남진·김연태, 전게서, 543면.
54 대법원은 이 경우 과징금을 행정청이 명의신탁행위로 인한 불법적인 이익을 박탈하거나 이 법에 따른 실명등기의무의 이행을 강제하기 위하여 의무자에게 부과·징수하는 것이라고 한 바 있다(대법원 2007. 7. 12. 선고 2006두4554 판결).
55 정하중, 전게서, 443면; 김동희, 전게서, 467면.

거의 법률위반 행위에 대한 제재로 과해지는 행정벌과 구별된다. 전통적으로 행정
대집행은 대체적 작위의무에 대한 강제집행수단으로, 이행강제금은 부작위의무나
비대체적 작위의무에 대한 강제집행수단으로 이해되어 왔으나 이는 이행강제금제
도의 본질에서 오는 제약은 아니며 대체적 작위의무의 위반에 대하여도 부과될 수
있다[헌법재판소 2004. 2. 26. 2001헌바80·84·102·103, 2002헌바26(병합) 결정]. 대체
적 작위의무 위반에 대한 이행강제금의 예로는, 시장 또는 시·도지사가 광고물등
의 허가·신고·금지·제한 등에 관한 법규정을 위반하거나 안전점검에 합격하지
못한 광고물등에 대하여 광고주 또는 광고물등을 표시·설치·관리하는 자에게 그
광고물등을 제거하거나 그 밖에 필요한 조치를 하도록 명하고, 그 명령을 받은 후
그 조치 기간 내에 이행하지 아니할 경우 부과하는 이행강제금(「옥외광고물 등 관리
법」 제10조의3 제1항),[56] 건축허가권자가 건축물이 건축법에 위반되어 건축주·공사
시공자 등에게 공사의 중지를 명하거나 상당한 기간을 정하여 그 건축물의 철거·
개축·증축·사용금지 등 시정명령을 하였음에도 시정기간 내에 시정명령을 이행
하지 아니한 건축주등에게 상당한 이행기한을 정하여 그 기한까지 이행하지 아니
할 경우 부과하는 이행강제금(건축법 제80조 제1항) 등이 있다.[57]

그 밖에 개발제한구역에서 허가를 받지 아니하거나 허가의 내용을 위반하여
건축물의 건축 또는 용도변경, 공작물의 설치, 토지의 형질변경을 한 경우 시장·
군수·구청장은 위반행위자에 대하여 상당한 기간을 정하여 건축물·공작물 등의
철거·폐쇄·개축 등 시정명령을 할 수 있고, 그 시정기간 내에 시정명령의 이행을
하지 아니한 자에 대하여 부과하는 이행강제금(「개발제한구역의 지정 및 관리에 관한
특별조치법」 제30조의2),[58] 토지거래허가구역에 있는 토지에 관한 소유권 이전 등 토
지거래계약 허가를 받은 자는 일정 기간 그 토지를 허가받은 목적대로 이용하여야
하는데 그 토지이용의무를 이행하지 아니한 자에 대하여는 시장·군수 또는 구청

56 불법옥외광고물에 대한 이행강제금부과처분취소청구에 대한 행정심판재결례로는 서울특별시행정
    심판위원회 2013. 8. 12. 2013-409 재결 참조.
57 대법원 2012. 3. 29. 선고 2011두27919 판결 참조. 대법원은 "이행강제금 제도는 건축법이나
    건축법에 따른 명령이나 처분을 위반한 건축물의 방치를 막고자 행정청이 시정조치를 명하였음에
    도 건축주 등이 이를 이행하지 아니한 경우에 행정명령의 실효성을 확보하기 위하여 시정명령 이
    행시까지 지속해서 부과함으로써 건축물의 안전과 기능, 미관을 높여 공공복리의 증진을 도모하
    는 데 입법 취지가 있다"고 하였다.
58 개발제한구역 내에 위치한 건축물의 용도변경행위에 관하여 「개발제한구역의 지정 및 관리에 관
    한 특별조치법」뿐만 아니라 건축법에 의하여도 이행강제금을 부과할 수 있다는 판례로 대법원
    2008. 6. 26.자 2007마629 결정, 2007. 9. 13.자 2007마627 결정 등이 있다.

장이 상당한 기간을 정하여 의무이행을 명하고 정하여진 기간에 이행되지 아니한 경우에 부과하는 이행강제금(「국토의 계획 및 이용에 관한 법률」 제124조의2),[59] 이 법에 준용되는 「공익신고자 보호법」 제20조 제1항에 따른 신고자 보호조치결정을 받은 후 그 정해진 기한까지 보호조치를 취하지 않은 자에 대한 이행강제금(동법 제21조의2 제1항) 등이 있다.

g) 범 칙 금

범칙금이란 일정한 법규를 위반한 범칙행위자가 통고처분에 의하여 국고에 납부하는 금전을 말한다. 범칙금을 규정하고 있는 법률에는 「경범죄 처벌법」, 도로교통법, 출입국관리법, 자동차관리법 등이 있다. 위 각 법률은 대부분 '범칙금'이란 위반행위 즉 범칙행위를 한 범칙자가 경찰서장 또는 시장·군수·구청장 등의 통고처분에 따라 국고 또는 시·군·구의 금고에 납부하여야 할 금전을 말한다고 정의하고 있다. 다만 출입국관리법은 범칙금을 출입국관리규정 위반행위자에 대하여 납부를 통고하는 "벌금에 상당하는 금액"이라 규정하고 있다. 원래 위 각 법률은 위반행위에 대하여 징역, 금고, 벌금, 구류 또는 과료 등 형(刑)으로 처벌하지만 통고처분에 따라 범칙금을 납부하면 해당 범칙행위에 대하여 공소가 제기되지 않고 다시 처벌받지도 않는 특례가 인정된다. 즉 범칙금의 납부에 확정판결의 효력에 준하는 효력을 인정하는 취지로 해석된다(대법원 2012. 6. 14. 선고 2011도6858 판결 등 참조). 다만 범칙금을 납부하지 아니하면 원래의 형사처벌절차가 진행된다. 그러므로 범칙금은 형사처벌절차에 앞서 그에 갈음하여 통고처분이라는 특별한 과벌절차에 의하여 납부하여야 할 금전이기는 하나 그 자체가 형벌 즉 벌금 또는 과료는 아니다. 대법원도 「경범죄 처벌법」상 범칙금제도는 형사절차에 앞서 경찰서장 등의 통고처분에 의하여 일정액의 범칙금을 납부하는 기회를 부여하여 그 범칙금을 납부하는 사람에 대하여는 기소를 하지 아니하고 사건을 간이하고 신속, 적정하게 처리하기 위하여 처벌의 특례를 마련해 둔 것이라는 점에서 법원의 재판절차와는 제도적 취지 및 법적 성질에서 차이가 있다고 하였다(대법원 2011. 4. 28. 선고 2009도12249 판결, 2012. 9. 13. 선고 2011도6911·2012도6612 판결 등 참조). 통고처분에 의하여 범칙금 납부통고를 받았더라도 그 범칙금의 납부가 강제되는 것은 아니다. 다만 범칙금의 납부를 이행하지 아니하면 정상적인 형사처벌절차가 진행

---

59 이에 관한 판례로는 대법원 2012. 2. 9. 선고 2011두10935 판결 참조.

될 뿐이다. 그러므로 통고처분은 행정소송의 대상이 되는 행정처분이 아니고 통고처분의 취소를 구하는 소송은 부적법하다는 것이 확립된 판례의 입장이다(대법원 1995. 6. 29. 선고 95누4674 판결, 1980. 10. 14. 선고 80누380 판결 등).

　　h) 징　계

　　일반적으로 징계벌은 특별행정법관계의 질서를 유지하기 위하여 그 내부 질서위반자에게 과하여지는 제재라고 일컬어진다.[60] 그러므로 일반권력관계에 있어서 일반 사인에 대하여 과해지는 행정벌과 구별된다. 징계는 주로 공직자에 대하여 파면·해임·강등·정직·감봉·견책 등의 징계벌을 과하는 문제로 다루어져왔고, 그 불복절차도 소청심사라는 특별한 절차를 두고 있어서 일반 행정처분과는 달리 취급되는 것이 보통이다. 그런데 청탁금지법이 제5조 제1항 제2호에서 "징계 등 각종 행정처분~에 관하여"라고 청탁유형을 규정함과 동시에 같은 조항 제3호에서 "공직자등의 인사에 관하여"라는 청탁유형을 두고 있고, 인사(人事)는 채용·승진·전보뿐만 아니라 징계도 포함한다고 볼 수 있어서 징계에 관한 부정청탁은 이중으로 적용될 여지가 있다. 또한 이 법은 인사나 징계에 관한 사항이 법령에 규정되지 않은 언론사의 임직원, 사립학교법인 임직원 등도 모두 공직자등으로 규정하고 있어서 그에 따라서도 적용규정이 달라질 소지가 있다. 여하튼 제2호의 징계에 행정처분으로서의 성격을 가지는 징계가 포함되는 것은 분명하고, 행정처분으로서의 성격이 아닌 징계의 경우는 제3호 인사에 관한 규정이 적용된다고 해석하는 것이 일응 타당할 것 같다. 다만 '법령'을 위에서 본 바와 같이 한정적으로 해석하여야 하기 때문에 인사에 관하여 실제로 행정처분이 아닌 징계에 법령을 위반하여 개입하거나 영향을 미칠 수 있는 경우가 얼마나 있을지는 의문이다.

　　이러한 징계에는 일반 국가 또는 지방공무원에 대한 징계처분, 교육공무원 등 교원에 대한 징계처분, 법무사·변호사·세무사·감정평가사·건축사·공인회계사·변리사 등 각종 법률에서 자격을 부여하는 민간자격소지자에 대한 징계가 대표적이고, 초·중등교육법, 고등교육법에 의한 초·중·고·대학생의 징계, 금융감독원의 검사를 받는 기관의 임직원에 대한 징계, 집행관에 대한 징계 등이 있다.

---

60 김동희, 전게서, 507면; 정하중, 전게서, 475면; 김남진·김연태, 전게서, 525면.

2) 예시적 열거인가 또는 한정적 열거인가

제2호 부정청탁유형에 '열거된 업무'는 요건이 명확하므로 열거된 직무에 관하여 청탁하는 것이 부정청탁이라는 데는 문제가 없으나 이를 예시적 열거로 볼 것인지 아니면 한정적 열거로 볼 것인지에는 어려운 문제가 있다.

a) 부정청탁 유형에 관한 이 법의 규정형식은 일정한 직무를 열거한 다음 "~ 등"이라고 한 후 그 열거된 직무를 포괄적으로 규정할 수 있는 행위유형을 아울러 규정하고 있는 형식이어서 일견 예시적 열거로 해석된다. 그러나 법 제5조 제1항 제2호는 일정 직무를 열거한 후에 "각종 행정처분 또는 형벌부과에 관하여"라고 규정하고 있어서 문제이다.

주지하다시피 "각종 행정처분"은 국가 또는 지방자치단체 등 모든 행정청이 하는 구체적 법집행으로서의 공권력의 행사·거부 또는 이에 준하는 행정작용을 의미하는 포괄적 표현이므로 도저히 어떤 행위유형으로 특정되었다고 할 수 없다. 그야말로 너무나 포괄적이어서 모호한 규정이다. 이를 '감경 또는 면제할 수 있는 각종 행정처분'으로 한정해석하더라도 문제는 마찬가지다. 감경 또는 면제할 수 있는 처분이란 일응 처분의 상대방에게 불이익하거나 또는 부담을 주는 내용의 처분을 의미한다고 볼 수 있는데 예시된 바와 같이 인가 또는 허가 등 수익적 행정처분을 취소·변경하는 경우로 한정할 것인지, 경찰하명·군정하명·재정하명 등 권익침해적 행정처분을 모두 포함한다고 할 것인지, 그 뿐만 아니라 수익적 행정처분에 부관 즉 조건·기한 또는 부담 등이 부가된 경우까지 포함한다고 할 것인지 그 한계가 모호하기 때문이다. 이 부분은 죄형법정주의의 명확성의 원칙에 반한다고 생각된다.

또한 "형벌부과"와 관련하여 예시적 열거로 보면 아래에서 보는 바와 같이 예시된 업무 중 엄밀한 의미에서 형벌부과는 없음에도 예시적 규정형식을 취하였다는 비판이 가능하고, 더구나 형벌부과 업무는 제14호에서 수사·재판·심판·결정 또는 이에 준하는 업무에 포섭되어 이중으로 규정된 셈이 되어 바람직스럽지 않은 면이 있다.

b) 반대로 혹시 이 규정을 한정적 열거로 볼 경우에는 "~ 등 각종 ~"이라는 규정형식과 조화되지 않는 면이 있고, 또한 "행정처분"에 해당하는 부분은 한정

된 유형만을 부정청탁으로 보면 문제가 없지만 "형벌부과"와 관련하여서는 여전히 문제가 있다.

   즉 엄밀하게 말하면 앞서 열거된 직무유형 중 '형벌'부과 업무에 해당하는 유형이 없기 때문이다. 형벌이란 형법 제41조에 규정된 형의 종류 9가지 즉, 사형, 징역, 금고, 자격상실, 자격정지, 벌금, 구류, 과료, 몰수를 부과하는 것을 말하고 행정형벌도 이에 해당하나, 과태료와 같은 행정질서벌은 형벌에 해당하지 않는다. 대법원도 행정법상의 질서벌인 과태료의 부과처분과 형사처벌은 그 성질이나 목적을 달리하는 별개의 것이므로 행정법상의 질서벌인 과태료를 납부한 후에 형사처벌을 한다고 하여 이를 일사부재리의 원칙에 반하는 것이라고 할 수는 없다고 하였다(대법원 1996. 4. 12. 선고 96도158 판결). 또한 과징금은 행정법규 위반자의 불법적인 이익을 박탈하거나 행정법상 의무이행을 강제하기 위하여 의무자에게 부과·징수하는 행정상의 제재금으로 역시 형벌에 해당한다고는 할 수 없다. 대법원도 「부동산 실권리자명의 등기에 관한 법률」에 규정된 과징금은 그 취지와 기능, 부과의 주체와 절차 등에 비추어 명의신탁행위로 인한 불법적인 이익을 박탈하거나 위 법률에 따른 실명등기의무의 이행을 강제하기 위하여 의무자에게 부과·징수하는 것일 뿐 그것이 헌법 제13조 제1항에서 금지하는 국가형벌권 행사로서의 처벌에 해당한다고 할 수 없으므로 위 법률에서 형사처벌과 아울러 과징금의 부과처분을 할 수 있도록 규정하고 있다 하더라도 이중처벌금지 원칙에 위반한다고 볼 수 없다고 하였다(대법원 2007. 7. 12. 선고 2006두4554 판결). 한편 헌법재판소는, 이행강제금은 과거의 일정한 법률위반 행위에 대한 제재로서의 형벌이 아니라 장래의 의무이행 확보를 위한 강제수단일 뿐이어서 범죄에 대하여 국가가 형벌권을 실행한다고 하는 과벌에 해당하지 아니하므로, 헌법 제13조 제1항이 금지하는 이중처벌금지원칙이 적용될 여지가 없다고 하였다(헌법재판소 2011. 10. 25. 2009헌바140 결정 등). 또한 범칙금은 일정한 경우 범책행위자에게 납부할 것이 통고되는 금전이기는 하나 형사처벌절차에 앞서 진행되는 특별한 과벌절차로서 형사처벌에 특례로 인정되는 것이지만 그 금전 자체가 벌금 또는 과료와 같은 형(刑)이 아니고, 납부가 강제되는 것도 아니므로 형벌이라고 할 수 없으며, 징계 또한 형벌이라고 할 수 없음은 분명하다. 결론적으로 이 조항 제2호에 열거된 업무를 한정적 열거라고 보면 형벌부과에 해당하는 업무는 열거되어 있지 않기 때문에 이 부분은 무의미한 규정이 된다.

향후 입법적인 정리가 필요한 부분으로 생각된다.

3) 법령을 위반하여 감경·면제하도록 하는 행위

공직자등 직무담당자가 위 각종 행정처분 또는 제재처분을 함에 있어서 법령을 위반하여 감경 또는 면제하도록 청탁하는 행위가 여기서 말하는 부정청탁유형이다. 인·허가권자가 법령에 정해진 인·허가 취소에 해당하는 행위를 하였을 경우에 마땅히 인·허가를 취소하여야 함에도 불구하고 법령을 위반하여 이를 취소하지 않도록 하는 행위가 부정청탁에 해당한다. 인·허가의 취소에 해당함에도 이를 취소하지 않고 일부 감경하여 일정기간 정지하도록 하는 행위도 마찬가지다. 이 법 규정에는 감경·면제하도록 하는 행위를 들고 있으나 인·허가 취소의 경우는 이렇게 해석하는 것이 당연하다. 조세·부담금·과태료·과징금·이행강제금 등의 부과처분에 관하여도 부과되는 금전 액수를 법령에 위반하여 감경·면제하도록 청탁하는 행위가 이에 해당한다. 범칙금 통고처분과 징계처분에 관하여도 범칙금의 액수나 징계양정을 감경·면제하도록 하는 경우가 이에 해당한다. 조세의 경우 중과세를 하여야 함에도 이를 하지 않거나 일부만 중과하는 경우도 이에 해당함은 앞에서 본 바와 같다. 여기서는 법령에 정한 감면 또는 감경 규정이 적정한지 여부를 논할 바는 아니라고 본다.

4. 공직자등의 인사에 관한 업무에 대한 청탁

1) 공직자등의 인사에 관한 업무

채용·승진·전보 등 공직자등의 인사에 관한 업무에 관하여 청탁하는 행위(법 제5조 제1항 제3호). 이 법의 적용을 받는 공직자등이 처리하는 공직자등의 인사에 관한 업무가 이에 해당한다. 현재로서는 언론기관이나 사립학교법인도 이 법의 적용을 받으므로 언론기관이나 사학재단의 인사에 관한 업무도 형식적으로는 여기에 해당한다. 인사에 관한 업무에는 예시된 바와 같이 채용·승진·전보뿐만 아니라 파면·면직 또는 해임, 퇴직, 휴직, 직위해제, 파견, 전출, 정직·감봉·견책·경고 기타 인사상 불이익을 주는 징계도 이에 해당한다 할 것이다. 여기서 말하

는 인사에 관한 업무는 제2호와 달리 반드시 행정처분의 성격을 가질 것을 요하
지는 않는다. 앞에서 본 바와 같이 징계에 관한 처분 중 이를 감경 또는 면제하는
내용의 청탁은 제2호의 적용을 받는다고 봐야 하고, 그 외의 징계에 관한 직무
즉 처분에 해당하지 않거나 감경·면제와 무관한 업무는 제2호가 적용되지 않으
므로 이 규정의 적용을 받는다. 유의할 점은 공직자등이 이 법에 의한 공공기관
이 아닌 사기업체 임직원에 대하여 인사청탁을 하는 것은 이 규정의 적용을 받지
않는다는 것이다.

   이에 관한 업무에는「국가유공자등 예우 및 지원에 관한 법률」,「독립유공자
예우에 관한 법률」등 각종 특별법령에 의한 특별채용 또는 채용지원이 있고, 국
가공무원법, 지방공무원법, 군인사법, 법원조직법 등 인사 전반에 관한 일반사항
을 규정한 법률, 공무원임용령 및 징계령, 지방공무원임용령, 교육공무원임용령
및 징계령, 군인징계령 등 각종 법령에 의한 채용·임용·고용 및 징계 등의 업무
가 있다. 그 외에 공직자윤리법상 공직유관단체 또는「공공기관의 운영에 관한
법률」소정의 공공기관, 예컨대 한국은행, 한국방송공사, 한국교육방송공사, 한국
공항공사, 인천국제공항공사, 한국연구재단, 한국가스공사, 그리고 지방공기업법
에 의하여 설치 또는 설립된 지방공사 및 지방공단 등 각종 기관·단체 또는 조직
의 설립에 관한 법령에 의한 임직원의 임면에 관한 업무 등이 대표적이다. 그 외
에도 각종 임용·승진시험 등에 관한 업무도 이에 해당한다.

   참고로 인사에 관한 부정청탁과 관련하여 공직자윤리법에 의하면 재산등록의
무자(취업심사대상자)는 퇴직일부터 3년간 퇴직 전 5년 동안 소속하였던 부서 또는
기관의 업무와 밀접한 관련성이 있는 취업제한기관에 취업할 수 없고(동법 제17조
제1항), 재직 중인 취업심사대상자는 퇴직 전 5년 동안 처리한 업무와 밀접한 관
련성이 있는 취업제한기관을 상대로 재직 중 본인의 취업을 위한 청탁행위를 하
여서는 아니 되며(동법 제18조의5 제1항), 국가기관, 지방자치단체 또는 공직유관단
체의 장은 해당 기관의 취업심사대상자를 퇴직 전 5년 동안 처리한 업무와 밀접
한 관련이 있는 취업제한기관으로의 취업을 알선하는 행위를 하여서는 아니 된
다(동법 제18조의5 제2항). 또한 공직자윤리위원회는 공무원 또는 공직유관단체의
임직원이 제18조의5 제1항을 위반하여 취업을 위한 청탁행위를 한 경우 이를 사
유로 해임 또는 징계의결을 요구할 수 있고(동법 제22조), 국가기관, 지방자치단체

또는 공직유관단체의 장이 제18조의5 제2항을 위반하여 해당 기관의 취업심사대상자를 업무와 관련된 취업제한기관으로 취업을 알선하는 경우에는 시정을 권고할 수 있다(동법 제23조).

2) 법령을 위반하여 개입하거나 영향을 미치도록 하는 행위

a) "법령을 위반하여" 직무를 하도록 하는 행위

여기서 말하는 '법령을 위반하여'의 의미는 앞에서 본 바와 같이 마치 일반 복무규정이나 인사에 관한 법령 이외의 법령을 위반하는 것으로 해석될 소지가 있다. 그러나 제5조 제1항에 규정된 15가지 부정청탁행위유형에 공통으로 들어 있는 '법령을 위반하여'의 뜻을 각 유형별로 달리 해석한다는 것은 법규의 통일적 해석 측면에서 바람직하지 않다고 생각한다. 그렇다면 제3호에서의 법령도 마찬가지로 인사에 관한 법령을 의미한다고 해석하여야 할 것이다. 그러므로 이 법이 적용되는 공공기관 기타 공직유관단체 중 임원이 아닌 직원의 인사에 관한 내부규정, 특히 사설 언론기관이나 사립학교법인의 사무직원 또는 사립학교의 소속사무직원에 대한 인사규정은 대부분 정관 또는 내부규칙으로 정해져 있고, 전보 또는 채용기준 등은 지침 등에 규정되어 있어서 법령에 해당하지 않는 경우가 많은데, 그 경우 이 조항의 적용 대상에서 제외되는 결과가 생기게 된다. 다만 근로관계 법령은 직접 인사에 관한 법령에 해당한다 할 것이다.

b) "개입하거나 영향을 미치도록 하는 행위"

부정청탁을 금지하는 이 법 제5조 제1항 본문은 '직무를 수행하는 공직자등에게' 부정청탁 하는 것을 금하고 있다. 직무를 수행하는 공직자등이란 그 직무수행의 정상적인 결재선상에 있는 자를 의미하고 그러한 직무수행자가 예컨대 담당자, 과장, 국장, 차관, 장관 등 여러 명이면 각자 직무수행자로 된다. 그러한 직무수행자 중 상급자가 하급자에게 위법·부당한 직무명령을 하여 부정청탁에 따른 직무수행이 있은 경우에는 상급자 자신이 직접 직무수행자로서 이 법 제6조(부정청탁에 따른 직무수행 금지) 규정 위반으로 형사처벌된다.

그런데 제3호가 법령을 위반하여 "개입하거나 영향을 미치도록 하는 행위"를 부정청탁의 유형으로 규정하고 있어서 문제다. 개입하고 영향을 미치는 것은 일반적으로 본인이 아니라 제3자의 행위양식을 일컫는 말이기 때문이다. 직무수행자는 스스로에게 개입하거나 영향을 미칠 필요도 없고 엄밀하게 보면 그렇게 할 수도 없다. 이 규정 문언대로 하면 부정청탁이란 제3자인 공직자등으로 하여금 직무를 수행하는 다른 공직자등에게 위법하게 개입하거나 위법·부당하게 영향을 미칠 것을 청탁하는 행위로 해석된다. 즉 인사에 관하여 직무를 수행하는 담당 공직자등에게 직접 법령을 위반하여 처리하도록 청탁하는 것이 아니라 제3자인 공직자등에게 청탁하여 직무수행 담당자의 직무에 개입하거나 영향을 미치도록 청탁하는 것을 내용으로 하는 것이다. 다시 말해서 부정청탁을 받는 공직자등은 직무를 수행하는 담당자가 아니라 제3자임을 전제로 하는 규정으로 보인다.

이러한 규정형식은 부정청탁이란 "직무를 수행하는 공직자등에게" 하는 것이라는 같은 조항 본문의 부정청탁 정의 규정과 맞지 않는다. 또한 제6조(부정청탁에 따른 직무수행의 금지) 규정과도 조화되기 어렵다. 인사에 관하여 '개입하거나 영향을 미치도록 하는 행위'를 부정청탁으로 본다면 그것만으로 직접 인사업무를 수행하는 공직자등이 부정청탁을 받았다고 하기 어렵고, 위 부정청탁에 따른 행위는 인사에 관하여 '개입하거나 영향을 미치는 행위'라 할 것인데, 이것이 인사업무 그 자체는 아니므로 직무를 직접 수행하는 공직자등은 이러한 부정청탁에 따른 행위를 할 수도 없고, 할 필요도 없다. 그리고 인사 담당 공직자등이 인사에 '개입하거나 영향을 미치는 행위'에 불응할 경우 부정청탁에 따른 행위는 있었는데 부정청탁에 따른 직무수행은 없는 꼴이 된다.

또한 이 법 제22조·제23조의 처벌 및 제재규정과 관련하여 제3자를 통한 청탁인지 직접 청탁인지에 따라 형사처벌 등이 갈리게 되는데 제3호가 인사에 관하여는 제3자를 통한 부정청탁유형으로 규정하고 있어서 처벌 및 제재규정과도 문제가 생길 수 있다. 즉 청탁을 하는 이해당사자의 입장에서 보면 직접 청탁하면 제재를 받지 않지만 제3자를 통하여 청탁하면 제재를 받게 되고, 청탁을 받는 공직자등의 입장에서도 자신이 직무수행자에게 청탁을 하는 제3자이면 청탁에 따른 직무수행 여부에 상관없이 청탁과 동시에 바로 과태료의 제재 또는 징계의 대상이 되지만 자신이 직접 청탁을 받는 자이면 청탁받은 그 자체로는 아무런 제재를 받지 않고, 다만 청탁에 따라 직무수행을 할 경우 비로소 형사처벌 되기 때문이다.

결국 제3호에 의하면 인사에 관하여 '개입하거나 영향을 미치도록 하는 행위'에 대한 청탁 외에 그러한 청탁을 받은 자가 다시 인사업무 처리자에게 '법령을

위반하여 처리하도록 하는' 청탁이 필요하다. 즉 제3호에 규정된 부정청탁은 제3
자를 통한 청탁에서 그 제3자에 대한 부분에 불과할 뿐 공직자등에 대한 부정청탁
의 전부는 아니라 할 것이므로 부정청탁유형에 대한 규정형식으로는 적절하지 않
다. 결론적으로 제3호에서 '개입하거나 영향을 미치도록 하는 행위'라고 규정한
부분은 개정되는 것이 바람직하다. 인사에 관한 직무라고 하여 다른 유형의 직무
와 달리 규정할 이유가 없다.

5. 공공기관의 의사결정에 관여하는 직위 선정 관련 업무에 대한 청탁

1) 공공기관의 의사결정에 관여하는 직위 선정 관련 업무

각종 심의·의결·조정 위원회의 위원, 공공기관이 주관하는 시험·선발 위원 등
공공기관의 의사결정에 관여하는 직위에 선정 또는 탈락되도록 하는 행위(법 제5
조 제1항 제4호). 심의·의결·조정 업무 또는 시험·선발 업무에 대한 청탁이 아니
라 그러한 업무를 할 수 있는 위원으로 선정하거나 또는 탈락시키는 업무에 관하
여 청탁하는 행위가 이에 해당한다. 의사결정에 관여하는 것이므로 자문위원회
위원은 이에 해당하지 않는 것으로 봐야 한다. 예컨대 대통령 소속 민주평화통일
자문회의·국민대통합위원회·국가과학기술자문회의·통일준비위원회 등이 있고,
각종 중앙행정기관의 정책자문위원회, 사법정책자문위원회 등이 그것이다.

위 업무는 의사결정에 관여하는 위원 선정업무이므로 위원회 중심으로 살펴보기
로 한다. 우선 심의·의결 위원회는 규제개혁위원회, 방송통신심의위원회, 국가과학
기술심의위원회, 중앙도시계획위원회, 경찰위원회, 소청심사위원회, 교원소청심사
위원회, 보훈심사위원회, 공직자윤리위원회, 문화재위원회, 영상물등급위원회, 중
앙행정심판위원회, 개인정보보호위원회, 법령해석심의위원회, 학교폭력대책자치
위원회 등이 있다.

조정위원회에는 언론중재위원회, 환경분쟁조정위원회, 의료분쟁조정위원회, 사
학분쟁조정위원회, 소비자분쟁조정위원회 등이 있다.

한편 시험·선발 위원의 선정업무와 관련한 것으로는 각종 국가자격시험 위원
또는 제5호 각종 공공기관의 수상·포상·우수기관·우수자 등의 선정, 선발 위원
의 선정업무가 이에 해당한다. 예컨대, 공무원임용시험 위원, 교육공무원 임용후

보자선정 경쟁시험 위원, 국회 및 법원 공무원채용시험위원, 국가기술자격시험
위원, 공인중개사·공인회계사·변호사·공인노무사 등 시험위원, 약사·한약사·
의사·치과의사·한의사 및 간호사 시험위원, 사법시험위원, 중졸·고졸학력검정
고시 위원 등의 선정업무가 대표적이다.

2) 법령을 위반하여 선정 또는 탈락되도록 하는 행위

법령에 정해진 각종 위원의 자격요건에 미달함에도 위원으로 선정해달라고 청
탁하거나 자격요건이 충족되고 법령상의 다른 흠결이 없음에도 불구하고 탈락시
키도록 청탁하는 행위 등이 이에 해당한다. 위원회의 설립근거가 법령에 규정되
어 있더라도 구체적인 기준이 정관 등 내부기준에 정해져 있는 경우에는 이에 위
반하여 선정 또는 탈락되어도 법령위반으로 되는 것은 아니라 할 것이다.

6. 각종 포상 등 선정 또는 우수자 선발에 관한 업무에 대한 청탁

1) 각종 선정 또는 선발에 관한 업무

공공기관이 주관하는 각종 수상·포상·우수기관 선정 또는 우수자 선발 업무에
관하여 청탁하는 행위(법 제5조 제1항 제5호). 여기서의 업무는 예시적 열거라 할
것이므로 수상·포상·우수기관 선정뿐만 아니라 표창·유공자 선정 등 각종 포상
제도 및 선발제도가 모두 포함된다. 또한 수상·포상을 위해서는 당연히 선정 또
는 선발이 선행되어야 하며 우수기관 선정 및 우수자 선발 후에는 대부분 지원과
시상이 이루어지므로 굳이 이를 구분할 실익이 없다. 법령상 용어도 포상, 표창,
시상, 수상, 훈·포장 수여 등이 다양하게 사용되고, 선정, 선발, 결정 등의 용어
도 혼용되고 있다. 그러나 신고자포상과 같은 선정 또는 선발이 필요 없는 단순
한 포상은 여기에 해당되지 않고 공공기관 내부의 표창 또는 포상도 이에 해당하
지 않는다고 보는 것이 타당하다.

공공기관이 선정 또는 선발하는 업무 중 포상·수상자 선정과 관련한 것으로는
미래창조과학부의 전국과학전람회에서의 수상작품 선정, 행정자치부의 공무원
제안·창안자에 대한 표창, 환경부의 녹색경영 우수기업 포상, 산업통상자원부의
우수 산업디자인 개발자 시상 등이 대표적이다.

우수기관 선정에 관한 업무로는 문화체육관광부의 우수숙박시설 지정, 중소기업청의 우수중소기업 선정, 국토교통부의 우수건축물 지정, 식품의약품안전처의 모범업소 지정 등이 있다. 그 밖에 우수자 선발에는 대한민국명장 선정, 중요무형문화재 전수 장학생 선발, 국비유학생 선발, 우수건설기술자 선정, 후계농어업경영인 선정 등이 있다.

2) 법령을 위반하여 선정 또는 탈락되도록 하는 행위

법령에 규정된 선정 기준을 위반하여 특정 개인·단체·법인이 선정되게 하거나 또는 탈락되도록 하는 행위이다. 선정에 관한 청탁을 하였더라도 법령에서 정한 자격기준 또는 선정절차의 위반을 내용으로 하지 않으면 부정청탁이 되지 않고, 법령에 정해진 기준이 아니면 내부지침 등을 위반하여도 법령위반에 해당하지 않는다. 그렇기 때문에 포상의 구체적인 기준이나 절차를 자체규정 또는 내부 지침 등에서 정하는 경우에는 법령위반이 있기 어려운 것이 사실이다. 또한 실제로 자격 있는 경쟁자들 중에서 특정인을 선정되도록 해달라는 청탁이 많은 점을 감안하면 이 규정의 실효성은 많이 감소된다고 할 것이다.

법령에 위반하여 탈락되도록 청탁하는 것은 어떤가. 자격요건에 합당한 특정 개인·단체를 선정할 것인가 탈락시킬 것인가의 문제만 있을 때는 탈락의 청탁이 부정청탁임은 의문이 없다. 그런데 자격요건 있는 여러 경쟁대상 중에서 하나의 개인·단체를 선정하는 경우에 청탁을 하지 않았더라도 경쟁력이 부족하여 탈락될 자에 대하여 탈락을 청탁하면 부정청탁이 되는가? 선정심사가 이루어지지 않거나 선정여부가 종료되기 전까지는 긍정하여야 할 것이다. 다만 선정에 관한 청탁이 곧 탈락에 관한 청탁인 경우에는 선정에 관한 청탁으로 봐서 처리함이 타당할 것이다.

7. 직무상 비밀 관련 업무에 대한 청탁

1) 직무상 비밀 관련 업무

입찰·경매·개발·시험·특허·군사·과세 등 직무상 비밀 관련 업무에 관한 비밀을 법령을 위반하여 누설하도록 청탁하는 행위(법 제5조 제1항 제6호). 여기서 직무상 비밀 관련 업무란 법령에 직무상 비밀엄수규정이 있거나 직무상 비밀누설이 금지된 경우를 의미한다. 왜냐하면 "법령을 위반하여 누설하도록 하는" 행위가 부정청탁이기 때문이다. 국가공무원법·지방공무원법상 공무원의 복무에 관한 일반규정인 비밀엄수의무도 이 경우에는 직접 적용되는 비밀누설금지규정에 해당한다고 할 것이다. 그러므로 개별 법령에 직접 비밀누설금지규정을 두고 있는 경우뿐만 아니라 공무원의 복무에 관한 일반규정인 비밀엄수의무 규정이 준용되는 경우 즉, 공무원이 아니면서 일정한 공적 업무를 수행하는 자를 '형법 그 밖의 법률에 따른 벌칙을 적용할 때에는 공무원으로 본다'는 간주규정이 있는 경우(「특별검사의 임명 등에 관한 법률」 제23조, 국가인권위원회법 제62조, 법원조직법 제81조의 11, 국세기본법 제81조의13 제5항, 「금융위원회의 설치 등에 관한 법률」 제69조 제1항, 「언론중재 및 피해구제 등에 관한 법률」 제13조 등) 또는 '형법 제127조의 … 적용에 있어서는 이를 공무원으로 본다'는 간주규정이 있는 경우(사법시험법 제20조 등)도 이에 해당한다. 그러나 뇌물죄에 관한 "형법 제129조부터 제132조까지의 규정을 적용할 때에는 공무원으로 본다"는 의제규정이 있는 경우도 많은데 이러한 경우는 직무상 비밀누설금지의무가 법령에 규정되어 있지 않기 때문에 이에 해당하지 않는다고 본다.

다만 직무상 비밀의 범위와 관련해서 공무원의 일반복무규정상 비밀엄수의무와 다르게 봐야 할 것은 청탁금지법의 적용을 받는 비밀은 공직자등의 '직무와 관련된 비밀'에 국한되고 그 범위를 벗어나는 타인의 직무 등 일반적인 공무상 비밀과 관련하여서는 이 법이 적용되지 않는다고 할 것이다. 다시 말하면 청탁금지법상 부정청탁은 자신의 직무와 관련 있는 비밀에 관하여만 성립하지만 공무상 비밀누설죄의 경우는 직무수행 중에 알게 된 비밀이면 자기의 직무와 관련 여부를 묻지 않고[61] 범죄가 성립한다. 대법원도 소위 옷 로비사건과 관련하여 검찰의 고위 간부가 특정 사건에 대한 수사가 계속 진행 중인 상태에서 해당 사안에 관한 수사책임자의 잠정적인 판단 등 수사팀의 내부 상황을 확인한 뒤 그 내용을 수사 대상자 측에 전달한 행위가 형법 제127조에 정한 공무상 비밀누설에 해당한다고 하였다(대법원 2007. 6. 14. 선고 2004도5561 판결).

참고로 대법원은 공무원이 직무상 비밀을 누설한 행위와 그로부터 그 비밀을

---

61 김일수, 형법각론, 1996, 636면.

누설받은 행위는 대향범 관계에 있다고 할 것인데 2인 이상의 서로 대향된 행위의 존재를 필요로 하는 대향범에 대하여는 공범에 관한 형법총칙 규정이 적용될 수 없고(대법원 2007. 10. 25. 선고 2007도6712 판결 등 참조), 한편 형법 제127조는 공무원 또는 공무원이었던 자가 법령에 의한 직무상 비밀을 누설하는 행위만을 처벌하고 있을 뿐 직무상 비밀을 누설받은 상대방을 처벌하는 규정이 없는 점에 비추어, 직무상 비밀을 누설받은 자에 대하여는 공범에 관한 형법총칙 규정이 적용될 수 없으므로 공무상 비밀누설죄의 공동정범 또는 교사범으로 처벌할 수 없다고 한다(대법원 2009. 6. 23. 선고 2009도544 판결, 2011. 4. 28. 선고 2009도3642 판결). 이와 달리 청탁금지법에 의하면 직무상 비밀을 누설하도록 하여 누설받은 자는 부정청탁자로서 제재를 받는다.

　　여기서 말하는 "직무상 비밀"이란 반드시 법령에 의하여 비밀로 규정되었거나 비밀로 분류 명시된 사항에 한하지 아니한다. 이와 달리 공무상 비밀누설죄에서의 직무상 비밀은 법령에 의하여 특히 비밀로 할 것이 요구되는 사항에 한한다는 것이 통설의 입장이나,[62] 이는 공무상 비밀누설죄의 범죄구성요건이 "법령에 의한 직무상 비밀"을 누설한 때로 되어 있기 때문이다. 다만 공무상 비밀누설죄의 경우에도 대법원판례는 반드시 법령에 의하여 비밀로 규정되었거나 비밀로 분류 명시된 사항에 한하지 아니하고, 정치, 군사, 외교, 경제, 사회적 필요에 따라 비밀로 된 사항은 물론 정부나 공무소 또는 국민이 객관적, 일반적인 입장에서 외부에 알려지지 않는 것에 상당한 이익이 있는 사항도 포함하나, 실질적으로 그것을 비밀로서 보호할 가치가 있다고 인정할 수 있는 것이어야 한다고 판시하였다(대법원 2012. 3. 15. 선고 2010도14734 판결 참조). 그러나 청탁금지법의 직무상 비밀은 공무상 비밀누설죄와 달리 법령에 의한 직무상 비밀이 아니라 단순히 "직무상 비밀"을 누설하는 것이기 때문에 위와 같이 해석함이 타당하다. 국가공무원법의 위임에 따라 공무원의 비밀엄수의무와 관련하여 필요한 사항을 규정한 국가공무원복무규정은 타인에게 누설하거나 부당한 목적을 위하여 사용해서는 아니 되는 사항으로 "1. 법령에 따라 비밀로 지정된 사항, 2. 정책 수립이나 사업 집행에 관련된 사항으로서 외부에 공개될 경우 정책 수립이나 사업 집행에 지장을 주거나 특정인에게 부당한 이익을 줄 수 있는 사항, 3. 개인의 신상이나 재산에 관한 사

---

62 김일수, 전게서, 636면; 이재상, 형법각론, 2010, 713면.

항으로서 외부에 공개될 경우 특정인의 권리나 이익을 침해할 수 있는 사항, 4. 그 밖에 국민의 권익 보호 또는 행정목적 달성을 위하여 비밀로 보호할 필요가 있는 사항"을 규정함으로써 엄수하여야 할 비밀의 구체적 내용을 제시하고 있다 (「국가공무원 복무규정」 제4조의2). 다만 직무상 비밀의 개념과 직무상 비밀을 '누설하는 것이 법령에 위반되는 것'과는 별개의 문제임을 유의하여야 한다.

이 경우에 해당하는 업무를 살펴보면 다음과 같다.

　a) 입　찰

국제입찰에 따른 정부조달계약과 국가가 대한민국 국민을 계약상대자로 하여 체결하는 계약에 적용되는 「국가를 당사자로 하는 계약에 관한 법률」에 의하면 중앙관서의 장 또는 계약담당공무원은 계약을 체결하려면 원칙적으로 일반경쟁에 부쳐야 하고 예외적으로 계약의 목적, 성질, 규모 등을 고려하여 필요하다고 인정되면 제한경쟁 또는 수의계약에 의할 수 있다. 일반경쟁은 경쟁입찰 방식으로 진행되는데 원칙적으로 세입의 원인이 되는 경쟁입찰에서는 최고가격의 입찰자를 낙찰자로 하고, 국고의 부담이 되는 경쟁입찰에서는 최저입찰 또는 평가기준에 따라 국가에 가장 유리하게 입찰한 자 등을 낙찰자로 한다. 그러므로 각 중앙관서의 장 또는 계약담당공무원은 경쟁입찰 또는 수의계약 등에 부칠 사항에 대하여 당해 규격서 및 설계서 등에 의하여 예정가격을 결정하고 이를 밀봉하여 미리 개찰장소 또는 가격협상장소 등에 두어야 하며 예정가격이 누설되지 아니하도록 하여야 한다(동법 시행령 제7조의2). 입찰에서 가장 중요한 것은 입찰예정가격 또는 경쟁자 응찰가격의 비밀이므로 그에 관한 비밀누설이 법령에 금지되고 있는 것이다. 「지방자치단체를 당사자로 하는 계약에 관한 법률 시행령」도 동일하게 지방자치단체의 장 또는 계약담당자의 비밀누설금지 규정을 두고 있다(동 시행령 제8조). 또한 국가 또는 지방자치단체 등의 수요기관 조달업무를 국가종합전자조달시스템을 이용 또는 활용하여 전자적으로 처리할 경우에 적용되는 「전자조달의 이용 및 촉진에 관한 법률」에서도 전자조달시스템을 관리·운영하는 자 또는 관리·운영하였던 자는 직무상 알게 된 전자문서, 그 밖의 관련 정보의 내용을 누설하거나 직무상 목적 외의 다른 용도로 이를 이용하여서는 아니 된다고 규정하고 있다(동법 제18조 제3항).

그 외에 개별법에서 경쟁입찰에 의하도록 한 것으로는 세관장이 보세구역에 반입한 외국물품의 장치기간이 지나 해당 물품을 매각하는 경우의 경쟁입찰, 국세징수법상 공매의 방법으로 하는 입찰, 중앙관서의 장이 행정재산을 사용허가하려는 경우에 하는 경쟁입찰 등이 있다.

b) 경 매

경매는 민사집행법상 강제집행의 수단으로 이루어지는 부동산 강제경매가 대표적인데, 강제경매의 매각방법은 매각기일에 하는 호가경매, 매각기일에 입찰 및 개찰하게 하는 기일입찰 또는 입찰기간 이내에 입찰하게 하여 매각기일에 개찰하는 기간입찰의 세 가지 방법으로 한다. 강제경매는 그 실행을 위하여 확정판결, 가집행부 종국판결, 집행판결 등의 집행권원이 필요하고 채무자의 일반재산에도 집행할 수 있는 특징이 있다. 그에 반하여 담보권실행을 위한 임의경매는 집행권원의 필요 없이 담보권만 있으면 되고 특정 담보재산에 대한 경매만 가능하다. 그 외에도 민법·상법 기타 법률의 규정에 의한 '환가를 위한 경매'와 '유치권에 의한 경매' 등이 있다. 환가를 위한 경매는 공유물분할을 위한 경매, 청산을 위한 경매, 물건의 인도의무를 면하기 위한 자조매각 수단의 경매 등이 그것이다. 이러한 경매와 관련된 업무를 처리하는 공직자등의 업무가 이에 해당한다.

그 외에 경매업무와 관련하여 공직자등의 비밀누설금지의무를 부과하고 있는 개별법으로는「금융회사부실자산 등의 효율적 처리 및 한국자산관리공사의 설립에 관한 법률」(약칭: 자산관리공사법)이 있다. 자산관리공사법에 의하면 금융회사등이 보유하는 부실자산의 정리 촉진과 부실징후기업의 경영정상화 등을 효율적으로 지원하기 위하여 설립된 한국자산관리공사는 부실채권의 보전·추심(가압류, 가처분,「민사소송법」및「민사집행법」에 따른 경매 및 소송 등에 관한 모든 행위를 포함)의 수임 및 인수정리 업무를 수행하는데 공사의 경영관리위원회 위원, 공사의 임원 또는 직원이나 그 직(職)에 있었던 사람은 직무상 알게 된 비밀을 누설하여서는 아니 된다(동법 제25조 제3항).

c) 개 발

개발업무와 관련하여 비밀누설금지 의무를 부과하고 있는 것은 대부분 국토의 개발 또는 연구개발과 관련한 것이다. 각종 개발사업을 수행하는 공기업 법령 즉, 한국도로공사법, 한국수자원공사법, 한국토지주택공사법, 한국철도시설공단법 등에는 각 공사 또는 공단의 임직원 또는 임직원이었던 자가 직무상 알게 된 비밀

을 누설하거나 도용하여서는 아니 된다는 비밀누설금지규정을 두고 있다. 그 외에
특별법에 의하여 특정지역 또는 특정사업의 개발업무에 종사하는 임직원도 비밀
누설금지의무가 있을 수 있다.

　　연구개발 관련 법령에 비밀누설금지의무가 있는 자로는 과학기술분야 정부출
연연구기관과 국가과학기술연구회의 임원이나 직원 또는 그 직(職)에 있었던 사람·
연구기관 및 연구회의 위탁을 받아 그 업무를 수행하는 자(「과학기술분야 정부출연연
구기관 등의 설립·운영 및 육성에 관한 법률」 제31조), 산업기술개발사업 업무를 대행하
는 한국산업기술진흥원·한국산업기술평가관리원 또는 업무를 위탁받은 한국산업
기술시험원 등의 임직원 또는 그 직에 있었던 사람(「산업기술혁신 촉진법」 제46조) 등
이 있다.

　　d) 시　험

　　시험에는 국가기술자격시험, 각종 임용·채용시험 또는 각종 자격검정 등이
있다. 시험과 관련하여 비밀누설금지의무를 규정하고 있는 것으로는 한국산업인
력공단법과 국가기술자격법이 있다. 한국산업인력공단법에 의하면 한국산업인력
공단은 각종 자격검정 및 자격취득자의 등록·관리업무 및 근로자의 평생학습 지
원, 자격검정 등에 관하여 다른 법령에 따라 고용노동부장관이나 중앙행정기관의
장이 위탁하거나 대행하게 하는 사업을 관장하고 이와 관련하여 각종 시험관리를
하는데, 공단의 임직원이나 임직원이었던 사람 또는 공단의 위촉을 받아 시험문제
의 출제를 담당한 사람, 면접을 담당한 사람, 실기시험 등의 관리를 담당한 사람
및 시험감독을 담당한 사람은 그 직무상 알게 된 비밀을 누설하여서는 아니 된다
(한국산업인력공단법 제23조). 또한 국가기술자격법에 의하면 중앙행정기관의 장으로
부터 국가기술자격 검정업무 또는 지정교육 훈련과정 지정업무를 위탁받은 수탁
기관의 임직원이거나 임직원이었던 사람 또는 국가기술자격 검정업무 수행과 관
련하여 수탁기관의 위촉을 받아 시험문제의 출제 및 검토·인쇄를 담당한 사람,
면접시험을 담당한 사람, 실기시험 관리 및 시험감독을 담당한 사람은 그 직무상
알게 된 비밀을 누설하여서는 아니 된다(국가기술자격법 제23조, 제25조의2).

　　또한 공인회계사시험은 금융위원회가 실시하는데 공인회계사법 제52조 제2
항에 의하여 시험에 관한 업무 중 시험응시원서의 교부 및 접수, 시험의 시행 및
그에 부수되는 업무를 금융감독원장에게 위탁한다고 되어 있고, 금융감독원의 원

장·부원장·부원장보 및 감사와 직원 또는 그 직에 있었던 사람은 직무상 알게 된 정보를 다른 사람에게 누설하거나 직무상의 목적 외에 이를 사용하여서는 아니 된다(금융위원회법 제35조). 그 외에 복지부장관은 매년 의사·치과의사·한의사·조산사 또는 간호사 국가시험과 의사·치과의사·한의사 예비시험, 약사국가시험, 한약사국가시험(이하 "국가시험등"이라 한다)을 시행하고, 한편 보건복지부장관은 국가시험등의 관리를 「한국보건의료인국가시험원법」에 따른 한국보건의료인국가시험원에 맡길 수 있는데, 국가시험원의 임원이나 직원 또는 그 직에 있었던 자, 국가시험 실시와 관련하여 국가시험원의 위촉을 받아 시험문제의 출제·채점, 시험 감독 등의 업무를 담당한 자는 그 직무상 알게 된 비밀을 누설하여서는 아니 된다(한국보건의료인국가시험원법 제21조).

e) **특 허**

특허법에 의하여 특허출원 중인 발명(국제출원 중인 발명을 포함한다)에 관한 직무를 담당하는 특허청 또는 특허심판원 소속 직원이거나 직원이었던 사람은 직무상 알게 된 비밀을 누설해서는 아니 되는 비밀누설금지의무가 있다. 특허법에 의하면 특허청장으로부터 특허출원·심사·심판·재심에 관한 서류 또는 특허원부를 전자화하는 업무를 위탁받은 특허문서전자화기관의 임직원이거나 임직원이었던 사람은 직무상 알게 된 특허출원 중의 발명에 관하여 비밀을 누설하거나 도용하여서는 아니 되고(특허법 제217조의2), 특허청 또는 특허심판원 소속 직원이거나 직원이었던 사람이 특허출원 중인 발명(국제출원 중인 발명을 포함한다)에 관하여 직무상 알게 된 비밀을 누설하거나 도용한 경우에는 5년 이하의 징역 또는 5천만원 이하의 벌금에 처하게 되어 있고(특허법 제226조), 디자인보호법에는 특허청 또는 특허심판원 직원이나 그 직원으로 재직하였던 사람이 디자인등록출원 중인 디자인에 관하여 직무상 알게 된 비밀을 누설하거나 도용한 경우에는 5년 이하의 징역 등에 처하게 되어 있다(디자인보호법 제225조). 그 외에 약사법에 의하면 의약품 제조업자가 의약품 특허목록에 의약품특허권의 등재를 신청할 수 있는데 이 경우 "의약품 품목허가를 받은 자·수입자 및 의약품 도매상 등의 영업에 관한 비밀을 업무상 알게 된 자는 그 비밀을 타인에게 누설하거나 업무목적 외의 용도로 사용하여서는 아니 된다"(약사법 제87조 제2항).

f) 군   사

군사에 관하여는 군사기밀을 보호하여 국가안전보장에 이바지함을 목적으로 하는 군사기밀보호법이 있다. 동법에서 "군사기밀"이란 일반인에게 알려지지 아니한 것으로서 그 내용이 누설되면 국가안전보장에 명백한 위험을 초래할 우려가 있는 군(軍) 관련 문서, 도화(圖畵), 전자기록 등 특수매체기록 또는 물건으로서 군사기밀이라는 뜻이 표시 또는 고지되거나 보호에 필요한 조치가 이루어진 것과 그 내용을 말한다. 그러므로 군사기밀은 그 자체로 누설되어서는 아니 되는 것이고 군사기밀 취급자는 특별한 규정이 없는 한 당연히 기밀누설금지의무가 있다. 군사기밀은 그 내용이 누설되는 경우 국가안전보장에 미치는 영향의 정도에 따라 Ⅰ급비밀, Ⅱ급비밀, Ⅲ급비밀로 등급을 구분한다. 군사기밀을 취급하는 자는 지정된 군사기밀에 대하여 군사기밀이라는 뜻을 표시하거나 고지하여야 하고, 군사기밀의 표시 또는 고지가 불가능하거나 부적당한 것은 그 군사기밀에 대한 접근을 방지하거나 그 군사기밀이 있는 곳을 은폐하는 등 군사기밀의 보호에 필요한 조치를 하여야 하며 군사기밀을 관리하거나 취급하는 부대 또는 기관의 장은 군사기밀의 보호를 위하여 군사보호구역을 설정할 수 있다.

이러한 군사기밀을 취급하는 공직자등에게는 당연히 비밀누설금지의무가 있고, 군사기밀의 특수성에 비추어 누설에 대한 처벌이 강화되어 있다. 즉 군사기밀보호법은 업무상 군사기밀을 취급하는 사람 또는 취급하였던 사람이 그 업무상 알게 되거나 점유한 군사기밀을 타인에게 누설한 경우에는 3년 이상의 유기징역에 처하고(군사기밀보호법 제13조 제1항), 과실로 제13조 제1항의 죄를 범한 사람은 2년 이하의 징역 등에 처하게 되어 있으며(동법 제14조), 군인복무규율(2015. 7. 13. 시행 대통령령 제26394호)에는 "군인은 복무중 뿐만 아니라 전역후에도 직무상 알게 된 비밀을 엄수하여야 한다"고 비밀엄수의무를 규정하고 있다(동 규율 제10조). 또한 방위사업법은 방위사업청에 소속된 공무원, 방위사업추진위원회·분과위원회의 위원 및 그 직에 있었던 자, 옴부즈만으로 위촉된 자, 국방기술품질원·방산업체·일반업체·전문연구기관 또는 일반연구기관의 대표, 임·직원 및 그 직에 있었던 자, 국방기술품질원·방산업체·일반업체·전문연구기관 또는 일반연구기관에서 방산물자의 생산 및 연구에 종사하거나 종사하였던 자는 방위사업과 관련하여 그 업무 수행 중 알게 된 비밀을 누설하거나 도용하여서는 아니 된다고 규정하고 있다(방위사업법 제50조).

g) 과   세

과세란 국세 또는 지방세 등 세금을 부과하는 것을 말하는데 과세업무 담당자는 당연히 납세의무자가 세법에서 정한 납세의무를 이행하기 위하여 제출한 자료나 국세의 부과·징수를 위하여 업무상 취득한 자료 등 "과세정보"를 알 수 있는데 이러한 정보는 대부분 개인의 신상이나 재산에 관한 사항으로서 외부에 공개될 경우 특정인의 권리나 이익을 침해할 수 있는 사항이 많기 때문에 개별법에서 비밀누설을 금지시키는 규정을 두고 있는 경우가 많다. 예컨대 국세기본법에서 세무공무원은 국세의 부과·징수를 위하여 업무상 취득한 자료 등 납세자의 과세정보를 타인에게 제공 또는 누설하거나 목적 외의 용도로 사용해서는 아니 된다고 비밀유지의무를 규정하고 있으며, 정당하게 과세정보를 제공받아 알게 된 사람 중 공무원이 아닌 사람은 형법이나 그 밖의 법률에 따른 벌칙을 적용할 때에는 공무원으로 본다는 간주규정도 두고 있고(국세기본법 제81조의13), 지방세기본법, 관세법에서도 동일한 규정들을 두고 있다(지방세기본법 제114조, 관세법 제116조).

h) 기타 비밀누설이 법령에 금지된 업무

청탁금지법의 공직자등에 대하여 개별법에서 비밀누설금지규정을 두고 있는 경우로는 직무상 타인의 비밀을 취급하는 수사·재판 관련업무, 사생활·신상 또는 건강에 관한 정보 취급 업무에 종사하는 자를 대상으로 한 것으로 다음과 같은 것이 있다.

형사소송법은 검사·사법경찰관리와 그 밖에 직무상 수사에 관계있는 자는 수사과정에서 취득한 비밀을 엄수하며 수사에 방해되는 일이 없도록 하여야 한다고 규정하고(형사소송법 제198조), 군사법원법도 검찰관, 군사법경찰관리 그 밖에 직무상 수사와 관계있는 사람은 비밀을 엄수하며 수사에 방해되는 일이 없도록 주의하여야 한다(군사법원법 제229조)고 규정하고 있으며 법원조직법에는 대법원 양형위원회의 위원장, 위원, 사무기구의 임원 및 직원은 직무상 알게 된 비밀을 누설하여서는 아니 되고, 그 직에서 퇴직한 후에도 같다고 규정하고(동법 제81조의11 제1항) 있다. 또한「개인정보 보호법」은 개인정보보호위원회의 업무·개인정보분쟁조정위원회의 분쟁조정업무 등에 종사하거나 종사하였던 자에 대하여(「개인정보 보호법」제60조), 통신비밀보호법에는 통신제한조치의 허가·집행·통보 및 각종 서류작성

등에 관여한 공무원 또는 그 직에 있었던 자에 대하여(통신비밀보호법 제11조), 공직
자윤리법에는 재산등록업무에 종사하거나 종사하였던 사람에 대하여(동법 제14조),
각 비밀누설금지 규정을 두고 있다. 또한 국립대학교병원·사립대학교 부속병원
의 교직원 또는 임직원인 공직자등에 해당하는 것으로 의료법에 의사·치과의
사·한의사·조산사 및 간호사 등 의료인에 대하여(의료법 제19조), 약사법에는 약
사·한약사에 대하여(약사법 제87조), 「국립중앙의료원의 설립 및 운영에 관한 법
률」에는 국립중앙의료원의 임직원이나 그 직에 있던 자에 대하여(동법 제23조) 각
비밀누설금지 규정을 두고 있다.

2) 법령을 위반하여 직무상 비밀을 누설하도록 하는 행위

부정청탁의 내용은 직무상 비밀누설금지의무가 있는 공직자등에게 법령을 위
반하여 직무상 비밀을 누설하도록 하는 행위이다. 그러므로 일반 복무규정상 비
밀엄수의무가 있는 공무원인 공직자나 비밀누설금지의무가 있는 공직자등에게
청탁할 경우에 성립하고 직접 직무수행자가 아닌 자에게 타인의 직무상 비밀에
관한 사항을 알아보게 청탁하면 제3자 청탁이 되어 과태료의 제재를 받는다. 다
만 전술한 바와 같이 청탁금지법에 의하면 이해 당사자가 직접 직무수행자에게
직무상 비밀을 법령에 위반하여 누설하도록 하는 행위는 부정청탁에 해당하지만
아무런 제재를 받지 않는데 이러한 결과는 납득하기 어렵다. 직무수행자의 직무
상 비밀을 누설하도록 하는 행위가 부정청탁에 해당되므로 직무와 관련된 비밀
이 아니라 우연히 지득한 비밀이거나 직무와 관련 없이 공직자등에게 공공연한
비밀인 경우에는 이를 누설하도록 하여도 부정청탁에는 해당하지 않는다. 다만
공무상 비밀누설죄에 해당할 수 있음은 별론으로 한다.

누설하도록 하는 행위는 비밀사항을 모르는 청탁자 등 제3자에게 알려주도록
하는 것을 말한다. 적극적으로 알려주든가 출입제한 장소에 출입 또는 비밀서류
열람 등 제3자가 탐지하는 것을 소극적으로 제지하지 않든가 알리는 방법에는 제
한이 없다. 다만 누설하는 비밀은 그 내용을 알 수 있을 만큼 어느 정도 구체적이
어야 하고 막연히 추상적으로 알려주는 것은 누설이라 할 수 없으며 청탁자가 이
미 알고 있는 사항을 알려주는 것도 누설에 해당하지 않는다 할 것이다. 법령에
의하여 직무상 비밀의 누설이 금지되면 족하고 반드시 누설금지규정 위반에 대

한 처벌규정을 두고 있어야 하는 것은 아니다.

8. 계약 당사자의 선정업무에 대한 청탁

1) 계약 당사자의 선정업무

공직자등이 직무상 처리하는 공공기관의 계약과 관련하여 특정 개인·단체·법인이 계약의 당사자로 선정 또는 탈락되도록 하는 행위(법 제5조 제1항 제7호). 청탁금지법에 따른 공공기관의 계약 관련 법령에는 다음과 같은 것이 있다. 국가계약에 관한 「국가를 당사자로 하는 계약에 관한 법률」 및 지방자치단체의 계약에 관한 「지방자치단체를 당사자로 하는 계약에 관한 법률」, 국가·지방자치단체 또는 그 출연·투자기관 등 수요기관의 조달사업 운영 관리에 관한 「조달사업에 관한 법률」, 국가·지방자치단체 등 수요기관의 조달업무를 전자적으로 처리하는 「전자조달의 이용 및 촉진에 관한 법률」 등 일반법이 있고, 개별법으로는 공공주택 건설공사 및 주택 공급계약에 관한 「공공주택 특별법」(2016. 1. 25. 시행, 법률 제13433호), 공익사업에 필요한 토지 등 협의취득·사용 계약에 관한 「공익사업을 위한 토지 등의 취득 및 보상에 관한 법률」, 중소기업 경쟁제품의 구매계약, 소기업 및 소상공인에 대한 경쟁제품 조달계약에 관한 「중소기업제품 구매촉진 및 판로지원에 관한 법률」 등이 있다.

2) 법령을 위반하여 당사자로 선정 또는 탈락되도록 하는 행위

계약 관련 법령을 위반하여 특정 개인·단체·법인이 계약의 당사자로 선정 또는 탈락되도록 하는 행위이다. 청탁금지법상 공공기관의 계약방법은 일반경쟁이 원칙이고 일정한 경우 제한경쟁 또는 수의계약의 방법에 의하는데, 그 계약의 상대방으로 선정되거나 탈락되도록 하는 것을 청탁내용으로 한다. 그러므로 입찰·경매 등의 경쟁방법이나 입찰참가자격제한 등 당사자선정에 관한 법령을 위반하는 경우는 부정청탁에 해당하나 계약의 내용을 이루는 계약금액, 이행기간, 계약보증금, 위험부담, 지체상금, 담보책임, 물가변동 또는 설계변경으로 인한 계약금액의 조정 등에 관한 내용을 청탁하는 것은 부정청탁에 해당하지 않는다고 할 것이다.

9. 보조금·출자금 등 배정·지원 또는 투자·출자 업무에 대한 청탁

1) 보조금·교부금 등 배정·지원 또는 투자·출자 등에 관한 업무

보조금·장려금·출연금·출자금·교부금·기금 등의 업무에 관하여 배정 또는 지원하거나 투자·예치·대여·출연·출자하도록 청탁하는 행위(법 제5조 제1항 제8호). 청탁금지법 제2조 소정의 공공기관이 보조금 등 각종 명목으로 금전을 배정·지원하는 업무 또는 투자·예치·대여·출연·출자하는 업무가 이에 해당한다.

「보조금 관리에 관한 법률」에 의하면 "보조금"이란 국가 외의 자가 수행하는 사무 또는 사업에 대하여 국가(국가재정법 별표 2에 규정된 법률에 따라 설치된 기금을 관리·운용하는 자를 포함한다)가 이를 조성하거나 재정상의 원조를 하기 위하여 교부하는 보조금(지방자치단체에 교부하는 것과 그 밖에 법인·단체 또는 개인의 시설자금이나 운영자금으로 교부하는 것만 해당한다), 부담금(국제조약에 따른 부담금은 제외한다), 그 밖에 상당한 반대급부를 받지 아니하고 교부하는 급부금으로서 「농산물의 생산자를 위한 직접지불제도 시행규정」 제3조에 따른 소득보조금을 말한다(동법 제2조 제1호).

이와 관련한 업무에는 다음과 같은 것이 있다. 「국가유공자 등 단체 설립에 관한 법률」 제13조에 의하면 대한민국상이군경회, 4.19민주혁명회 등 각 유공자단체에 보조금을 지급할 수 있고, 국민체육진흥법 제14조 제4항에 의하면 올림픽대회, 세계선수권대회, 아시아경기대회 등에서 입상한 선수 또는 그 선수를 지도한 자 등에게 장려금이나 생활 보조금을 지급하여야 하고, 문화재보호법 제72조에 의하면 국유 또는 공유재산이 아닌 시·도지정문화재나 문화재자료의 보존·관리·수리·활용 또는 기록 작성을 위한 경비와 무형문화재의 보호·육성에 필요한 경비의 전부 또는 일부를 보조할 수 있다. 또한 「여객자동차 운수사업법」 제50조에 의하면 여객자동차 운수사업자가 수익성이 없는 노선의 운행 등 사업을 수행하는 경우에 재정적 지원이 필요하다고 인정하면 그 여객자동차 운수사업자에게 필요한 자금의 일부를 보조하거나 융자할 수 있고, 고용보험법 제30조에 의하면 피보험자등의 직업능력 개발·향상을 위하여 필요하다고 인정하면 직업능력개발훈련 시설의 설치 및 장비 구입에 필요한 비용의 대부 기타 필요한 비용을 지원할 수 있다.

2) 법령을 위반하여 배정·지원하거나 투자·출자하도록 하는 행위

보조금·장려금·출연금·출자금·교부금·기금 등을 배정·지원 받거나 투자·예치·대여·출연·출자 받을 요건이 되지 않는 특정 개인·단체·법인에게 법령을 위반하여 배정·지원·대여·출자·출연 등을 하도록 하는 행위가 부정청탁에 해당한다. 배정·지원 또는 출자·출연 등의 요건은 충족되더라도 적정한 금액을 과도하게 초과하여 특정 개인·단체·법인에게 배정·지원·출자 등을 하도록 하는 행위도 부정청탁에 해당한다고 해석된다.

3) 개입하거나 영향을 미치도록 하는 행위

다만 법 제5조 제1항 제8호가 보조금 등의 업무에 관하여 법령을 위반하여 배정·지원 또는 출자 등을 하도록 "개입하거나 영향을 미치도록 하는 행위"를 부정청탁의 유형으로 규정하고 있어서 문제다. 이 부분에 관하여는 위 제3호 인사에 관한 부정청탁에서 자세히 살펴본 바와 같다. 간략히 말하면 이 규정은 이 법이 금지하는 것은 "직무를 수행하는 공직자등에게" 하는 부정청탁이라는 제5조 제1항 본문의 규정과 맞지 않고, 보조금 등 업무를 담당하는 공직자등이 업무에 '개입하거나 영향을 미치는 행위'에 불응할 경우 부정청탁에 따른 행위는 있었는데 부정청탁에 따른 직무수행은 없는 꼴이 되어 제6조와 조화되지 아니하며, 이 법 제23조의 제재규정은 제3자를 통한 청탁인지 직접 청탁인지에 따라 갈리게 되는데 제8호가 제3자를 통한 부정청탁유형으로 규정하고 있어서 제재규정과도 문제가 생길 수 있다. 결론적으로 제8호에서 '개입하거나 영향을 미치도록 하는 행위'라고 규정한 부분은 제3호와 마찬가지로 개정되는 것이 바람직하다고 본다.

10. 공공기관의 재화·용역의 매각·사용·수익 등 업무에 대한 청탁

1) 공공기관의 재화·용역의 매각·교환·사용·수익 등 업무

공공기관이 생산·공급·관리하는 재화 및 용역을 특정 개인·단체·법인에게 매각·교환·사용·수익·점유하도록 청탁하는 하는 행위(법 제5조 제1항 제9호). 청탁금지법 제2조 소정의 공공기관이 생산·공급·관리하는 재화 및 용역을 매각·교환·사용·수익·점유하도록 하는 업무에는 다음과 같은 것들이 있다.

국유재산법에 의한 국유 일반재산의 매각·교환·대부, 국유 행정재산의 점유·사용·수익, 「공유재산 및 물품 관리법」에 의한 공유 일반재산의 대부·매각·교환, 공유 행정재산의 교환·점유·사용·수익 등이 가장 대표적이고, 이러한 국·공유재산에는 특허권·실용신안권·저작권 등의 지식재산권도 포함된다. 그 외에 관세법에 의하여 세관장이 보세구역에 반입한 외국물품의 장치기간 경과 후 하는 매각, 사립학교법에 의한 학교법인의 기본재산 매도·증여 또는 교환, 산지관리법에 의한 산지전용 및 일시사용 또는 국유림 산지 내의 토석의 매각 등이 있다.

2) 법령을 위반하여 매각·사용·수익 등을 하도록 하는 행위

법령에 정하는 가격 또는 정상적인 거래관행에서 벗어나 매각·사용·수익하도록 하는 행위. 법령에서 정하는 가격뿐만 아니라 매각·교환·사용·수익·점유에 관한 절차, 내용, 조건 또는 기간 등에 위반하도록 청탁하는 것도 이에 해당하고, 법령에 정해지지 않았더라도 정상적인 거래관행에서 벗어나 매각·교환·사용·수익·점유하도록 청탁하면 이에 해당한다. 정상적인 거래관행이란 매각·교환·사용·수익·점유에 있어서 일반적인 상관습 또는 거래의 관행을 의미한다. 정상적인 거래관행에서 벗어나는지 여부는 우선 개개의 매각·교환·사용·수익·점유 관계에서 일반적인 거래의 가격·상대방·조건·기간 등 내용 뿐만 아니라 절차, 거래상황 및 재화와 용역의 특성까지 종합적으로 고려하여 거래관행의 존부를 확정한 다음 구체적 사안에서 정상적인 거래관행을 벗어나는 것인지 여부를 판단하여야 할 것이므로 일률적으로 말할 수는 없다. 때로는 공공기관의 내부기준 또는 사규 등이 정상적 거래관행의 기준이 될 수도 있다.

11. 각급 학교의 입학·성적·수행평가 등의 처리 업무에 대한 청탁

1) 각급 학교의 입학·성적·수행평가 등의 업무

각급 학교의 입학·성적·수행평가 등의 업무에 관하여 청탁하는 행위(법 제5조 제1항 제10호). 여기서 말하는 각급 학교는 법 제2조 소정의 공공기관에 해당하는 학교로서 초·중등교육법, 고등교육법, 유아교육법 및 그 밖의 사립학교법 등 다른 법령에 따라 설치된 각급 학교를 말하고, 일반 학교뿐만 아니라 육·해·공군사관학교, 육군3사관학교, 국방대학교, 경찰대학, 국악고등학교, 전통예술고등학교, 한국과학기술원, 국제학교·외국인학교 등도 포함된다. 이러한 각급 학교의 입학·성적·수행평가 등의 업무에 관하여는 다음과 같은 것이 있다.

각급 학교의 입학과 관련한 업무에는 법령에 정한 입학자격, 입학정원, 일반전형 및 특별전형 등 학생선발방법 등에 관한 업무뿐만 아니라 편입학·전입학·재입학에 관한 업무도 포함하고, 영재교육진흥법에 의한 영재교육대상자의 선정업무도 포함된다고 볼 것이다. 각급 학교에서의 성적·수행평가 처리 업무와 관련하여서는 학년과정 수료와 진급 또는 유급, 수료 및 졸업, 조기진급, 조기졸업 및 상급학교 조기입학 자격부여와 관련한 업무도 포함한다.

2) 법령을 위반하여 처리·조작하도록 하는 행위

각종 학교의 입학자격이 없는 자를 입학시키거나 일반전형 및 특별전형 등 학생선발에 있어서 법령을 위반하여 입학·편입학·전입학 시키거나 선발·선정하도록 청탁하는 행위, 또는 성적·수행평가 조작, 진급·수료·졸업 등 기준 미달자의 처리를 청탁하는 행위 등이 이에 해당한다. 「사립학교법」에는 사립학교 교원이 인사기록에 있어서 부정한 채점·기재를 한 때에는 면직시킬 수 있고(제58조), 학교장이 인사기록에 있어서 부정한 채점·기재를 하였거나, 학생의 입학(편입학 포함)·수업 및 졸업에 관한 당해 학교의 장의 권한에 속하는 사항으로서 교육관계 법률 또는 그 법률에 의한 명령에 위반할 때에는 교육부장관 또는 관할 시·도 교육감은 임면권자에게 해임을 요구할 수 있으며(제54조의2), 시험문제 유출 및 성적조작 등 학생성적 관련 비위 행위로 인하여 파면·해임되거나 금고 이상의 형을 선고받은 사람은 고등학교 이하 각급 학교의 교원으로 임명할 수 없도록 되어 있다(제54조의3).

12. 병역 관련 업무에 대한 청탁

1) 병역 관련 업무

징병검사·부대 배속·보직 부여 등 병역 관련 업무에 관하여 청탁하는 행위(법

제5조 제1항 제10호). 병역법 및 동법 시행령에 의하면 징병검사·부대 배속·보직 부여뿐만 아니라 전신기형·질병·심신장애자 등에게 징병검사 없이 하는 병역면제, 수형자 또는 가사사정으로 인한 제2국민역 편입, 국외이주로 인한 보충역편입, 사회복무요원의 배정·소집 및 소집해제, 징집된 현역병입영 대상자의 입영 후 귀가, 상근예비역 소집대상자 선발, 승선근무예비역 편입 및 취소, 국제협력봉사요원의 편입·배정, 예술·체육분야 특기자의 예술·체육요원 편입, 공익법무관·공중보건의사로의 편입, 연구기관·기간산업체 및 방위산업체의 전문연구요원 또는 산업기능요원 편입에 관한 업무 등이 이에 해당한다.

2) 법령을 위반하여 처리하도록 하는 행위

징병검사·부대 배속·보직 부여 등 병역 관련 업무에 관하여 법령을 위반하여 병역면제, 신체등위 판정으로 인한 보충역 편입, 후방부대 등 편안한 부대 배치, 전투병과 이외의 의무·법무·군종 등 특수병과 보직 부여 등을 청탁하는 행위가 이에 해당한다. 다만 장교·준사관·부사관뿐만 아니라 일반 사병에 대한 부대 배속 및 보직 부여도 법령을 위반하는 경우에만 부정청탁이 된다.

13. 공공기관의 각종 평가·판정 업무에 대한 청탁

1) 공공기관이 실시하는 각종 평가·판정 업무

공공기관이 실시하는 각종 평가·판정 업무에 관하여 청탁하는 행위(법 제5조 제1항 제11호). 이에 해당하는 업무로는 다음과 같은 것이 있다.

평가 업무로는 공중위생관리법에 의한 공중위생업소의 위생서비스 수준 평가, 유아교육법에 의한 유치원 운영실태 등에 대한 평가, 지방공기업법에 의한 지방공기업 경영평가, 관광진흥법에 의한 호텔업 등급결정을 위한 평가, 「가축전염병예방법」에 의한 가축질병 방역 및 위생관리 실태 평가, 식품위생법에 의한 위생수준 안전평가 등이 있고, 자산가치의 평가로는 「부동산 가격공시 및 감정평가에 관한 법률」에 의한 부동산의 감정평가, 「공익사업을 위한 토지 등의 취득 및 보상에 관한 법률」에 의한 토지·건축물·권리 등에 관한 각종 평가 업무가 있다.

판정 업무로는 각종 등급판정, 각종 시험·검사의 합격여부 판정 등이 있고 구체적 판정업무로는 도로교통법상 자동차운전에 필요한 적성검사기준 적합여부에 대한 판정, 자동차관리법상 자동차검사결과 적합여부 판정, 공무원연금법상 장해급여 수급 대상자의 장애등급 판정, 「국가유공자 등 예우 및 지원에 관한 법률」상 보훈심사위원회의 국가유공자 상이등급 판정, 산업재해보상보험법상 업무상질병판정위원회의 근로자에 대한 업무상 질병의 인정여부 판정 및 진폐심사회의의 진폐근로자에 대한 진폐판정 등이 있다. 다만 병역법에 의한 징병검사결과 신체등위 판정은 제11호 병역관련 업무에 대한 부정청탁에 해당되므로 제12호에서는 제외한다.

2) 법령을 위반하여 평가·판정 또는 결과를 조작하도록 하는 행위

법령에 정해진 절차 또는 기준에 위반하여 평가·판정하게 하거나 그 결과를 조작하도록 청탁하는 행위가 이에 해당한다.

14. 행정지도·단속·감사·조사 관련 업무에 대한 청탁

1) 행정지도·단속·감사·조사 관련 업무

행정지도·단속·감사·조사의 대상으로 선정되거나 또는 그 결과와 관련한 업무에 대하여 청탁하는 행위(법 제5조 제1항 제13호). 이에 해당하는 행정지도·단속·감사·조사 업무를 살펴보면 다음과 같다.

a) 행정지도

행정절차법 제2조 제3호에 의하면 "행정지도"란 행정기관이 그 소관 사무의 범위에서 일정한 행정목적을 실현하기 위하여 특정인에게 일정한 행위를 하거나 하지 아니하도록 지도, 권고, 조언 등을 하는 행정작용을 말한다. 이러한 행정지도는 그 목적 달성에 필요한 최소한도에 그쳐야 하며, 행정지도의 상대방의 의사에 반하여 부당하게 강요하여서는 아니 되고, 행정기관은 행정지도의 상대방이 행정지도에 따르지 아니하였다는 것을 이유로 불이익한 조치를 하여서는 아니 됨이 원칙이다(행정절차법 제48조). 행정지도는 강제성을 띠지 않은 비권력적 작용으로서 권고 내지 협조를 요청하는 이른바 권고적인 성격의 행위라 할 것이므로 그것만으로 곧바로 상대방의 법률상 지위에 직접적인 법률적 변동을 가져오는 행정처분이라고는 볼 수 없어 행정소송의 대상이 될 수 없고(대법원 1980. 10. 27. 선고 80누395

판결, 1993. 10. 26. 선고 93누6331 판결 등 참조), 행정지도의 한계를 일탈하지 아니하였다면 그로 인하여 손해가 발생하였다 하더라도 행정기관에 손해배상책임을 묻기 어렵다(대법원 2008. 9. 25. 선고 2006다18228 판결). 행정지도는 법령에 직접적 근거가 있는 경우가 있고, 필요한 처분을 할 수 있는 경우에 그 처분에 갈음하거나 선행하여 하는 간접적 근거에 의한 행정지도가 있으며 법령에 근거가 없이 일반적인 행정권한에 의하여 하는 행정지도가 있다.[63] 여기서 말하는 행정지도는 법령에 근거가 있는 행정지도를 의미한다고 본다. 왜냐하면 법령을 위반하여 행정지도 대상에서 선정 또는 배제되도록 청탁하려면 대상의 선정 여부에 법령상 근거가 있음을 전제로 하기 때문이다. 법령에 근거가 있는 행정지도에는 다음과 같은 것이 있다.

학교급식법에 의한 학교급식의 위생·안전관리기준 이행여부의 확인·지도, 가축전염병예방법에 의한 가축전염병 기동방역기구의 신속한 이동통제·소독 및 매몰조치 등을 위한 현장지도, 건축법에 의하여 위법건축물의 관리실태 등 건축행정의 건실한 운영을 위한 지도·점검, 자동차관리법에 의한 성능시험 검사대행자의 성능시험에 관련된 업무에 필요한 지도·감독 등이 그것이다.

b) 단속·감사·조사

여기서 말하는 단속·감사·조사 업무는 법령 준수 또는 위반행위의 확인, 정책결정이나 직무수행에 필요한 정보나 자료의 수집, 법령상 의무이행의 확보를 위한 조사 등 공공기관의 적정한 직무수행 또는 위탁업무의 적정한 수행, 법질서의 유지를 위하여 필요한 업무라고 할 수 있다.

그런데 청탁금지법이 부정청탁의 모든 유형을 예시적 열거 형식으로 규정하고 있으면서도 유독 제13호 유형만 행정지도·단속·감사·조사를 한정적으로 열거하고 있어서 문제다. 많은 법령에서 확인·지도 및 단속, 조사·검사, 지도·단속, 검사·감사, 확인·점검, 조사 및 단속, 점검 및 지도, 지도·감독 등과 같이 여러 용어를 같은 조항에서 함께 사용하고 있는 실정을 감안하면 한정적 열거 형식으로는 동종의 업무 중 일부에 대한 청탁만 규제하게 되는 결과가 발생한다. 아무튼 현행 규정으로는 열거된 행정지도·단속·감사·조사 이외의 감독·검사·점검·확인 등의 업무에 대한 청탁은 부정청탁이라 할 수 없다. 부정청탁은 '부정청탁에 따른 직무수행 범죄'의 구성요건이 되고 죄형법정주의 원칙상 유추해석·확장해석

---

63 김동희, 전게서, 204면; 정하중, 전게서, 336면.

이 금지되기 때문이다. 따라서 이 유형도 다른 것과 마찬가지로 예시적 규정형식으로 개정하는 것이 바람직하다. 그래야만 동종의 업무를 모두 포괄하여 공평하게 취급하고 법령상 지도·단속·감사·조사와 함께 규정되어 있는 검사·감독·점검·확인 등의 업무에 관한 청탁도 규제할 수 있게 된다.

행정조사에 관한 기본원칙·행정조사의 방법 및 절차 등에 관한 공통적인 사항을 규정한 행정조사기본법에 의하면 "행정조사"란 행정기관이 정책을 결정하거나 직무를 수행하는 데 필요한 정보나 자료를 수집하기 위하여 현장조사·문서열람·시료채취 등을 하거나 조사대상자에게 보고요구·자료제출요구 및 출석·진술요구를 행하는 활동이다(동법 제2조 제1호). 그 외에 단속·감사·조사의 방법에는 물품검사 및 수거, 시설검사 등 제한이 없고, 강제적·권력적 조사 또는 임의적·비권력적 조사를 불문한다. 여기서의 단속·감사·조사는 공공기관이 외부의 특정 개인·단체·법인을 대상으로 하는 것을 의미하고 공공기관 내부에서 이루어지는 감사기관의 직무감찰 또는 감사·조사는 제외된다.

단속에 관한 업무로는 산림보호법에 의한 산불예방 및 단속, 식품위생법에 의한 식품위생 표시기준 위반여부에 관한 단속, 도로교통법에 의하여 시·군 공무원이 하는 정차 및 주차금지의무 등 위반자에 대한 단속, 「수질 및 수생태계 보전에 관한 법률」에 의한 상수원 수질보전을 위한 단속, 건축법상 무허가·미신고 건축 또는 용도변경한 건축물의 단속, 「게임산업진흥에 관한 법률」에 의한 등급미분류 게임물 등의 수거·폐기·삭제 등 단속, 「환경범죄 등의 단속 및 가중처벌에 관한 법률」에 의한 환경감시관의 환경법위반행위 단속 등이 있다.

감사에 관한 업무로는 감사원법에 의하여 감사원이 하는 감사로 국가 또는 지방자치단체 및 한국은행의 회계검사, '국가 또는 지방자치단체가 자본금의 2분의 1 이상을 출자한 법인의 회계' 및 '민법 또는 상법 외의 다른 법률에 따라 설립되고 그 임원의 전부 또는 일부나 대표자가 국가 또는 지방자치단체에 의하여 임명되거나 임명 승인되는 단체 등의 회계'에 대한 상시 검사, 위 각 행정기관과 법인 또는 단체의 사무와 그 소속 공무원·임원 및 직원의 직무에 대한 감찰, 법령에 따라 국가 또는 지방자치단체가 위탁하거나 대행하게 한 사무와 그 밖의 법령에 따라 공무원의 신분을 가지거나 공무원에 준하는 자의 직무 감찰 등이 있다. 그 외에 주택법에 의한 입주자대표회의나 그 구성원, 관리주체 등의 업무에 대한 감사 등이 있다.

조사에 관한 업무로는 농수산물품질관리법에 의한 우수표시품의 품질수준 조사, 임대주택법에 의한 공공건설임대주택 거주자 실태조사, 국민연금법에 의한 연금가입자·사용자 또는 수급권자의 소득·재산 등에 관한 서류 등의 조사, 건설산업기본법에 의한 건설분쟁 관계 사업장에 출입 조사 등이 있다.

2) 단속 등에서 선정·배제 또는 결과를 조작·묵인하게 하는 행위

법령을 위반하여 특정 개인·단체·법인이 행정지도·단속·감사·조사의 대상으로 되어 있음에도 불구하고 대상에서 제외시키도록 청탁하거나 법령에 의하면 특정 개인·단체·법인이 행정지도·단속·감사·조사 대상으로 되어 있지 않음에도 불구하고 그 대상으로 선정되도록 청탁하여 법령상 근거 없는 행정지도·단속·감사·조사가 이루어지도록 청탁하는 행위, 그리고 일단 행정지도·단속·감사·조사가 이루어진 다음 그 결과 자체를 조작하도록 청탁하거나 결과는 그대로 두고 다만 위법사항을 문제 삼아 철거·수거·폐기·회수·중지·폐쇄·차단·제재 등의 조치나 기관 통지 또는 고발 등을 하지 않고 묵인하도록 청탁하는 행위가 이에 해당한다.

15. 수사·재판·심판·결정·조정·중재·화해 등 업무에 대한 청탁

1) 수사·재판·심판·결정·조정·중재·화해 등 업무

사건의 수사·재판·심판·결정·조정·중재·화해 또는 이에 준하는 업무에 대하여 청탁하는 행위(법 제5조 제1항 제14호). 이에 해당하는 업무는 다음과 같다.

a) 수　사

수사는 범죄혐의가 있다고 인식하는 때에 개시하게 되는데, 수사업무의 담당자는 사법경찰관리·검찰수사관·검사·군사법경찰관리·군검찰관 또는 특별사법경찰관리라도 상관없고, 「특별검사의 임명 등에 관한 법률」에 의한 특별검사·특별검사보·특별수사관도 포함한다. 국가정보원 직원이 국가보안법에 규정된 죄 등을 대상으로 하는 수사업무도 이에 해당한다. 수사뿐만 아니라 공직선거법에 의한 선거관리위원회 위원·직원의 선거범죄에 관한 조사도 수사에 준하는 업무로 이에 해당한다. 그 밖에 「자본시장과 금융투자업에 관한 법률」에 의한 금융감독원의 미공개중요정보 이용행위·시세조종행위 등 자본시장 불공정거래행위의 조사업무, 「독점규제 및 공정거래에 관한 법률」에 의하여 공정거래위원회가 하는 동법 위반행위에 대한 조사업무, 특별감찰관법에 의하여 특별감찰관·특별감찰관보 등이 하는 감찰업무, 정치자금법에 의하여 선거관리위원회의 위원·직원이 선거비용의 수입과 지출에 관하여 하는 조사업무 등도 수사에 준하는 업무로 볼 것이다.

b) 재 판

재판에 관한 업무는 법원조직법에 의하여 사법권을 행사하는 각급 법원 즉 대법원, 고등법원, 특허법원, 지방법원, 가정법원, 행정법원 및 각 법원의 지원, 시·군법원에서 하는 재판뿐만 아니라 군사법원의 재판도 포함한다. 재판을 담당하는 대법관, 판사, 군판사뿐만 아니라 재판에 관련된 업무를 수행하는 대법원 재판연구관, 법원직원, 각급 법원 재판연구원, 국민참여재판에서의 배심원의 직무를 포함하며 지급명령, 공시최고 등 일정한 업무를 담당하는 사법보좌관의 직무도 포함한다.

c) 심 판

심판에는 가사소송법에 의한 가사비송사건에 대한 심판, 행정심판법에 의한 각종 행정심판위원회의 행정심판, 「해양사고의 조사 및 심판에 관한 법률」에 의한 해양안전심판원의 해양사고심판, 국세기본법 또는 지방세기본법에 의한 조세심판원의 각종 조세심판 또는 이에 준하는 심사청구 및 이의신청, 특허법에 의한 특허심판원의 특허심판, 국가공무원법 등에 의하여 소청심사위원회가 처리하는 소청심사, 헌법재판소법에 의한 헌법재판소의 법률의 위헌여부심판·탄핵심판·정당해산심판·국가기관 상호간 등의 권한쟁의에 관한 심판·헌법소원에 관한 심판 등 업무가 이에 해당한다.

d) 결정·조정·중재·화해

이 법에 의한 공공기관 즉 국가기관과 그 소속기관 및 지방자치단체의 법집행 또는 의사결정 행위가 '결정'의 형식으로 이루어지는 것이 다양한 종류가 있기 때문에 단순히 결정이라고 하면 특정하기가 어렵다. 다만 여기서 말하는 결정은 수사·재판·심판 등과 관련되거나 이와 유사한 준사법적 각종 결정을 의미한다고 해석된다. 예컨대, 민사집행법에 의한 경매개시결정·경매취소결정 및 일괄매각결정, 민사소송법에 의한 법원의 소송비용액확정결정·소송비용에 대한 담보제공 및 담보취소 결정·감정인지정결정, 형사소송법에 의한 법원의 국선변호인선정결정·공판기일 및 공판준비기일 지정결정·보석보증금몰수결정 등이 이에 해당한다고 해석된다.

조정·중재에는 민사조정법에 의한 민사조정, 가사소송법에 의한 가사조정, 「환경분쟁 조정법」에 의한 환경분쟁조정위원회의 조정, 사립학교법에 의한 사학분쟁조정위원회의 조정, 소비자기본법에 의한 소비자분쟁조정위원회의 조정, 「부패방지 및 국민권익위원회 설치와 운영에 관한 법률」에 의한 국민권익위원회의 조정, 「언론중재 및 피해구제 등에 관한 법률」에 의한 언론중재위원회의 조정·중재, 「의료사고 피해구제 및 의료분쟁 조정 등에 관한 법률」에 의한 의료분쟁조정위원회의 조정·중재, 중재법에 의한 중재판정부의 중재 등이 있다.

화해에는 민사소송법에 의한 제소전 화해 및 법원·수명법관 또는 수탁판사의 화해권고에 의한 화해 등이 있다.

2) 수사·재판 등 업무를 법령에 위반하여 처리하도록 하는 행위

수사·재판·심판·결정·조정·중재·화해 업무에 대하여 법령에 정해진 절차와 형식 또는 내용에 의하여 업무를 처리하여야 함에도 법령을 위반하여 처리하도록 청탁하는 행위. 예컨대 수사기관이 범죄혐의가 있다고 인식하였음에도 불구하고 수사개시를 하지 않도록 청탁하거나 축소·은폐수사를 청탁하는 행위 등이다.

16. 공직자등의 지위·권한을 위반·남용하게 하는 청탁

제1호부터 제14호까지의 부정청탁의 대상이 되는 업무에 관하여 공직자등이 법령에 따라 부여받은 지위·권한을 벗어나 행사하거나 권한에 속하지 아니한 사항을 행사하도록 하는 행위(법 제5조 제1항 제15호). 부정청탁이란 기본적으로 직무를 수행하는 공직자등에게 청탁하는 것이므로 여기서 법령에 따라 부여받은 지위·권한을 벗어나 행사하는 행위는 직무에 관한 법령상 지위와 권한이 있음을 전제로 하여 그 지위와 권한을 일탈·남용하도록 하는 행위라고 해석된다. 이와 같은 행위는 법적으로 위법한 행위로 취소될 수 있고 일탈·남용이 중대하고 명백한 경우

에는 무효로 될 수 있으나 자신의 직무와 전혀 무관한 업무에 관한 청탁을 예정
하고 있지는 않다.

　그런데, '권한에 속하지 아니한 사항을 행사하도록' 청탁하는 것은 문언 자체
로 보면 자신의 직무와 직접 관련이 없는 업무에 관하여 영향을 미치도록 청탁
하는 것을 의미하고 그 청탁 대상 업무에 한정이 없다. 예컨대 ○○지방검찰청
특수부 부장검사에게 ○○시 공무원의 인사이동을 청탁하는 행위, 금융위원회
또는 금융감독원의 고위 간부에게 국책은행의 대출과 관련하여 청탁하는 행위,
○○경찰서 강력반 경찰수사관에게 같은 경찰서 형사반 수사업무에 대해 청탁하
는 행위 또는 공공기관 감사실장에게 그 기관의 계약부서 직원이 처리하는 수의
계약과 관련하여 청탁하는 행위 등과 같이 자신의 직무와 전혀 무관한 업무에
관하여 청탁하는 경우가 이에 해당한다. 이러한 청탁은 법령에 의한 직무권한의
행사와 무관하여 그 청탁에 따른 행위도 직무행위와 무관하고 법적으로는 아무
런 효력이 없거나 위법한 행위이다. 따라서 이러한 청탁은 공직자등이 법 외적
으로 사실상의 영향력을 행사하거나 제3자로서 직무수행 공직자등에게 청탁해
줄 것을 청탁하는 경우이다. 이러한 청탁의 대상이 되는 업무는 법 제5조 제1항
제1호부터 제14호까지의 부정청탁 대상 업무 전부가 해당되며 수단과 방법에도
아무런 제한이 없으므로 사실상 모든 공직자의 직무가 이러한 부정청탁의 대상
이 된다고 해도 과언이 아니다. 이 경우는 규정형식이 직무를 수행하는 공직자
등에게 직접 청탁하는 것이 아니라 부정청탁을 받은 공직자등이 자신의 권한에
속하지 아니하는 다른 공직자등의 직무에 대하여 지위와 권한을 벗어나서 영향
력을 행사하도록 청탁하는 것이므로 제3자를 통하여 직무수행 공직자등에게 청
탁하는 형식을 취하고 있다. 제15호는 개별적인 부정청탁유형인 제1호부터 제
14호에 속하지 아니하는 부정청탁유형을 보충적으로 규정하고 있기 때문에 제1
호 내지 제14호의 규정형식과 달리 제3자를 통한 부정청탁유형을 규정하여도
무방하다 할 것이다. 그러므로 제15호에 해당하는 부정청탁이 있는 경우 청탁금
지법 제6조에 의하여 부정청탁에 따른 직무수행으로 처벌받는 자는 최종적으로
직무수행을 하는 공직자등이고, 이해당사자로부터 직접 부정청탁을 받은 공직자
등은 '제3자인 이해당사자를 위하여 직무수행 공직자등에게 청탁하는 공직자'에
불과하므로 청탁금지법 제23조 제1항 제1호에 의한 3천만원 이하의 과태료 제

재대상으로 될 뿐 형사처벌을 받지는 않는다.

제 3 절 허용되는 예외적 행위

위와 같이 부정청탁에 해당하는 행위임에도 불구하고 다음의 어느 하나에 해당하는 경우에는 이 법을 적용하지 아니한다(법 제5조 제2항 제1호 내지 제7호). 예외적으로 허용되는 행위는 다음과 같다. 다만 예외적 허용사유에서 말하는 법령·기준에는 공직자윤리법에 따른 공직유관단체, 공공기관 운영에 관한 법률에 따른 기관, 법령에 따라 설치된 각급 학교 및 학교법인, 「언론중재 및 피해구제 등에 관한 법률」에 따른 언론사 등의 규정·사규·기준을 포함한다(법 제5조 제2항 제1호).

1. 법령·기준에 정한 절차·방법에 따라 특정 행위를 요구하는 행위

「청원법」, 「민원사무 처리에 관한 법률」,[64] 「행정절차법」, 「국회법」 및 그 밖의 다른 법령·기준에서 정하는 절차·방법에 따라 권리침해의 구제·해결을 요구하거나 그와 관련된 법령·기준의 제정·개정·폐지를 제안·건의하는 등 특정한 행위를 요구하는 행위(법 제5조 제2항 제1호). 이러한 행위들은 법령·기준에 근거하는 적법 또는 정당한 행위이기 때문에 부정청탁에 해당하지 않는다. 구체적 법령에 따른 요구행위 내용은 다음과 같다.

1) 청원법에 의한 권리침해의 구제 또는 법령제정 등 요구행위

헌법 제26조에 의하면 모든 국민은 법률이 정하는 바에 의하여 국가기관에 문서로 청원할 수 있고, 청원법에 의하면 국민은 국가기관, 지방자치단체와 그 소속기관 및 법령에 의하여 행정권한을 가지고 있거나 행정권한을 위임 또는 위탁받은 법인·단체 또는 그 기관이나 개인에게(제3조), 피해의 구제, 공무원의 위법·부당한 행위에 대한 시정이나 징계의 요구, 법률·명령·조례·규칙 등의 제

---

64 이 법은 2015. 8. 11. 법률 제13459호로 전부개정되어 「민원 처리에 관한 법률」로 되었다. 이하 청탁금지법의 규정에도 불구하고 변경된 「민원 처리에 관한 법률」이라 한다.

정·개정 또는 폐지, 공공의 제도 또는 시설의 운영 및 그 밖에 국가기관 등의 권한에 속하는 사항에 한하여(제4조) 청원할 수 있다. 청원의 방법은 청원인의 성명을 기재하고 그 취지와 이유를 밝힌 문서로 하여야 하며(제6조), 감사·수사·재판·행정심판·조정·중재 등 다른 법령에 의한 조사·불복 또는 구제절차가 진행 중이거나, 허위의 사실로 타인으로 하여금 형사처분 또는 징계처분을 받게 하거나 국가기관 등을 중상모략하는 사항 또는 사인간의 권리관계 또는 개인의 사생활에 관한 사항이거나 청원인의 성명·주소 등이 불분명하거나 청원내용이 불명확한 때에는 적법한 청원으로 인정되지 않는다(제5조).

그러므로 청원은 법령·기준에서 정하는 절차·방법에 따라 요구하는 것에 한하여 예외적으로 허용되고, 절차와 방법이 적법한 청원인 한 그 내용에 청탁금지법 소정의 부정청탁에 해당하는 부분이 일부 포함되어 있더라도 부정청탁으로 되지 않는다.

2) 「민원 처리에 관한 법률」에 의한 구제·해결 등의 요구

「민원 처리에 관한 법률」에 의하면 개인·법인 또는 단체는 민원인으로서 행정기관에 대하여 처분 등 특정한 행위를 요구할 수 있고(제2조 제2호), 행정기관의 장은 정부시책이나 행정제도 및 그 운영의 개선에 관한 국민제안을 접수·처리하여야 하며(제45조) 그 중에 행정제도 및 운영의 개선을 요구하는 국민제안은 '건의민원'으로 인정된다(제2조 제1호), 「민원 처리에 관한 법률」에 의하여 민원인이 행정기관에 처분 등 특정한 행위를 적법하게 요구할 수 있는 "민원"은 구체적으로 일반민원과 고충민원으로 나뉜다. 일반민원에는 ① 법령·훈령·예규·고시·자치법규 등에서 정한 일정 요건에 따라 인가·허가·승인·특허·면허 등을 신청하거나 장부·대장 등에 등록·등재를 신청 또는 신고하거나 특정한 사실 또는 법률관계에 관한 확인 또는 증명을 신청하는 민원(법정민원), ② 법령·제도·절차 등 행정업무에 관하여 행정기관의 설명이나 해석을 요구하는 민원(질의민원), ③ 행정제도 및 운영의 개선을 요구하는 민원(건의민원), ④ 법정민원, 질의민원, 건의민원 및 고충민원 외에 행정기관에 단순한 행정절차 또는 형식요건 등에 대한 상담·설명을 요구하거나 일상생활에서 발생하는 불편사항에 대하여 알리는 등 행정기관에 특정한 행위를 요구하는 민원(기타민원)이 있다(제2조 제1호 가.목). 한편 고충민원이란 「부패방지 및 국민권익위원회의 설치와 운영에 관한 법률」 제2조 제5호에 따른 고충민원 즉, 행정기관등의 위법·부당하거나 소극적인 처분(사실행위 및 부작위를 포함한다) 및 불합리한 행정제도로 인하여 국민의 권리를 침해하거나 국민에게 불편 또는 부담을 주는 사항에 관한 민원(현역장병 및 군 관련 의무복무자의 고충민원을 포함한다)을 말한다(제2조 1호 나.목). 다시 말하면 민원이란 허가·인가·특허 등의 신청이나 등재·등록의 신청 또는 확인·증명의 신청 등 관계법령에 의한 각종 신청, 법령·제도·절차 등 행정업무에 관한 설명이나 해석 요구, 행정제도 및 운영의 개선요구, 기타 행정기관에 단순한 행정절차 또는 형식요건 등에 대한 상담·설명 등 특정행위를 요구하거나 행정기관등의 처분 및 행정제도로 권리를 침해하거나 불편 또는 부담을 주는 사항의 해결을 요구하는 것을 말한다. 이러한 민원 역시 법령·기준에서 정하는 절차·방법에 따라 제기하는 경우에 한하여 예외적으로 허용되는 것이고, 절차와 방법이 적법한 민원제기인 경우는 그 내용이 법령에 위반하는 부분이 있더라도 부정청탁으로 되지는 않는다. 적법한 민원제기는 그 내용에 관계없이 직무담당자의 처리를 요구하는 적법한 행위일 뿐 그 자체로 청탁이 되지는 않는다. 그러나 적법하게 민원을 제기한 후 그와 별도로 직무수행 공직자등이나 제3자를 통하여 법령에 위반하는 내용의 직무처리를 청탁하면 부정청탁이 되는 것이다. 예컨대, 법령에 위반되는 사항이 포함된 건축허가를 신청한 경우 그 신청에 대하여는 허가관청에서 법령에 정해진 요건에 따라 허가여부를 처리할 것이므로 신청 그 자체는 청탁으로 되지 않지만 그와 별도로 허가권자인 시장·군수나 허가업무 처리자인 담당과장·주무관에게 위법한 내용의 허가신청대로 허가업무를 처리하도록 청탁하는 행위는 부정청탁이 되는 것이다.

민원의 신청방법은 문서(전자문서를 포함한다)로 하여야 한다. 다만, 단순한 행정절차 또는 형식요건 등에 대한 상담·설명을 요구하거나 일상생활에서 발생하는 불편사항에 대하여 알리는 '기타민원'은 구술(口述) 또는 전화로 신청할 수 있고 (제8조), 민원인 또는 그 위임을 받은 사람이 직접 방문할 필요가 없는 민원은 팩스·인터넷 등 정보통신망(「전자정부법」 제2조 제10호에 따른 정보통신망을 말한다) 또는 우편 등으로 신청할 수 있다(동법 시행령 제5조). 그러기 때문에 서면으로 신청하지 않은 민원의 경우 부정청탁과 구분이 애매해진다. 위에서 본 바와 같이 민원의 내용에는 적법한 신청이나 요구뿐만 아니라 국민제안, 고충민원, 기타 행정기관에

불편사항에 대하여 특정행위를 요구하는 민원이 포함되는데 이러한 고충민원이나
특정행위의 요구에는 법령에 위반하는 내용이 포함될 여지가 많고 그 경우 담당
직무수행 공직자에게 구술 또는 전화로 민원을 제기하면 부정청탁과 구분이 모호
해질 수가 있다. 이러한 사정은 민원인이 직접 민원을 제기하는 경우뿐만 아니라
대리인을 통하여 제기하는 경우에도 마찬가지로 발생한다. 특히 대리인이 민원을
전달한다고 하는 것이 제3자의 부정청탁으로 되면 그 자체로 민원인뿐만 아니라
제3자까지 과태료의 제재를 받기 때문이다.

　아무튼 「민원 처리에 관한 법률」에 정하는 절차·방법에 따라 "특정한 행위를
요구하는" 적법·정당한 민원제기 형식을 갖춘다면 비록 내심의 의도는 부정청탁
을 하려는 것이더라도 부정청탁으로 취급되지 않는다. 그러나 이 경우에도 내심의
청탁 의사가 객관적으로 분명히 드러나 형식만 민원제기이고 사실상 부정청탁인
것이 분명하다면 부정청탁으로 평가되어 과태료의 제재를 받는다 할 것이다.

3) 행정절차법에 의한 특정한 행위의 요구

　행정절차법에는 행정청이 처분을 할 때 법령에 규정이 있거나 행정청이 필요
하다고 인정하는 경우 또는 인·허가 등의 취소처분, 신분·자격의 박탈처분, 법인
이나 조합 등의 설립허가취소처분 시 당사자의 신청이 있는 경우에는 청문을 하
게 되어 있고(제22조 제1항), 해당 처분의 영향이 광범위하여 널리 의견을 수렴할
필요가 있다고 행정청이 인정하는 경우 또는 법령에 규정이 있는 경우는 공청회
를 개최하게 되어 있으며(제22조 제2항), 그 외에 당사자에게 의무를 부과하거나
권익을 제한하는 처분을 할 때에는 당사자등에게 의견제출의 기회를 주어야 한
다(제22조 제3항). 한편 당사자등은 처분 전에 그 처분의 관할 행정청에 서면이나
말로 또는 정보통신망을 이용하여 의견제출을 할 수 있고(제27조), 예고된 입법안
에 대하여 의견제출 기간 내에 의견을 제출할 수 있으며(제44조), 행정청의 행정
지도가 있는 경우에도 상대방은 해당 행정지도의 방식·내용 등에 관하여 행정기
관에 의견제출을 할 수 있게 되어 있다(제50조). 이러한 법령에 의한 적법한 의견
제출의 기회에 표명하는 의견의 내용이 법령에 위반하더라도 부정청탁에는 해당
하지 않는다 할 것이다. 이러한 의견제출은 민원제기와 달리 법에 의견제출이 예
정 또는 보장되어 있기 때문에 절차와 방법에 위법이 없는 한 부정청탁에 해당할

가능성은 없다고 본다.

4) 국회법에 의한 특정한 행위의 요구

국회법에는 국회에 청원을 하려고 하는 자는 의원의 소개를 얻어 청원서를 제출하여야 하고, 청원서에는 청원자의 주소·성명(법인의 경우에는 그 명칭과 대표자의 성명)을 기재하고 서명·날인하여야 한다(제123조 제1·2항). 청원을 할 수 있는 사항에 관하여는 제한이 없으므로 법령에 적합하거나 법령에 위반하는 사항이라도 상관없고, 개인 또는 집단의 이해관계에 관한 주장 또는 구제·해결을 요구는 사항이거나 정책·제도에 관한 사항 또는 법령의 제정·개정·폐지에 관한 사항이라도 무방하다. 다만 재판에 간섭하거나 국가기관을 모독하는 내용이면 청원을 할 수 없고 국회는 이를 접수하지 아니한다(제123조 제3항).

5) 그 밖의 다른 법령·기준에 정한 절차·방법에 따른 요구

그 밖의 법령에 의하여 권리침해의 구제·해결을 요구하거나 특정한 행위를 요구하는 것에는 행정심판법에 의한 심판청구, 「부패방지 및 국민권익위원회의 설치와 운영에 관한 법률」에 기하여 국민권익위원회 또는 시민고충처리위원회에 고충민원 신청, 국세기본법·지방세기본법에 의한 조세심판 또는 심사청구 및 이의신청, 특허법에 의한 특허심판, 국가공무원법 등에 의한 소청심사, 「공익사업을 위한 토지 등의 취득 및 보상에 관한 법률」에 의한 수용재결에 대한 이의신청, 헌법재판소법에 의한 위헌여부심판·헌법소원심판 등이 이에 해당한다. 이러한 법령 이외에 전술한 바와 같이 공직자윤리법에 따른 공직유관단체, 공공기관 운영에 관한 법률에 따른 기관, 법령에 따라 설치된 각급 학교 및 학교법인, 「언론중재 및 피해구제 등에 관한 법률」에 따른 언론사 등의 규정·사규·기준에 정한 절차·방법에 따른 요구도 포함한다.

2. 공개적으로 특정한 행위를 요구하는 행위

공개적으로 공직자등에게 특정한 행위를 요구하는 행위(법 제5조 제2항 제2호). 같은 조항 제1호에 의하여 법령·기준에서 정한 절차·방법에 따라 공직자등에게

특정한 행위를 요구하는 행위는 아니지만 공개적으로 요구하는 것이라면 절차·
방법이 법령·기준에 규정된 바 없거나 법령·기준에 위반하더라도 이 규정에 의
하여 부정청탁으로 되지는 않는다. 이 법에서 정하는 부정청탁의 유형이 법령을
위반하여 어떤 행위를 하도록 청탁하는 것이므로 공개적으로 요구하는 행위의
내용이 법령에 위반하지 않으면 아예 부정청탁에 해당하지 않고 법령에 위반하
는 내용을 요구하는 경우에 비로소 이 규정이 적용된다. 그런데 공개적으로 요구
하는 특정한 행위의 내용은 부정청탁에 해당하는 업무에 관한 것이라면 아무런
제한 없이 모두 예외사유로 인정된다.

이 사유는 공개적으로 요구할 경우 공직자등의 직무수행의 공정성을 해할 우
려가 크지 않기 때문에 예외사유로 규정한 것으로 보인다. 공개적으로 요구한다
함은 불특정 다수인이 인식할 수 있는 상태를 의미한다. 예컨대 다중이 보는 공
개된 장소에서 요구하는 것뿐만 아니라 방송·언론·SNS·홈페이지 등을 통하거
나 공청회·좌담회·간담회·학술모임 등에서 요구하는 것도 모두 공개적으로 요
구하는 것에 해당한다.

3. 공익적 목적으로 고충민원을 전달하거나 법령·정책 등 제안 행위

선출직 공직자·정당·시민단체 등이 공익적인 목적으로 제3자의 고충민원을
전달하거나 법령·기준의 제정·개정·폐지 또는 정책·사업·제도 및 그 운영 등의
개선에 관하여 제안·건의하는 행위(법 제5조 제2항 제3호).

1) 예외적 행위의 주체

선출직 공직자·정당·시민단체 등이 여기서 말하는 예외적 청탁행위의 주체이다.
'선출직 공직자'라 함은 국회의원, 광역·기초자치단체장, 광역·기초의회 의원,
시·도교육감, 시·도교육위원회 교육의원 등이다. '정당'이라 함은 국민의 이익을
위하여 책임 있는 정치적 주장이나 정책을 추진하고 공직선거의 후보자를 추천 또
는 지지함으로써 국민의 정치적 의사형성에 참여함을 목적으로 하는 국민의 자발
적 조직으로서 정당법에 의하여 중앙당이 법정 시·도당과 법정당원수의 요건을 갖
추어 중앙선거관리위원회에 등록한 정당을 말한다. 한편 시민단체라 함은 「비영리

민간단체 지원법」에 의하여 등록된 민간단체가 대표적이다. 비영리민간단체로서 위 법에 의하여 등록되지는 않았더라도 그 사업의 직접 수혜자가 불특정 다수이고, 구성원 상호간에 이익분배를 하지 아니하고, 사실상 특정정당 또는 선출직 후보를 지지·지원할 것을 주된 목적으로 하거나 또는 특정 종교의 교리전파를 주된 목적으로 설립·운영되지 아니하는 등 그 실체가 등록된 단체와 같다면 이에 포함된다 할 것이다. 다만 법인 아닌 단체의 경우 정관과 대표자 또는 관리인이 있어야 한다.

그 외에 재단법인이나 사단법인으로서 사회 일반의 이익에 이바지하기 위하여 학자금·장학금 또는 연구비의 보조나 지급, 학술, 자선(慈善)에 관한 사업을 목적으로 하는 공익법인 뿐만 아니라 본부가 외국에 있고 본부의 지원으로 국내에서 보건사업, 교육사업, 생활보호사업, 재해구호사업 또는 지역사회개발사업, 그 밖의 사회복지사업을 하는 비영리 목적의 사회사업단체인 외국 민간원조단체 등도 포함된다.

그러나 만약 선출직 공직자인 국회의원 또는 시·도지사, 시·도교육감 등의 명의로 하는 것이 아니라 그 비서나 보좌관 등이 본직의 지시 내지 동의 없이 제3자의 고충민원을 전달하는 경우는 이 법에서 말하는 예외사유에 해당하지 않기 때문에 그 고충민원에 법령을 위반하는 내용이 포함되어 있으면 경우에 따라 부정청탁으로 될 수 있다. 정당이나 시민단체의 경우도 마찬가지로 정당이나 단체 명의로 대표자가 제3자의 고충민원을 전달하는 것이 아니라 정당 또는 단체의 간부가 개인적으로 한 행위일 경우는 예외사유에 해당하지 않는다.

2) 공익적 목적

선출직 공직자 등이 제3자의 고충민원을 전달하거나 법령·정책·제도 등의 개정·제안·건의 하는 행위가 공익적 목적에서 이루어져야 한다. '공익적 목적'이라 함은 일반적으로 '대한민국에서 공동으로 사회생활을 영위하는 국민 전체 내지 대다수 국민과 그들의 구성체인 국가사회의 이익'을 위한 목적을 의미하는 것으로 이해되나(헌법재판소 2013. 6. 27. 2011헌바75 결정 참조), 널리 국가·사회 기타 일반 다수인의 이익에 관한 것뿐만 아니라 특정한 사회집단이나 그 구성원 전체의 이익에 관한 것도 포함된다고 할 것이다(대법원 1993. 6. 22. 선고 93도1035 판결 참조). 이 경우 주관적으로 공공의 이익을 위한다는 목적이 있어야 하지만 오로지 공공의 이익만을 목적으로 한다고 제한적으로 해석할 이유는 없고, 부수적으로 사적 이익이 개재되어 있다 하더라도 공공의 이익을 위한 목적이 주된 동기가 되면 족하다고 할 것이다.[65] 나아가 공공의 이익을 위한 목적이 사적 이익보다 훨씬 우월하다면 공익적 목적이 있다고 인정하는 것이 타당하다 할 것이다(대법원 2004. 6. 25. 선고 2003도7423 판결 참조). 공익적 목적에서 제안·건의 등 행위를 하는 한 그로 인하여 특정 개인·법인 또는 단체가 혜택을 입게 되더라도 무방하다. 그러므로 선출직 공직자 또는 정당·시민단체의 행위라도 공익적 목적이 없는 경우는 예외사유에 해당하지 않고, 그 내용에 법령을 위반하는 것이 있으면 경우에 따라 부정청탁으로 될 수 있다. 유의할 것은 제3자의 개인적 고충민원 전달은 대부분 공익적 목적이 결여되어 부정청탁으로 될 가능성이 많다 할 것이다.

3) 예외로 인정되는 구체적 행위

부정청탁의 예외로 취급되는 구체적 행위는 제3자의 고충민원을 전달하거나 법령·기준의 제정·개정·폐지 또는 정책·사업·제도 및 그 운영 등의 개선에 관하여 제안·건의하는 행위이다. '고충민원'이라 함은 위에서 본 바와 같이 행정기관의 위법·부당하거나 소극적인 처분[사실행위 및 부작위를 포함한다] 및 불합리한 행정제도로 인하여 국민의 권리를 침해하거나 국민에게 불편 또는 부담을 주는 사항에 관한 민원을 의미한다(「민원 처리에 관한 법률」 제2조 제1호 나.목, 「부패방지 및 국민권익위원회의 설치와 운영에 관한 법률」 제2조 제5호). 위 행위주체가 정당·시민단체의 경우 대표자 또는 대표성을 갖는 자의 행위일 것을 요한다. 제3자의 고충민원을 전달하는 행위이므로 행위주체 자신의 고충민원을 전달하는 행위는 공익적 목적에서 하더라도 예외적 사유에 해당하지 않는다. 제안·건의 등 행위의 상대방은 원칙적으로 공직자등 직무수행자이고 직무와 관련된 공직자등의 소속기관이나 그 기관장에게 하는 것도 포함한다 할 것이다.

4. 기한 내 직무처리를 요청하거나 진행상황·결과 등을 묻는 행위

공공기관에 직무를 법정기한 안에 처리해 줄 것을 신청·요구하거나 그 진행상

---

65 이재상, 형법각론, 2010, 195면; 대법원 1993. 6. 22. 선고 93도1035 판결.

황·조치결과 등에 대하여 확인·문의 등을 하는 행위(법 제5조 제2항 제4호). 문언 해석상 이에 해당하는 행위는 이해당사자가 적법한 직무처리를 요청하거나 진행 경과 및 결과를 단순히 알아보는 행위로서 엄밀히 말하면 법령을 위반하는 내용 이 포함되어 있지 아니하여 부정청탁으로 될 소지가 없는 행위이다. 아래에서 보 는 바와 같이 이러한 예외사유를 군이 규정할 필요가 있는지 의문이다.

5. 직무 등에 관한 확인·증명 등을 신청·요구하는 행위

직무 또는 법률관계에 관한 확인·증명 등을 신청·요구하는 행위(법 제5조 제2항 제5호). 이에 해당하는 행위도 공직자등의 확인·증명 등 대외적·공식적인 직무수 행을 요청하는 것으로서 직무 또는 법률관계에 관하여 단순히 확인·증명을 요청 하는 것이기 때문에 법령을 위반하는 내용이 포함되어 있지 않다. 이해당사자의 확인·증명 신청 등이 법령에 정해진 절차와 방법에 따른 것이라면 적법한 권리행 사에 해당하는 것이고, 확인·증명을 신청·요구하는 것이 개별 법령에 정해지지 않은 경우에는 이해관계인의 단순한 민원제기에 해당하여 법령에 따라 처리하면 될 것이기 때문이다. 여기서 신청·요구하는 것은 공적 업무처리 방식에 의한 확 인·증명인데, 행정청에 처분을 구하는 신청이나 민원사항의 신청방법은 원칙적으 로 문서(전자문서를 포함한다)로 하여야 하며(행정절차법 제17조 및 「민원 처리에 관한 법 률」 제8조), 행정청이 처분을 할 때나 민원사항의 처리 결과를 민원인에게 통지할 때도 처분 담당자 또는 민원 처리 담당자의 소속·성명 및 연락처(전화번호, 팩스번호, 전자우편주소 등을 말한다)를 적은 문서(전자문서 포함)로 하여야 함이 원칙이기 때문에 (행정절차법 제24조, 「민원 처리에 관한 법률」 제27조 및 동법 시행령 제31조) 사적으로 또는 은밀히 확인하거나 알려줄 것을 요청하는 것은 이에 해당하지 않는다.

만약 요청하는 내용이 직무상 비밀에 속하는 것이라면 적법하게 거부하면 될 것이고, 누설이 금지된 직무상 비밀에 관하여 확인·요청하였다고 하여 이를 '비 밀누설금지규정'을 위반하여 직무수행 할 것을 부정청탁하였다고 볼 것은 아니 다. 요청에 의하여 확인·증명을 한 내용에 누설이 금지된 직무상 비밀이 포함되 어 있어서 누설자가 법령에 의하여 처벌받게 된다 하더라도 그 확인·증명을 요 청한 행위를 청탁이라고 하기는 어렵다고 본다. 결론적으로 이 예외사유에 해당하는 행위도 부정청탁으로 될 소지가 없는 행위라 할 것이다.

6. 직무에 관한 법령·절차 등에 대한 설명·해석을 요구하는 행위

질의 또는 상담형식을 통하여 직무에 관한 법령·제도·절차 등에 대하여 설명이나 해석을 요구하는 행위(법 제5조 제2항 제6호). 이에 해당하는 행위는 직무에 관한 법령·제도·절차 등에 대하여 설명이나 해석을 요구하는 행위이기 때문에 법령을 위반하는 내용이 포함되어 있지 아니하다. 특히 행정절차법 제5조는 "행정작용의 근거가 되는 법령등의 내용이 명확하지 아니한 경우 상대방은 해당 행정청에 그 해석을 요청할 수 있다. 이 경우 해당 행정청은 특별한 사유가 없으면 그 요청에 따라야 한다"고 규정하고 있어 위 예외사유에 해당하는 행위를 법적 권리로 보장하고 있다. 즉 이 예외사유는 법적으로 보장된 행위를 규정한 것이나 다름없다. 설명이나 해석은 공직자등의 자유로운 직무의사와 판단에 의한 것을 의미하고 혹시 공직자등의 설명이나 해석에 법령을 위반하는 내용이 포함되어 있다 하더라도 이는 설명·해석을 요청하는 행위와 별개의 문제다. 만약 법령을 위반하는 내용으로 설명·해석해줄 것을 요구한다면 이는 위 예외사유에 해당한다고 볼 수 없다. 그러므로 이러한 행위도 부정청탁의 예외사유로 규정할 필요가 있는지 의문이다.

6-1. 청탁금지법 제5조 제2항 제4·5·6호 예외사유의 필요성

위에서 본 법 제5조 제2항 제4·5·6호 예외사유는 당초 2012. 8. 청탁금지법 입법예고안의 부정청탁 예외사유 제1·2·3호로 규정되었던 것인데 2013. 8. 국회에 제출된 정부입법안에는 삭제되었다가 국회 정무위원회 입법과정에서 다시 들어가 입법화 된 것이다. 위 예외사유들이 입법예고안에 들어간 것은 이해할만 하다. 당시 부정청탁의 개념정의는 이해당사자등 또는 제3자는 "특정직무를 수행하는 공직자등에게 부정청탁을 하여서는 아니 된다"고만 규정하여 부정청탁의 개념이 불명확하였기 때문에 위와 같은 사유를 부정청탁의 예외로 규정할 필요성이 있었다고 보인다. 한편 정부입법안은 부정청탁의 개념을 "누구든지 직접 또는 제3자를 통하여 공직자에게 부정청탁을 해서는 아니 된다"고 입법예고안과

거의 동일하게 규정하였음에도 불구하고 위와 같은 예외사유를 두지 않았다. 그런데 국회 입법과정에서 부정청탁의 개념이 불명확하다는 비판에 따라 부정청탁을 15개로 상세하게 유형화 하여 명확히 규정하면서 모든 유형의 부정청탁이 법령을 위반하거나 법령에 따라 부여 받은 지위·권한을 벗어나는 것을 내용으로 하게 되었다. 그러므로 현행 청탁금지법에서는 법령을 위반하는 것을 내용으로 하지 않는 청탁행위는 부정청탁에 해당할 염려가 없기 때문에 법령을 위반하는 내용이 없는 위 각 예외사유를 부정청탁의 예외사유로 규정할 필요는 없어졌다 할 것이다. 더구나 이 법 제5조 제2항 제1호에 의하여 「민원 처리에 관한 법률」에서 정하는 절차·방법에 따른 민원제기를 예외적으로 허용되는 행위라고 규정하고 있는데, 「민원 처리에 관한 법률」의 전부개정으로 예외사유 제5호와 같은 특정한 사실 또는 법률관계에 관한 확인 또는 증명을 신청하는 민원(법정민원)과 예외사유 제6호와 같은 법령·제도·절차 등 행정업무에 관하여 행정기관의 설명이나 해석을 요구하는 민원(질의민원)을 제기하는 것이 법적으로 보장되어 있기 때문에 같은 조항에서 중복하여 규정하는 셈이 되었다. 입법 정비가 필요하다고 본다.

7. 사회상규에 위배되지 아니하는 행위

그 밖에 사회상규에 위배되지 아니하는 것으로 인정되는 행위(법 제5조 제2항 제7호). "사회상규에 위배되지 아니하는 행위"는 형법 제20조에 "법령에 의한 행위 또는 업무로 인한 행위 기타 사회상규에 위배되지 아니하는 행위는 벌하지 아니한다"고 규정되면서 위법성 조각사유로 거론되는 개념으로 국가질서의 존중이라는 인식을 바탕으로 한 국민일반의 건전한 도의적 감정에 반하지 아니한 행위(대법원 1983. 11. 22. 선고 83도2224 판결) 또는 극히 정상적인 생활형태의 하나로서 역사적으로 생성된 사회생활질서의 범위 안에 있는 것이라고 생각되는 경우(대법원 1983. 2. 8. 선고 82도357 판결)로 이해되기도 하였으나 지금은 대체로 "법질서 전체의 정신이나 그의 배후에 놓여 있는 사회윤리 도의적 감정 내지 사회통념에 비추어 용인될 수 있는 행위를 말하는 것"으로 이해되고 있다(대법원 2009. 12. 24. 선고 2007도6243 판결, 2004. 6. 10. 선고 2001도5380 판결, 헌법재판소 2006. 7. 27. 2005헌마

1189 결정 등). '사회상규에 위배되지 아니하는 행위'는 추상적이고 포괄적이기 때문에 어떠한 행위가 사회상규에 위배되지 아니하는가는 구체적 사정 아래에서 합목적적 합리적으로 고찰하여 개별적으로 판단되어야 한다. 즉 행위의 동기나 목적, 행위의 수단이나 방법이 사회 일반의 윤리의식이나 통념에 어긋나는지 여부, 직무수행 공직자등과의 관계, 직무수행의 공정성과 이에 대한 사회적 신뢰를 해할 우려 등을 종합적으로 고려하여 판단하여야 한다.

제 4 절   공직자등의 부정청탁에 따른 직무수행의 금지

부정청탁을 받은 공직자등은 그에 따라 직무를 수행해서는 아니 된다(법 제6조). 공직자등에는 공무수행사인도 포함한다(법 제22조 제2항 제1호).

1. 부정청탁을 받은 공직자등

부정청탁에 따라 직무를 수행해서는 아니 되는 주체는 부정청탁을 받은 공직자등이다. 공직자등이 청탁대상 업무를 직무로 수행하면 족하고 반드시 직무에 관한 적법한 결정권한이 있어야 하는 것은 아니다. 직무로 수행한다 함은 법령·기준(이 법 제2조 제1호의 공공기관의 규정·사규·기준을 포함한다)에 의하여 직무로 정해진 업무를 처리하는 것을 의미한다. 정부 또는 공공기관에서 행정행위 등의 주체는 통상 기관장이기 때문에 기관장의 보조자로서 직무수행을 하는 자는 결정권한은 없지만 사실상 업무를 수행하고 부정청탁도 받을 수 있기 때문이다. 직무수행의 정상적인 결재선상에 있는 자는 모두 직무수행자라고 봐야 하고, 직무수행자가 수인일 경우에는 각자 행위의 주체로 된다. 그러나 직무수행자가 아닌 한 모두 직무수행자에게 청탁하는 제3자에 해당할 뿐이다. 사실상 업무처리 또는 보조자일 경우에는 직무수행자에 해당하지 않는다. 또한 위 '공직자등'에 공무원이 될 자, 공적 업무에 종사할 자 또는 공무수행사인으로 될 자는 포함되지 않는다. 예컨대 선거직 공무원에 당선된 자 또는 공무상 심의·평가위원으로 내정된 자가 부정청탁을 받은 후 공직에 취임하거나 공무수행사인으로 되어 부정청탁에 따른 직무를 수행하여도 본 법에 의하여 처벌되지는 않는다. 물론 금품등을 받거나 다른 법에 의하여 처벌될 수 있음은 별론으로 한다.

2. 부정청탁에 따른 직무수행

부정청탁에 따라 직무를 수행한다는 것은 법령에 위반하는 행위를 한다는 것을 의미한다. 직무행위 그 자체뿐만 아니라 그와 관련 있는 행위도 포함한다. 그렇지만 직무행위 또는 그와 관련이 있는 행위가 아닌 다른 행위에 법령위반이 있더라도 본 규정에 저촉되지는 않는다. 법령위반의 행위태양에는 제한이 없다. 적극적으로 법령에 위반되는 행위를 하는 작위뿐만 아니라 법령에 의하여 당연히 해야 할 행위를 하지 않는 부작위도 포함한다.

이에 위반하여 부정청탁에 따라 직무를 수행하면 2년 이하의 징역 또는 2천만원 이하의 벌금에 처한다(법 제22조 제2항). 부정청탁에 따른 직무수행은 이른바 불법가중적 구성요소는 아니다. 형법상 뇌물을 수수·요구 또는 약속한 공무원이 그 후에 부정행위를 하는 '수뢰후부정처사죄'와 같이 일단 죄가 성립된 이후에 가중처벌하기 위한 구성요소가 아니기 때문이다. 즉 공직자등은 아래에서 보는 바와 같이 부정청탁을 받고 거절의 의사를 명확히 표시하고, 거듭된 부정청탁이 있을 경우 기관장에게 신고하여야 할 의무는 있으나 그 의무에 위반하더라도 징계처분을 받을 수 있을 뿐 형사처벌을 받지는 않기 때문이다(법 제21조).

상급자가 부정청탁을 받고 하급자의 직무수행에 영향을 미쳐서 부정청탁에 따른 직무수행이 있은 경우에는 상급자 자신이 직접 직무수행자로서 이 법 제6조(부정청탁에 따른 직무수행 금지) 규정 위반으로 형사처벌 되고, 하급자는 사정에 따라 공범으로 형사처벌을 받거나 별도의 징계처분을 받을 수도 있다. 하급자의 처리는 상급자의 위법한 직무명령에 대한 복종의무의 한계와 복종하였을 경우 형사·징계책임의 문제로 귀착한다(대법원 1988. 2. 23. 선고 87도2358 판결, 1967. 2. 7. 선고 66누168 판결). 한편 청탁은 있었으나 법령을 위반하는 내용이 포함되지 않은 경우는 부정청탁으로 되지 않고, 그 경우 정상적인 업무처리에 의하여 청탁한 내용과 동일한 업무처리 결과가 있더라도 부정청탁에 따른 직무수행이라고 할 수 없다.

3. 부정청탁에 따른 직무수행의 의미와 관련한 문제

법 제6조와 관련하여 제5조 제1항의 일부 부정청탁 유형의 경우 부정청탁에 따른 직무수행이 무엇인지 의문이 생길 수 있다.

즉 법 제5조 제1항 제6호의 경우 부정청탁은 "직무상 비밀을 … 누설하도록 하는 행위"이고, 법 제22조 제2항은 "제6조를 위반하여 부정청탁을 받고 그에 따라 직무를 수행한 공직자"를 처벌한다. 그러면 제6호 부정청탁의 경우 '청탁에 따른 행위'는 직무상 비밀을 누설하는 것이라 할 것인데 비밀누설 행위가 '청탁에 따른 직무수행' 그 자체는 아니기 때문이다. 이 경우 법 제6조 위반을 이유로 제22조 제2항에 의하여 처벌할 수 있을 것인가? 제22조 제2항에서 말하는 직무를 수행한다는 것은 직무수행 그 자체뿐만 아니라 그와 관련된 행위도 포함한다고 할 것이므로 직무상 비밀을 누설하는 행위는 직무와 관련된 행위로서 제6조 및 제22조 제2항에서 말하는 직무수행에 포함된다고 할 것이다. 따라서 제6호의 부정청탁에 따라 직무상 비밀을 누설하는 행위는 법 제22조 제2항에 의하여 처벌할 수 있다.

다음으로 법 제5조 제1항 제3호의 경우 부정청탁은 인사에 관하여 "개입하거나 영향을 미치도록 하는 행위"이므로 청탁에 따른 행위는 인사에 개입하거나 영향을 미치는 행위인데 이는 직무수행자가 하는 행위가 아니고 인사업무 그 자체도 아니라 할 것이다. 제3호의 청탁만으로는 인사업무를 직접 담당하는 공직자등이 부정청탁을 받았다고 하기 어렵고, 또한 부정청탁이란 "직무를 수행하는 공직자등에게" 하는 것이라는 법 제5조 제1항 본문의 정의규정과도 맞지 않는다. 예컨대 제3호의 부정청탁을 받은 공직자등이 청탁에 따라 인사에 개입하거나 영향을 미치려고 하였으나 담당 직무수행자가 불응한 경우에 부정청탁에 따른 행위는 있지만 부정청탁에 따른 직무수행은 없는 상황이 된다. 이러한 불합리는 앞에서 본 바와 같이 제3호의 부정청탁유형의 규정형식이 잘못된 결과이다. 제3호의 규정에 의하더라도 부정청탁을 받은 공직자등이 인사에 개입하거나 영향을 미침으로써 결국 인사업무가 부정청탁의 내용과 같이 처리되었다면 인사담당 공직자등은 부정청탁에 따라 직무를 수행한 것으로 되어 처벌받는 것은 물론이다.

법 제5조 제1항 제8호의 경우도 제3호와 마찬가지로 "개입하거나 영향을 미치도록 하는 행위"를 부정청탁의 유형으로 규정하고 있으므로 제3호에 대한 비판이나 결과가 그대로 적용된다. 제3호와 제8호의 경우 다른 부정청탁 유형과 동일한 규정형식으로 개정함이 바람직하다고 본다.

제 5 절 부정청탁의 신고 및 처리

1. 부정청탁의 거절의무

우선 공직자등은 부정청탁을 받았을 때에는 부정청탁을 한 자에게 부정청탁임을 알리고 이를 거절하는 의사를 명확히 표시하여야 한다(법 제7조 제1항). 공직자등이 이에 위반하였을 경우 징계처분을 받을 수는 있지만 형벌이나 과태료 등의 제재를 받지는 않는다.

2. 소속기관장에게 신고의무

1) 공직자등은 부정청탁자에게 부정청탁임을 알리고 이를 거절하는 의사를 명확히 표시하였음에도 불구하고 동일한 부정청탁을 다시 받은 경우에는 이를 소속기관장에게 서면(전자문서를 포함한다. 이하 같다)으로 신고하여야 한다(법 제7조 제2항). 청탁을 한 자가 그 청탁이 부정청탁이고 공직자등으로부터 거절한다는 명확한 의사표시를 받았음에도 불구하고 부정청탁을 다시 한 경우에는 원래의 청탁자와 다른 제3자로부터 동일한 부정청탁을 받았더라도 청탁대상 업무의 '직접 이해당사자를 기준으로' 동일성 여부를 판단하여 기본적으로 동일한 청탁이라 인정되면 신고하여야 할 것이다.

2) 공직자등은 부정청탁에 관한 신고를 감독기관·감사원·수사기관 또는 국민권익위원회에도 할 수 있다.

3) 2016. 5. 13. 입법예고된 「부정청탁 및 금품등 수수의 금지에 관한 법률 시행령(안)」(이하 '법 시행령 입법예고안'이라 한다)에 의하면 부정청탁의 신고에는 신고자의 인적사항, 신고의 취지 및 이유, 부정청탁을 한 자의 인적사항, 부정청탁의

내용 등 신고의 내용이 포함되어야 하고, 신고를 하려는 공직자등은 신고내용을 입증할 수 있는 증거를 확보한 경우에는 이를 함께 제출하여야 한다(법 시행령 입법예고안 제3조).

3. 소속기관장의 조사·확인 및 조치 의무

1) 부정청탁을 받은 공직자등으로부터 신고를 받은 소속기관장은 신고의 경위·취지·내용·증거자료 등을 조사하여 신고 내용이 부정청탁에 해당하는지를 신속하게 확인하여야 한다.

2) 소속기관장은 부정청탁이 있었던 사실을 알게 된 경우 또는 부정청탁에 관한 신고·확인 과정에서 해당 직무의 수행에 지장이 있다고 인정하는 경우에는 부정청탁을 받은 공직자등에 대하여 직무 참여 일시중지, 직무 대리자의 지정, 전보, 그 밖에 국회규칙, 대법원규칙, 헌법재판소규칙, 중앙선거관리위원회규칙 또는 대통령령으로 정하는 조치를 할 수 있다. '법 시행령 입법예고안'에 의하면 소속기관장이 할 수 있는 조치는 직무공동수행자의 지정 또는 사무분장의 변경이고 이러한 조치 및 직무 참여 일시중지, 직무 대리자의 지정 등의 조치를 통해 목적을 달성할 수 없는 경우에 한하여 전보 조치를 할 수 있다(동 입법예고안 제4조).

기관장이 조치를 "할 수 있다"고 규정하여 조치여부가 재량행위로 해석될 여지도 있지만 직무수행에 지장이 있다고 인정하는 경우에는 위 각 조치 중에 적당하다고 판단되는 것을 선택하여 반드시 조치하여야 한다고 해석함이 타당하다.

3) 소속기관장은 공직자등이 다음 각 호의 어느 하나에 해당하는 경우에는 위와 같이 조치하여야 함에도 불구하고 그 공직자등에게 직무를 수행하게 할 수 있다. 이 경우 청탁금지법 제20조에 따라 지정된 소속기관의 부정청탁 금지 등을 담당하는 담당관 또는 다른 공직자등으로 하여금 그 공직자등의 공정한 직무수행 여부를 주기적으로 확인·점검하도록 해야 한다(법 제7조 제5항).

> 1. 직무를 수행하는 공직자등을 대체하기 지극히 어려운 경우
> 2. 공직자등의 직무수행에 미치는 영향이 크지 않는 경우
> 3. 국가의 안전보장 및 경제발전 등 공익증진을 이유로 직무수행의 필요성이 더 큰 경우

4) 소속기관장은 다른 법령에 위반되지 아니하는 범위에서 부정청탁의 내용 및 조치사항을 해당 공공기관의 인터넷 홈페이지 등에 공개할 수 있다(법 제7조 제7항).

5) 그 외에 부정청탁의 신고·확인·처리 및 기록·관리·공개 등에 필요한 사항은 대통령령으로 정한다(법 제7조 제8항).

6) 소속기관장이 공개여부를 결정함에 있어서는 법 제5조 제1항을 위반하여 과태료 부과를 받았는지 여부, 법 제6조를 위반하여 유죄판결 또는 기소유예처분을 받았는지 여부, 그 밖에 부정청탁 예방 효과의 달성을 위해 공개할 필요가 있는지 여부를 고려하여야 하고, 공개는 부정청탁에 대한 조사·재판 등의 처리절차가 종료된 날로부터 3개월 이내에 해당 공공기관의 인터넷 홈페이지에 게재하는 방법으로 한다. 공개하는 부정청탁의 내용 및 조치사항에는 부정청탁의 일시, 목적, 유형, 소속 부서, 법 제7조 제4항 각 호의 조치 및 부정청탁에 따른 제재 내용 등이 포함될 수 있다(법 시행령 입법예고안 제5조). 인터넷 홈페이지에 공개하는 기간에 대하여는 아무런 규정이 없다.

제3장 금품등의 수수금지

제1절 금품등의 수수가 금지되는 주체

1. 공직자등

공직자등은 직무와 관련 여부를 불문하고 일정 금액을 초과하는 금품등을 받거나 요구 또는 약속해서는 아니 되고(법 제8조 제1항), 직무와 관련하여서는 대가성 여부를 불문하고 금품등을 받거나 요구 또는 약속해서는 아니 된다(법 제8조 제2항).

2. 공직자등의 배우자

공직자등의 배우자는 공직자등의 직무와 관련하여 공직자등에게 수수가 금지되는 금품등을 받거나 요구 또는 약속해서는 아니 된다(법 제8조 제4항). 배우자는 법률혼 관계에 있는 배우자를 말함이 원칙이고 사실혼 관계에 있는 배우자는 포함되지 않는다고 해석된다. 이 법에 의하여 배우자가 처벌되거나 제재를 받는 것은 아니지만 배우자의 행위로 인하여 공직자등이 결과적으로 처벌되는 경우가 생기기 때문에 이에 관한 해석은 엄격히 할 수밖에 없다. 배우자와 관련한 처벌규정으로는 형법상 배우자의 직계존속에 대한 존속살해죄, 존속상해죄, 존속중상해죄, 존속폭행죄가 있는데 그 경우 배우자는 보통의 살인죄·상해죄·중상해죄·폭행죄보다 중하게 처벌되는 위법가중적 요소이므로 엄격히 해석하여야 하기 때문에 법률상 배우자만 해당된다고 보는 것은 당연하다. 그 외에 배우자와 관련 있는 것으로 직계존속이 범하는 영아살해죄가 있는데, 영아살해죄의 경우 직계존속이란 신분은 보통살인죄에 비하여 형이 감경되는 감경적 요소이기 때문에 직계존속은 법률상 직계존속뿐만 아니라 사실상 직계존속도 포함한다는 것이 학계의 이론 없는 통설이다.[66] 그러나 판례는 이 경우에도 엄격하게 해석하여 직계존속을 법률상의 직계존속에 한하는 것으로 보고 사실상 동거관계에 있는 남녀 사이에 영아가 분만되어 그 남자가 영아를 살해한 경우에는 영아살해죄가 아니라 보통살인죄가 성립한다고 하였다(대법원 1970. 3. 10. 선고 69도2285 판결). 그러나 청탁금지법이 공직자 등의 공정한 직무수행을 보장하고 공공기관에 대한 국민의 신뢰를 확보하는 것을 목적으로 하고 공직자등에 대한 처벌 또는 제재만 가하기 때문에 공직자등을 중심으로 판단하여 그와 사회적으로 밀접한 혼인관계를 형성하고 있다면 그 혼인관계가 법률상이든 사실상이든 달리 취급할 이유가 없어 보인다. 그렇다고 입법취지를 고려하여 사실혼 배우자를 시행령에 규정하는 것은 죄형법정주의원칙상 허용될 수 없으므로 향후 법 개정 시에 반영할 필요가 있다고 생각한다. 그리고 단순히 내연관계에 있거나 일시적 동거관계에 있는 자는 사실혼 배우자에도 해당하지 아니한다.

공직자등의 배우자는 "공직자등의 직무"와 관련하여 금품등을 수수하는 것만 금지되어 있고 공직자등의 직무와 관련이 없으면 아무런 제한이 없다. 또한 행위 당사자인 공직자등의 배우자는 이 법에 위반되는 행위를 하더라도 아무런 처벌 또는 제재를 받지 아니한다. 다만 해당 공직자등이 이러한 사실을 알고도 신고하지 않았을 때 금액의 다과에 따라 형사처벌 또는 과태료의 제재를 받는다(법 제22조 제1항 제2호, 제23조 제5항 제2호).

3. 공무수행사인

공무수행사인은 금품등 수수와 관련하여 공직자등에 관한 규정이 준용되고(법

---

66 이재상, 형법각론, 2010, 29면; 김일수, 형법각론, 1996, 33면.

제11조), 자신의 배우자가 수수 금지 금품등을 받거나 요구하거나 약속한 사실을 알고도 신고하지 아니하면 공직자등과 마찬가지로 직무관련성 여부에 따라 형사처벌 또는 과태료의 제재를 받는다(법 제22조 제1항 제2호, 제23조 제5항 제2호).

4. 공무수행사인의 배우자

공무수행사인의 배우자에 대하여는 공직자등의 배우자에 대한 금품등의 수수금지 규정(법 제8조 제4항)과 같은 직접 금지규정이 없으나 법 제11조에 의하여 공직자등에 관한 규정이 공무수행사인에게도 준용되므로 결과적으로 공무수행사인의 배우자에게도 금지규정이 준용된다(법 제11조 제2항). 공무수행사인의 배우자가 법에 위반되는 행위를 하더라도 아무런 제재를 받지 아니하는 것은 공직자등의 배우자와 같다.

5. 일반 국민

대한민국 국민은 누구든지 공직자등(공무수행사인을 포함한다) 또는 그 배우자에게 수수가 금지된 금품등을 제공하거나 제공의 약속 또는 의사표시를 하여서는 아니 된다(법 제8조 제5항, 제11조 제2항). 대한민국의 영토 내 또는 법률이 적용되는 구역에 있는 외국인도 마찬가지다.

제 2 절　수수가 금지되는 '금품등'

1. 직무와 무관한 '금품등'

1) 청탁금지법에서 공직자등에게 직무와 상관없이 수수·요구 및 약속을 금지하고 있는 '금품등'은 기부·후원·증여 등 그 명목에 관계없이 동일인으로부터 1회에 100만원 또는 매 회계연도에 300만원을 초과하는 금품등이다(법 제8조 제1항). 위 규정에 위반하여 1회 100만원 이상 또는 매 회계연도 300만원을 초과하

는 금품을 받은 공직자등은 3년 이하의 징역 또는 3천만원 이하의 벌금에 처한다(법 제22조 제1항). 위 공직자등에는 공무수행사인도 포함된다(법 제11조, 제22조 제1항 제1호).

2) 공직자등의 배우자는 공직자등과 달리 자신의 공적 직무가 없기 때문에 원칙적으로 직무와 무관하다. 그러므로 이 규정은 원칙적으로 적용되지 않는다. 공직자등의 배우자 자신이 공직자등일 경우는 배우자의 지위에서가 아니라 본인의 지위에서 이 규정이 적용될 뿐이다. 공무수행사인의 배우자도 마찬가지다.

2. 직무와 관련 있는 '금품등'

1) 공직자등은 직무와 관련하여 대가성 여부를 불문하고 제1항에서 정한 금액 이하의 금품등을 받거나 요구 또는 약속해서는 아니 된다(법 제8조 제2항). 여기서 말하는 '제1항에서 정한 금액'은 1회에 100만원 또는 매 회계연도에 300만원이므로 100만원 이하의 금품등을 직무와 관련하여 수수하면 곧바로 이 규정에 저촉된다. 그 금액의 하한은 규정이 없다. 그러나 완전히 법 해석에 맡겨진 부분은 아니다.

2) 법 제8조 제3항에서 예외규정을 두고 있는데 그 중 제2호 "원활한 직무수행 … 의 목적"으로 제공되는 "음식물, 경조사비, 선물 등으로서 대통령령으로 정하는 가액의 범위 안의 금품등"은 수수를 금지하는 금품등에 해당하지 아니하므로 장차 대통령령으로 예외를 정하는 금액이 확정되면 그 금액을 초과하는 부분이 금지되는 것으로 확정된다. 이와 관련하여 '법 시행령 입법예고안' 제6조 별표1에 의하면 원활한 직무수행이나 사교·의례 또는 부조의 목적으로 제공되는 금품으로 우리 사회가 허용할만한 최소한의 가액기준을 음식물은 3만원, 선물은 5만원, 경조사비는 10만원으로 설정하고 있다. 동 입법예고안은 40일간의 입법예고 기간(5월 13일~6월 22일)동안 이해관계자, 관계 부처, 전문가 등의 의견을 충분히 수렴한 후 법제처 심사 등 정부입법절차를 거쳐 시행령으로 확정되므로 향후 수정 가능성은 있다.

그 외에 원활한 직무수행의 목적이 아니라도 법 제8조 제3항 제8호 소정의 "그 밖에 다른 법령·기준 또는 사회상규에 따라 허용되는" 정도의 금품등은 수수금지 금품등에 해당하지 않는데「공무원 행동강령」제14조 및 그에 따른「공직자 행동강령 운영지침」(국민권익위원회예규 제65호) 제12조에 의하면 '행정기관의 장은 행동강령에서 규정하고 있는 "통상적인 관례의 범위"를 3만원을 초과하지 않는 범위에서 구체적으로 정하여야' 하므로 3만원을 초과하지 않는 범위에서의 '음식물 또는 편의'는 일반 직무관련자로부터 받더라도 이 법에 저촉되지 않는다. 그러나「공무원 행동강령」에 의하더라도 일반 직무관련자로부터 '금전이나 선물'을 수수하는 것은 금지되므로(「공무원 행동강령」제14조 본문) 금전이나 선물의 경우 3만원 이하라도 다시 사회상규에 따라 허용되는지를 가려서 금지여부를 판단하여야 할 것이다. 다만 청탁금지법에서 수수가 허용되는 금품등의 가액이 시행령으로 확정되면「공무원 행동강령」의 "통상적인 관례의 범위"도 그에 따라 변경될 가능성이 있다. 일반 민원인이 아니라 공무원인 직무관련자로부터는 통상적인 관례의 범위인 3만원 이하라면 음식물과 편의뿐만 아니라 선물을 수수하는 것까지 허용되므로 이 법 적용에도 그에 준하여 생각하면 될 것이다.

  3) 직무와 관련 있는 금품등을 1회만 수령하여도 예외 사유에 해당하지 않는 한 이 법에 저촉되나 1회 100만원 또는 매 회계연도 300만원 이하의 금액 상당이면 법 제8조 제1항에는 저촉되지 않고 법 제8조 제2항 위반으로 법 제23조 제5항에 의하여 수령한 금품등 가액의 2배 이상 5배 이하의 과태료 제재만 받을 뿐 형사처벌을 받지는 않는다. 물론 그 자체로 형법상 뇌물죄 등 다른 법률에 저촉되는 것은 별개의 문제다. 그리고 정치자금, 선거자금, 성금 등의 명목으로 이루어진 금품의 수수라 하더라도, 그것이 정치인인 공무원의 직무행위에 대한 대가로서의 실체를 가지는 한 뇌물로서의 성격을 잃지 아니한다고 할 것이다.

  4) 공직자등(공무수행사인 포함)의 배우자는 자신의 고유한 직무가 없으므로 금품등을 받는 것이 금지되지 않고, 공직자등의 직무와 관련이 있을 경우에만 금품등의 수수가 금지된다. 그러므로 공직자등의 배우자가 일단 공직자등의 직무와 관련 있는 금품등을 수수·요구 또는 제공받기로 약속하고 그 공직자등이 이를 알고 신고하지 않는다면 금품등의 가액이 1회 100만원 또는 매 회계연도 300만원을 초과하였는지 여부를 불문하고 이 법에 저촉된다.

제 3 절 예외적으로 허용되는 '금품등'

공직자등은 외부강의 등에 관한 사례금 중 일정부분이나 또는 청탁금지법 제8
조 제3항 소정의 예외사유에 해당하는 금품등의 경우에는 그 수수가 금지되지 않
는다.

1. 외부강의등에 관한 사례금

1) 청탁금지법은 공직자등이 제10조의 외부강의등에 관한 사례금을 수수하는
것은 금지하지 않고 있다(법 제8조 제3항). 여기서 말하는 '제10조의 외부강의등에
관한 사례금'이란 공직자등이 '자신의 직무와 관련되거나 그 지위·직책 등에서
유래되는 사실상의 영향력을 통하여 요청받은 교육·홍보·토론회·세미나·공청
회 또는 그 밖의 회의 등에서 한 강의·강연·기고 등(이하 "외부강의등"이라 한다)의
대가로서 대통령령으로 정하는 금액을 초과하지 않는 사례금'을 뜻한다. 예외적
으로 허용되는 사례금액은 추후 대통령령에 의하여 구체화 될 것이다. 대통령령
으로 정하는 금액을 초과하는 사례금에 대하여는 외부강의등의 대가 명목으로
수령하더라도 예외로 취급되지 아니하고 수수가 금지되는 금품등을 수령한 것으
로 된다. 대통령령에서 정하는 금액을 초과하여 대가를 수령한 경우 어디까지를
수수가 금지된 금품등으로 볼 것인가? 대통령령에서 정하는 금액까지는 정당한
대가로 인정되기 때문에 초과하는 부분만을 금지된 금품등으로 볼 것이다. 청탁
금지법에서도 초과하는 사례금을 받은 경우에는 소속기관장에게 신고하고 그 초
과금액을 지체 없이 반환하여야 한다고 하고 있다(법 제10조 제5항).

대통령령으로 정하는 사례금 기준금액을 초과하지 않는 한 직무와 관련이 있
어도 상관없고 사실상의 영향력을 통하여 요청받아도 상관없으며 총액이 법 제8
조 제1항에서 정하는 1회 100만원 또는 매 회계연도 300만원을 초과하여도 상
관없다.

2) 그렇다면 공직자등의 직무와 관련이 없거나 그 지위·직책 등에서 유래되는
사실상의 영향력을 통하지 않고 요청받은 외부강의등의 대가는 어떻게 되는가?

예컨대 공직자등이 직무나 지위·직책과 무관한 개인적으로 특정 분야에 대한 연구, 지식, 경험 등을 이유로 요청받고 강의·강연·기고 등을 한 경우의 문제이다. 이러한 사례금은 원칙적으로 법 제10조의 외부강의등에 관한 사례금에는 해당하지 않는다. 공직과 무관한 사적 영역에서의 금품등 수수 관계이기 때문에 공직과 관련 있는 외부강의등에 대한 사례금 제한규정이 아니라 일반적인 금품등의 수수 금지규정이 적용된다. 따라서 대통령령이 정하는 기준금액을 초과하여 사례금을 받더라도 법 제10조 제1항의 사례금 수수 금지규정이 적용되지 않고, 신고 및 초과부분 반환의무도 없다.

그러면 그와 같은 사례금은 제8조 제3항의 예외규정도 적용되지 아니하여 수수가 금지되는 금품등에 해당하는가? 사례금이 일반적으로 강의등에 대한 정당한 대가이면 제8조 제3항 제3호 소정의 '사적거래로 인한 … 정당한 권원에 의하여 제공되는 금품등'에 해당한다고 보아 수수 금지 금품등에 해당하지 않는다고 하여야 할 것이다. 다만 공무원의 경우 공무 외에 영리를 목적으로 하는 업무에 종사하지 못하며 소속 기관장의 허가 없이 다른 직무를 겸할 수 없게 되어 있으므로 이에 저촉됨은 별론으로 한다. 참고로 공무원복무규정은 공무원이 계속적으로 재산상 이득을 목적으로 하는 업무에 종사함으로써 공무원의 직무 능률을 떨어뜨리거나, 공무에 대하여 부당한 영향을 끼치거나, 국가 또는 지방자치단체의 이익과 상반되는 이익을 취득하거나, 정부에 불명예스러운 영향을 끼칠 우려가 있는 경우에는 그 업무에 종사할 수 없다고 규정하고 있다(「국가공무원 복무규정」 제25조, 「지방공무원 복무규정」 제10조).

3) 이와 관련하여 '법 시행령 입법예고안' 제9조 별표2에 의하면 수수가 금지되는 외부강의등의 사례금 상한액은 다음과 같다.

공무원의 경우 시간당 상한액을 직급별로 구분하여 장관급 이상 50만원, 차관급 40만원, 4급 이상 30만원, 5급 이하 20만원으로 규정하고 있으며 1시간을 초과하더라도 추가 사례금은 상한액의 1/2까지만 받을 수 있도록 제한하고 있다. 또한 법 제2조 제2호 나.목에 따른 공직유관단체 및 기관의 장과 임직원은 시간당 상한액이 기관장 40만원, 임원 30만원, 그 외 직원 20만원으로 규정하고 있고 1시간을 초과할 경우는 공무원과 같다.

이와 달리 법 제2조 제2호 다.목 및 라.목에 따른 공직자등에 속하는 각급 학

교의 장과 교직원 및 학교법인의 임직원, 언론사의 대표자와 그 임직원의 경우에
는 직급별 구분 없이 시간당 100만원을 상한액으로 하고 1시간을 초과하더라도
1/2의 제한이 없으며 기고를 할 경우 1건당 100만원으로 한다. 또한 학교법인
또는 언론사 임직원 등이 ① 법령에 따라 설치된 각종 위원회의 위원으로서 수행
하는 공무와 관련된 외부강의등, ② 법령에 따라 공공기관의 권한을 위임·위탁받
아 수행하는 공무와 관련된 외부강의등, ③ 법 제2조 제1호 가.목, 나.목, 다.목의
공공기관에 파견나와 수행하는 공무와 관련된 외부강의등, ④ 법령에 따라 수행
하는 심의·평가 등의 공무와 관련된 외부강의등을 하는 경우에는 1회 100만원
으로 제한된다.

다만 어느 경우에나 외부강의등의 상한액에는 강의료, 원고료, 출연료 등 명목
에 관계없이 외부강의등 사례금 제공자가 외부강의등과 관련하여 공직자등에게
제공하는 일체의 사례금을 포함하고, 실비로 제공되는 교통비는 제외한다.

4) 참고로 현재 「공무원 행동강령」 제15조에 공무원이 "외부강의·회의 등을
할 때 받을 수 있는 대가는 외부강의·회의 등의 요청자가 통상적으로 적용하는
기준을 초과해서는 아니된다"고 규정하고 있으므로 강의 또는 회의 참석을 요청
하는 주체에 의하여 달리 볼 여지는 있다. 현재 「공무원 행동강령」에 따른 공무
원의 직무관련 외부강의 대가 상한기준은 중앙공무원교육원의 강의료 지급기준
을 준용하여 시간당 장관급 40만원, 차관급 30만원, 과장급 이상 23만원, 5급
이하 12만원이고, 1시간을 초과하는 시간에 대하여는 각 30만원, 20만원, 12만
원, 10만원으로 책정되어 있다. 단 위 금액은 원고료 및 여비가 포함되지 않은
금액이다.[67]

2. 예외적으로 수수가 금지되지 않는 금품등

1) 공공기관 또는 상급 공직자등이 지급·제공하는 금품등

공공기관이 소속 공직자등이나 파견 공직자등에게 지급하거나 상급 공직자등
이 위로·격려·포상 등의 목적으로 하급 공직자등에게 제공하는 금품등(법 제8조
제3항 제1호). 공공기관이 소속 공직자등이나 파견 공직자등에게 지급하는 금품등

---

67 국민권익위원회, 2012년도 공무원행동강령 업무편람, 2012, 79면, 146면.

은 예외사유로 규정할 것도 없이 문제의 소지가 없는 금품등이라 할 것이다. 상급 공직자등이 하급 공직자등에게 위로·격려·포상 등의 목적으로 제공하는 금품등도 수수가 금지된 금품등에 해당하지 아니한다. 다만 위로·격려·포상 등의 명목으로 제공되는 것이더라도 실제는 다른 의도가 있었음이 판명되면 예외사유로 인정되지 않을 수 있음을 유의하여야 한다.

2) 사교·의례 또는 부조 목적으로 제공되는 일정액의 금품등

원활한 직무수행 또는 사교·의례 또는 부조의 목적으로 제공되는 음식물·경조사비·선물 등으로서 대통령령으로 정하는 가액 범위 안의 금품등(법 제8조 제3항 제2호). '사교(社交)'란 사회생활을 하면서 사람을 사귀는 것을 말하므로 사교의 목적으로 제공되는 금품등이란 사람을 사귈 목적으로 만나서 주고받는 금품등으로 식사·주류·향응·선물 등을 말한다. '의례'의 목적으로 제공되는 것이란 연말·추석·설날·생일·개소식·기념일 등 일반적으로 선물을 주고받는 경우에 제공되는 금품등이나 경조사의 경우 경조사비 및 손님에게 제공하는 음식·주류 또는 답례품, 기타 기관·단체 등이 방문자에게 제공하는 기념품 등을 말한다. 공직선거법에서 음식물은 현장에서 소비될 것으로 제공하는 것을 말하며, 기념품 또는 선물로 제공하는 것은 제외하고 있고 주류도 제외하고 있으나(제112조 제2·3항) 청탁금지법에서 주류는 현장에서 소비하면 음식물로 봐도 무방할 것이고, 대통령령으로 정해진 가액 범위 안의 금품등이면 음식물·선물 또는 주류를 구별할 실익은 없다. '부조'의 목적으로 제공되는 '경조사비'는 관혼상제 의식이나 그 밖의 경조사에 참석한 하객이나 조문객이 부조의 목적으로 제공하는 축의·부의금품 등을 말한다. 화환이나 화분·조화도 경조사비에 포함되고 화환과 축의금을 함께 수령한 경우 그 가액을 합산하여 판단하여야 한다. 공직자등 또는 그 직계비속의 결혼식에서 주례를 서는 행위도 금품등에 해당할 수 있으나 사교·의례의 목적으로 제공되는 금품등 또는 법 제8조 제3항 제8호의 사회상규에 따라 허용되는 금품등으로 볼 여지가 많다 할 것이다. 참고로 「공무원 행동강령」 제2조 제3호는 '선물'이란 대가 없이(대가가 시장가격 또는 거래관행과 비교하여 현저하게 낮은 경우를 포함한다) 제공되는 물품 또는 유가증권, 숙박권, 회원권, 입장권, 그 밖에 이에 준하는 것을 말한다고 규정하고 있다. 그 외에 선물로는 상품권·관람권·해외여행권·초대권·할인권·전화카드·승차권 등 경제적 가치가 있는 모든 것이 해당된다.

　문제는 대통령령으로 사교·의례 또는 부조 목적으로 허용되는 금품등의 가액 범위를 어떻게 정할 것인가이다. 청탁금지법이 시행되기도 전에 법 개정안이 제출되는 등 논란이 심하게 일고 있다. 일부에서 농·축·수산물은 예외적으로 허용해야 한다는 주장도 있는 반면 시민단체 또는 일반 여론은 일부 업종에 예외를 인정하면 업종 간 형평에 반하고 결국 입법취지를 몰각시키는 결과를 초래할 것이라는 주장도 있다. 그런데 이 문제는 허용되는 금품등의 가액을 얼마로 할 것인가에 대한 논의와 일부 업종을 제외할 것인가에 대한 논의로 나누어 살펴보아야 한다.

　우선 농·축·수산물 등 일부 업종을 예외로 인정하는 문제는 가액의 범위를 정하는 것과 차원이 다르다. 청탁금지법이 대통령령에 위임해 놓은 것은 사교·의례 등으로 허용되는 금품등의 가액을 일률적으로 정하는 것이지 가액이 아닌 일부 업종을 제외할 수 있는 권한을 위임한 것은 아니므로 엄밀히 말하면 대통령령으로 정할 수 있는 사항이 아니라 입법사항이다. 그리고 사교·의례의 목적으로 주고받는 금품등에 단순히 농·축·수산물 등 일부 업종을 제외할 기준이나 근거도 명확하지 않다.

　다음으로 허용되는 가액의 범위는 금액 자체도 중요하지만 음식물, 선물, 부조금을 분리하여 따로 정할 수도 있고, 동일한 금액으로 정할 수도 있다. 일단 음식물은 수수하는 쌍방이 현장에서 함께 소비하면서 사교를 한다는 특징이 있기 때문에 금품등을 제공하여 건네주는 선물과 차이가 있다고 볼 수 있다. 그리고 부조금은 경조사를 당한 사람에 대한 십시일반의 상부상조하는 미풍양속과 관련 있기 때문에 음식물이나 선물과 차이를 둘 수도 있다.

　이와 관련하여 '법 시행령 입법예고안'에 의하면 농·축·수산물 등 일부 업종을 구분하여 예외를 두지는 않았고, 허용되는 금품등의 가액은 구분하여 음식물 3만원, 선물 5만원, 경조사비 10만원으로 가액 기준을 설정하였다. 이 경우 부조금과 선물·음식물을 함께 수수한 경우 그 가액을 합산하여 10만원을 상한으로 하고, 음식물과 선물을 함께 수수한 경우 그 가액을 합산하여 5만원을 상한으로 한다(동 입법예고안 제6조 별표1).

3) 정당한 권원에 의한 금품등

사적 거래(증여는 제외한다)로 인한 채무의 이행 등 정당한 권원(權原)에 의하여 제공되는 금품등(법 제8조 제3항 제3호). 공직자등도 직무 이외에 사생활이 있고 사회생활을 위하여 여러 가지의 법률관계를 맺고 사적(私的) 거래행위를 할 수밖에 없다. 이러한 사적 거래영역에서 사적 자치의 원칙에 따라 발생하는 채권채무는 법적으로 정당한 권원에 의한 것이므로 채권의 행사 또는 채무의 이행으로 주고받는 금품등은 합법적인 것으로 이를 제한할 수 없다. 다만 증여의 경우는 제외되므로 증여에 의한 금품등의 수수는 예외사유에 해당하지 않는다. '증여'는 당사자 일방이 무상으로 재산을 상대방에게 수여하는 의사를 표시하고 상대방이 이를 승낙함으로써 그 효력이 생기는 계약이다. 대가 없이 무상으로 재산을 수여하는 것이므로 증여는 전형적인 금품제공 행위로서 예외사유에 포함될 수 없는 것이 당연하다. 또한 외관상 합법적인 거래형식을 갖추더라도 공직자등이 일방적으로 권리 또는 이익을 얻거나 채무 또는 의무를 면하는 경우는 예외사유에 해당하지 않는다 할 것이다. 예컨대 금원을 주고받으면서 차용증을 작성하였으나 쌍방이 차용금을 변제하거나 받을 의사가 없는 경우, 물품매매계약을 체결하고 공직자등에게 물품을 제공하였으나 그 대금을 지급받지 않는 경우, 임대차계약을 체결하고 공직자등에게 임대목적물을 인도하였으나 보증금 또는 차임(借賃)을 받지 않고 지급하지도 않는 경우 등이다.

청탁금지법은 정당한 권원이 발생하는 사적 거래에서 증여만을 제외하고 있으나 '사용대차'도 제외되어야 하는 것은 아닌지 의문이다. 사용대차는 당사자 일방이 상대방에게 무상으로 사용, 수익하게 하기 위하여 목적물을 인도할 것을 약정하고 상대방은 이를 사용, 수익한 후 그 물건을 반환할 것을 약정함으로써 그 효력이 생기는 계약이다. 동산·부동산 등 물건을 무상으로 사용·수익하는 것이기 때문에 재산상 이익을 제공하는 전형적인 행위라 할 것인데 금품등의 제공에 있어서 증여와 달리 볼 이유가 없다. 현재로서는 사용대차계약을 체결하고 타인의 물건을 무상으로 사용·수익하는 경우는 법 제8조 제3항 제3호의 예외사유에 해당하여 금품등의 수수 금지에 해당하지 않는다는 주장을 할 수 있을 것으로 보인다. 예컨대 토지 또는 건물 등 부동산의 사용대차계약이나 고가의 외제차량의 사용대차계약에 의하여 무상으로 사용·수익하는 경우가 그것이다. '권원'이란 어떤 법률행위 또는 사실행위를 법률적으로 정당하게 하는 근거이므로 통상 그 자체가 정당하게 취급되는 것이다. 만약 이 경우 대가 또는 반대급부가 없는 권원을 정당한 권원이 아니라고 한다면 법문에서 들고 있는 '증여' 역시 정당한 권원에 의한 것이 아니므로 '증여'만을 조문에 굳이 적시할 이유도 없다. 입법적 조치가 필요하다고 생각한다.

4) 공직자등의 친족이 제공하는 금품등

공직자등의 친족(민법 제777조에 따른 친족을 말한다)이 제공하는 금품등은 청탁금지법에서 금지하는 금품등에서 제외된다(법 제8조 제3항 제4호). 민법 제777조에 따른 친족이란 8촌 이내의 혈족, 4촌 이내의 인척 그리고 배우자를 의미한다. 민법상 친족이라 함은 배우자, 혈족 및 인척을 말하는데 친족관계로 인한 법률상 효력은 제777조의 친족에 해당하는 자에게만 제한적으로 미친다. 민법 제767조 내지 776조에 의하면 친족의 개념은 다음과 같다. 혈족(血族)이란 자기의 직계존속과 직계비속을 직계혈족이라 하고 자기의 형제자매와 형제자매의 직계비속, 직계존속의 형제자매 및 그 형제자매의 직계비속을 방계혈족이라 한다. 혈족의 촌수는 직계혈족은 자기로부터 직계존속에 이르고 자기로부터 직계비속에 이르러 그 세수를 정하고, 방계혈족은 자기로부터 동원의 직계존속에 이르는 세수와 그 동원의 직계존속으로부터 그 직계비속에 이르는 세수를 통산하여 그 촌수를 정한다. 한편 인척(姻戚)이란 혈족의 배우자, 배우자의 혈족, 배우자의 혈족의 배우자를 말한다. 인척의 촌수는 혈족의 배우자에 대하여는 그 혈족에 대한 촌수에 따르고 배우자의 혈족에 대하여는 배우자의 그 혈족에 대한 촌수에 따른다. 양자(養子)의 경우 입양한 때로부터 혼인중의 출생자와 동일한 것으로 본다. 인척관계는 혼인의 취소 또는 이혼으로 인하여 종료하고, 부부의 일방이 사망한 경우 생존 배우자가 재혼한 때에도 같다. 입양으로 인한 친족관계는 입양의 취소 또는 파양으로 인하여 종료한다. 민법 제777조의 친족이 제공하는 금품등이면 직무관련 여부 또는 제공하는 명목이나 이유를 묻지 않고 금품등의 가액에 상관없이 예외사유에 해당한다고 볼 것이지만 직무와 관련하여 대가성이 있는 경우는 별도의 뇌물죄가 성립함을 유의하여야 한다.

5) 단체가 구성원에게 제공 또는 친지가 부조로 제공하는 금품등

공직자등과 관련된 직원상조회·동호인회·동창회·향우회·친목회·종교단체·사회단체 등이 정하는 기준에 따라 구성원에게 제공하는 금품등 및 그 소속 구성원 등 공직자등과 특별히 장기적·지속적인 친분관계를 맺고 있는 자가 질병·재난 등으로 어려운 처지에 있는 공직자등에게 제공하는 금품등도 금지된 금품등에서 제외된다(법 제8조 제3항 제5호). 직원상조회·친목회·종친회 등 각종 사교·친목·종교·사회단체에서 정관·회칙·규약이나 운영관례상 기준을 정하여 회원 또는 구성원에게 금품등을 제공하는 경우 등이 이에 해당한다. 그러나 친목을 도모하더라도 매월 불입금을 납입하고 계금을 수령하는 번호계나 낙찰계 등 계(契)는 그 조직목적과 방법, 급부물의 급여방법과 급부 전 또는 그 후의 계금지급방법, 계주의 유무 및 계주와 계 또는 계원과의 관계나 계원 상호간의 관계, 기타의 점에 관한 태양에 따라 그 법률적 성질을 달리하나 기본적으로 조합계약, 소비대차계약 또는 무명계약의 성질을 가지고 있으므로(대법원 1982. 6. 22. 선고 81다카1257 판결) 계금의 수령은 제3호의 정당한 권원에 의한 금품등에 해당한다고 보는 것이 옳다. 여기서 '공직자등과 특별히 장기적·지속적인 친분관계를 맺고 있는 자'란 명확하지는 않지만 공직자등에게 어려울 때 구호·부조 금품등 도움을 줄 정도로 친분관계가 형성되었다고 볼 수 있는 자로 풀이된다. 친분관계의 존부는 관계를 유지한 기간·친분 정도·쌍방의 연고관계·직무관련성 등을 종합적으로 평가하여 판단하여야 할 것이다. 금품등 제공의 명목은 '질병·재난 등으로' 정상적인 생활이 어려운 처지에 있는 공직자등에게 도움을 주기 위한 경우로 제한된다고 해석하여야 한다. 질병·재난이 아닌 사유로 곤궁한 처지에 이르게 된 경우 예컨대 주식투자로 인한 손실이나 연대보증 또는 친족의 사업실패로 인하여 공직자등이 곤궁한 처지에 이른 경우 등은 이에 해당하지 않는다. 예컨대 군인·경찰관·소방관 등 위험한 직무수행 중에 재해를 입거나 질병으로 쓰러져 병원에 입원중인 공직자등 또는 지하철에서 철로에 떨어진 시민을 구조하다가 상해를 입거나 강도나 집단폭행을 당하는 시민을 구호하려다가 상해를 입고 병원에서 입원치료를 받게 된 공직자등이 이 예외사유에 해당하는 사례이다.

6) 직무 관련 공식행사에서 일률적으로 제공되는 금품등

공직자등의 직무와 관련된 공식적인 행사에서 주최자가 참석자에게 통상적인 범위에서 일률적으로 제공하는 교통, 숙박, 음식물 등의 금품등(법 제8조 제3항 제6호). 직무와 관련된 행사이면 공청회·학술대회·발표회·설명회·경연대회·심포지엄·포럼 등 제한이 없고, 공식적인 행사여야 하므로 행사가 정례적이거나 사회 일반에 개방되어 있고, 목적과 내용이 공개되어 분명하고 행사진행·비용 등은 주최 측에서 부담할 것을 요한다. 행사주최 기관은 반드시 공공기관일 필요는 없으므로 민간기업·법인·단체 등에서 주최하여도 무방하다. 허용되는 것은 통상적인 범위에서 일률적으로 제공되는 금품등이므로 주최자가 참석자에게 차별 없이 제공하여야 하고 그 범위가 통상적인지 여부는 행사의 장소·성격·내용·참석자의 지위 및 범위·주최 측의 비용부담 능력 등을 종합적으로 고려하여 판단하여야 할 것이다.

7) 기념품·홍보용품 또는 경연·추첨을 통한 상품 등

불특정 다수인에게 배포하기 위한 기념품 또는 홍보용품 등이나 경연·추첨을 통하여 받는 보상 또는 상품 등(법 제8조 제3항 제7호). 기념품이나 홍보용품도 종류를 다양하게 할 수 있으므로 저가와 중·고가의 기념품이 있을 수 있는데 중·고가의 기념품이더라도 불특정 다수인에게 제공하는 것이면 상관없다. 또한 은수저 세트, 고급 탁상시계, 고급 만년필, 명품 넥타이 또는 스카프 등 중·고가 기념품을 다량으로 제작할 수 없어서 일부 계층을 위하여 소량 제작하였으나 배포 대상이 특정되지 않은 경우라면 어떨까? '불특정 다수인'에서 다수의 개념이 숫자로 특정된 개념은 아니므로 수십 개 정도라도 다수로 볼 수 있고 소수의 특정인을 위하여 배포하는 것이 아닌 한 불특정 다수인을 위한 것이라고 할 수 있을 것이다. 다만 배포하는 금품등의 가액과 실제 배포한 대상, 기념품 또는 홍보용품이라는 표식의 유무 등을 수량과 함께 판단하여야 할 것이다.

8) 사회상규에 따라 허용되는 금품등

그 밖에 다른 법령·기준 또는 사회상규(社會常規)에 따라 허용되는 금품등(법 제8조 제3항 제8호). 법령·기준에 따라 허용되는 금품등은 그 수수에 정당성이 부여

된 것이라 할 수 있으므로 제외됨은 당연하다. 여기서 말하는 기준이란 행정기관 내부의 예규·규칙·훈령·통첩·지침 등뿐만 아니라 이 법 제2조 제1호 소정의 공공기관의 규정·사규·기준·정관 등도 포함한다.

사회상규에 따라 허용되는 금품등은 예외로 되는데 사회상규에 관하여는 부정청탁의 예외사유인 법 제5조 제2항 제7호에서 살펴본 바와 같다. 즉 "사회상규"는 대체로 "법질서 전체의 정신이나 그의 배후에 놓여 있는 사회윤리 도의적 감정 내지 사회통념"으로 이해되고 있다(대법원 2009. 12. 24. 선고 2007도6243 판결, 2004. 6. 10. 선고 2001도5380 판결 등 참조). '사회상규 따라 허용되는' 것은 추상적이고 포괄적이기 때문에 어떠한 행위가 사회상규에 따라 허용되는 것인가는 구체적 사정 아래에서 합리적·합목적적으로 고찰하여 개별적으로 판단하여야 한다. 즉 금품등 제공의 동기나 목적, 금품등의 가액이나 종류, 제공되는 수단과 방법 등이 사회 일반의 윤리의식이나 통념에 따라 허용되는지 여부, 수령자와 제공자의 관계, 직무수행의 공정성과 이에 대한 사회적 신뢰를 해할 우려 등을 종합적으로 고려하여 판단하여야 한다.

제 4 절   제재대상 행위

공직자등이 수수 금지 금품등을 받거나 요구 또는 약속하는 경우, 자신의 배우자가 수수 금지 금품등을 받거나 요구하거나 약속한 사실을 알고도 신고하지 아니하였을 경우 형사처벌 또는 과태료의 제재를 받게 된다. 일반 국민도 누구든지 공직자등(공무수행사인을 포함) 또는 그 배우자에게 수수 금지 금품등을 제공하거나 제공의 약속 또는 의사표시를 하면 형사처벌 또는 과태료의 제재를 받게 된다.

1. 금지되는 행위

1) 금품등을 받는 행위

'받는다'는 것은 단순히 현실적으로 금품등을 받는 행위 그 자체를 뜻하는 것이 아니라 이를 취득하는 것을 말한다. 취득이란 금품등에 대한 사실상의 처분권 획득 내지 현실적 이익의 향유를 뜻한다. 받은 이상 사전에 요구 또는 약속이 있을 필요도 없다. 동일인으로부터 순차적으로 요구, 약속 및 수수가 이루어지면 포괄하여 하나의 수수행위로 취급된다. 금품등을 받은 시간이나 장소, 용도 또는 받게 된 동기는 상관이 없다. 즉 금품등을 받은 이상 수수한 장소가 공개된 장소이고, 수수한 공직자등이 이를 부하직원들을 위하여 소비하였을 뿐 자신의 사리를 취한 바 없다 하더라도 상관없다(대법원 1996. 6. 14. 선고 96도865 판결 참조).

  뇌물죄에 관한 판례에 의하면 뇌물의 수수가 있다고 하기 위해서는 영득(領得)의 의사(意思)가 필요하다고 한다. 후일 반환할 의사로 일단 받아둔 데 불과하다면 영득의 의사가 없어 수수라고 할 수 없다는 것이다(대법원 1979. 6. 12. 선고 78도2125 판결). 이러한 판례는 이 법에서 금품등을 받은 경우에도 적용될 수 있다고 본다. 즉 영득의 의사가 없다면 금품등을 받은 것에 해당하지 않는다 할 것이다. 다음은 대법원판례에서 영득의 의사가 인정되지 않은 사례들이다.

〔사례 1〕
  피고인 A는 1983. 6. 13.부터 부산시 관광과 내에서 이 사건에서 문제가 된 국내여행 알선업체신규등록, 갱신등록, 관광사업체등록업무등을 담당하게 되었는데 그 이전에 이미 국제관광여행사를 설립 운영코자 동 관광과에 국내여행알선업등록을 신청하여 놓고 있던 제1심공동피고인 B가 위 등록이 될 수 있도록 도와달라는 취지로 교부하는 1983. 6. 20.자 현금 50만원과 같은 해 6. 28.자 액면금 50만원의 자기앞수표 1매를 수수하였는데, 위 국제관광여행사등록이 같은 해 6. 29.자로 이루어지고 그 다음날인 같은 해 6. 30. A는 B로부터 받은 현금 50만원과 액면 50만원의 자기앞수표를 그대로 중소기업은행 부산지점에 B 명의로(단, 인장은 피고인 인장을 사용하여) 예금한 후 위 사실을 B에게 알려 이를 찾아갈 것을 독촉하였고, 그 후 1983. 7. 8. B는 A에게 연락하여 함께 위 은행에 가서 예금된 100만원 중 50만원을 인출 사용하고 통장과 도장을 다시 A에게 보관케 하였으며 나머지 금 50만원은 이후 이에 관한 수사가 시작된 1983. 9. 23.까지 인출됨이 없이 그대로 예치되어 있었던 사안에서, 위와 같이 A가 범행당시까지 문제가 된 직무에 전보된 지 불과 1주일밖에 되지 아니하고 B로부터 교부받은 금원을 보관하다가 은행에 예치한 기간 역시 불과 1주일 남짓하며 B로부터 청탁된 여행알선업체의 등록이 이루어진 후임에도 위 금원을 B 이름으로 은행에 예치하여 찾아갈 것을 독촉하였으며, 더구나 B가 A의 독촉에 따라 위 예치금의 절반을 인출 사용하고 그 나머지 금액도 이 사건 수사가 개시될 때까지 인출됨이 없이 그대로 예치되어 있었던 것이고 보면 달리 특별한 사정이 없는 한 피고인은 위 금원을 후일 기회를 보아서 반환할 의사로 일시 보관한 경우라 할 것이고 이를 영득의 의사로 수수한 것으로는 볼 수 없다는 이유로 무죄를 선고한 원심을 정당하다고 하였다(대법원 1985. 1. 22. 선고 84도2082 판결, 이 판례는 금융실명제가 시행되기 전의 것이다).

〔사례 2〕
　공소외 B 가 피고인 A 의 사무실에 들러 여름 휴가비로 쓰라면서 돈 30만원이 든 봉투를 내어놓아 A 가 받을 수 없다고 완강히 거부하였음에도 B 가 일방적으로 봉투를 응접탁자 위에 놓고 갔으므로 A 는 그것을 반환하기 위해 곧 전화를 걸었으나 지방출장으로 연락이 닿지 않던 중 B 가 2, 3일 후 출장에서 돌아와 위 A 의 사무실에 다시 들렀으므로 그때 위 돈봉투를 그대로 반환한 사안에서, 사실관계가 위와 같다면 A 가 위 금 300,000원을 받은 것은 영득의 의사로 받았다기보다는 B 가 일방적으로 놓고 가므로 할 수 없이 받았던 돈을 일시 보관하였다가 되돌려 준 것이라고 봄이 상당하다 할 것이어서 수뢰죄로 의율할 수 없는 성질의 것이라 하였다(대법원 1985. 3. 12. 선고 83도150 판결).

〔사례 3〕
　피고인 A 는 피고인 B 가 1987. 7. 중순경 현금 50만원이 든 봉투를 책상서랍 속에 던져놓고 급히 나가버리자 돌려줄 생각으로 2, 3일간 보관하고 있었으나 만날 수 없게 되어 동료직원과 상의한 결과 이를 기탁금으로 처리, 보관하여 B 가 체납한 야영장 임대료 금 130만원을 납부하지 아니할 경우 위 임대료의 일부로 충당하기로 하고 내부적으로 부군수의 결재까지 받아 두었는데 B 가 1987. 9. 1. 위 야영장 임대료 130만원을 납부하자 같은 해 9. 4. 위 금 50만원을 앞서 B 가 집에다 갖다 놓은 텐트 1세트와 함께 우편으로 반환한 사안에서, 사정이 위와 같다면 피고인 A 는 후일 기회를 보아 반환할 의사로 위 돈과 텐트를 일단 받아둔 데 불과하다 할 것이고 여기에 영득의 의사가 있었다고 보기는 어렵다 하였다(대법원 1989. 7. 25. 선고 89도126 판결).

　한편 피고인이 택시를 타고 떠나려는 순간 뒤쫓아 와서 돈뭉치를 창문으로 던져 넣고 가버려 의족을 한 불구의 몸인 피고인으로서는 도저히 뒤따라가 돌려줄 방법이 없어 부득이 그대로 귀가하였다가 다음날 바로 다른 사람을 시켜 이를 반환한 경우(대법원 1979. 7. 10. 선고 79도1124 판결) 또는 자기도 모르는 사이에 돈봉투를 놓고 간 경우 등은 아예 금품등을 받을 의사가 있었다고 볼 수 없다 할 것

이다. 그러나 일단 영득의 의사로 받은 이상 사후에 이를 반환하더라도 범죄의
성립에는 영향이 없다. 다만 돌려주는 시기가 받은 때와 근접할 때 내심 영득의
의사가 없었다고 부인할 여지는 있다.

2) 금품등을 요구하는 행위

요구란 금품등을 취득할 의사로 상대방에게 교부를 청구하는 것이다. 청구가
있으면 족하므로 요구 즉시 행위가 완성되고, 상대방이 요구에 응하여 금품등을
제공하거나 제공의 약속 또는 의사표시를 하였는지, 또는 거절하였는지 여부는
묻지 않는다.

3) 금품등을 제공받기로 약속하는 행위

약속이란 공직자등과 상대방 사이에 금품등을 주고받기로 합의하는 것이다. 여
기에서 '합의'란 그 방법에 아무런 제한이 없고 명시적일 필요도 없지만, 장래 금
품등을 주고받겠다는 양 당사자의 의사표시가 확정적으로 합치하여야 한다(대법
원 2007. 7. 13. 선고 2004도3995 판결). 장래 주고받겠다는 의사이므로 약속 당시에
금품등이 현존할 필요는 없다. 약속이 이루어지면 그로써 행위가 완성되므로 나
중에 현실적으로 이행되었는지 여부와도 상관이 없다. 직무와 관련 있는 금품등
의 경우에는 액수에 상관없이 형사처벌 또는 제재의 대상이 되나 직무와 관련 없
는 금품등의 경우에는 구성요건에 해당하는 최소한의 액수 1회 100만원 또는 매
회계연도 300만원 이상을 약속하여야 한다. 공여자가 제공의 의사표시를 하여
약속이 이루어지든 공직자등이 먼저 요구하여 약속이 이루어지든 상관없다. 요구
하여 약속이 이루어지더라도 포괄하여 '약속'이라는 하나의 행위가 완성된다. 금
품등 제공의 약속은 공직자등 뿐만 아니라 일반 국민 모두에게 금지된 행위이다.

4) 금품등의 제공 행위

금품등을 제공한다는 것은 공직자등 또는 그 배우자가 금품등에 대한 사실상
의 처분권을 취득할 수 있는 상태 또는 현실적인 이익을 향유할 수 있는 상태에
있게 하는 것이다. 그러므로 제공 당시 현실화된 금품등이 없으면 장래 제공하겠
다는 의사표시에 해당할 뿐이다. 현실적으로 제공함으로써 행위는 완성되므로 제

공된 금품등을 공직자등이 수령하는지 여부는 상관없다. 금품등을 제공하게 된 동기 및 이유도 불문한다. 공직자등의 요구에 의해서 제공하든 자발적으로 하든 지 상관이 없고, 사교, 의례, 부조, 후원 등 이유와 명목을 묻지 않는다. 다만 제 공하는 금품등의 가액이 1회 100만원 또는 매 회계연도 300만원을 초과하여야 하고 그 이하인 경우 또는 공직자등의 배우자에게 제공할 경우에는 직무와 관련성이 있어야 한다.

'1회' 제공하는 의미는 자연적 의미에서의 행위 수를 뜻하는 것이 아니라 법적으로 평가되는 의미이다. 법 제8조 제1항을 위반하여 1회 100만원을 초과하는 수수 금지 금품등을 받거나 요구·약속한 공직자등 또는 같은 금품등을 공직자등에게 제공하거나 제공의 약속 또는 의사표시를 한 자는 3년 이하의 징역 또는 3천만원 이하의 벌금에 처하게 되어 있으므로 수개의 제공행위라도 형사법상 1회로 평가되는 경우는 이에 해당한다. 예를 들어 무등록 건설업을 영위하는 행위, 무허가유료직업소개 행위, 영리목적으로 무면허 의료행위를 계속하는 행위 등 반복된 수개의 행위가 단일하고 계속된 범의(犯意)하에 근접한 일시·장소에서 유사한 방법으로 행하여지는 등 밀접한 관계가 있어 그 전체를 1개의 행위로 평가함이 상당한 경우에는 이들 각 행위는 통틀어 포괄일죄로 처벌된다(대법원 2014. 7. 24. 선고 2013도12937 판결, 1993. 3. 26. 선고 92도3405 판결 등 참조). 그러므로 위생·소방·세무 담당 공직자등이 같은 음식점에서 업주로부터 수차 음식물 접대를 받은 경우, 시·군·구청 건설과 공무원이 같은 건설업자로부터 수차에 걸쳐 골프 접대를 받은 경우, 라디오·TV의 예능·뮤직 담당 PD가 유명 엔터테인먼트사 또는 같은 매니저로부터 유명 가수 또는 아이돌그룹의 음반·뮤직비디오·공연티켓 등을 수차 받는 경우, 언론사 문화부 또는 스포츠 담당 기자가 유명 영화·연극·공연·경기 관람권을 동일인으로부터 수차에 걸쳐 받는 경우, 사립학교 교원 또는 학교법인 임직원이 학교급식 또는 교육기자재 납품업자로부터 수차에 걸쳐 음식 접대를 받는 경우, 국공립병원·대학교부속병원·보건소 의사가 같은 제약업체로부터 리베이트 명목의 금품을 수차 받은 경우 등은 단일하고 계속된 범의(犯意)하에 근접한 일시·장소에서 유사한 방법으로 행하여지면 전체를 통틀어 1개의 행위로 평가받을 수 있다. 그러나 수개의 금품등 제공행위가 동기·방법·일시·장소등 밀접한 관계가 없거나 동일하지 아니하여 범의의 단일성과 계속성이 인정되지 아니하는 경우에는 각 행위를 별개로 평가해야 할 것이다.

　그런데 여기서 말하는 '매 회계연도'의 의미는 무엇인가? 1년을 단위로 평가되는 것임이 분명하나 그 기준시점이 언제인지는 불분명하고, 기준시점에 따라 이 법에 저촉되는지 여부가 달라질 수 있다. 예컨대 직무와 무관한 자로부터 2월 설날 무렵 100만원, 7월 여름휴가 때 100만원, 9월 추석 때 100만원, 12월 연말에 100만원을 수령한 경우 회계연도의 기산점을 매년 1월 1일이라고 하면 300만원을 초과하는 금품을 받은 것이 되어 3년 이하의 징역형 등에 처하게 되지만 회계연도를 매년 3월 1일부터라고 하면 2월 설날에 수령한 금품은 회계연도가 달라 제외되므로 300만원을 초과하지 않은 것이 되어 처벌받지 않게 된다. 국가와 지방자치단체의 회계연도는 매년 1월 1일에 시작하여 12월 31일에 끝나지만(국가재정법 제2조, 지방재정법 제6조) 학교법인의 회계연도는 매년 3월 1일 시작하여 이듬해 2월 말까지로 되어 있는 '학년도'에 맞춰져 있고, 기업 회계연도는 대부분 12월 결산이지만 3월 결산이 있는 등 통일되어 있지 않고, 이 법에도 '매 회계연도'의 기준이 정해지지 않아서 문제가 될 수 있다. 예컨대 사립학교의 교직원이 위와 같이 금품을 수수하였을 경우 국가 회계연도를 적용하면 형사처벌 되지만 자신이 소속된 학교법인의 회계연도를 기준으로 하면 아무런 처벌도 받지 않게 되는 문제가 생긴다. 또 다른 예로 12월 연말에 100만원, 이듬해 2월 설날 무렵에 100만원, 7월 여름휴가 때 100만원, 10월 추석 무렵에 100만원을 수령한 경우는 1년 내에 400만원을 받았음에도 정부회계연도 기준으로 하면 처벌받지 않게 된다. 금품 수수액 산정에 굳이 회계연도의 개념을 도입할 필요가 있는지 의문이다.

5) 금품등 제공의 의사표시

　제공의 의사표시는 금품등을 제공하겠다는 의사를 공직자등 또는 그 배우자에게 표시하기만 하면 된다. 의사표시에 의해 완성되지만 의사표시자 내심의 제공하겠다는 효과의사와 그 의사를 공직자등에게 표시하겠다는 표시의사는 확정적이어야 한다. 듣기에 따라서 금품등을 제공하려는 뜻으로 오해할 수 있는 말을 하였더라도 본인이 전혀 제공할 의사가 없고 오해받을 수 있는 사정을 의식하지 못하고 한 것이거나 그냥 인사치례로 한 빈말이 분명할 경우는 여기에 해당하지

않는다. 또한 내심의 의사만으로는 처벌받지 않기 때문에 내심 제공하려는 의사
는 분명히 있으나 차마 표현하지 못하고 있는데 본인의 의도와 달리 내심이 전달
된 경우도 해당하지 않는다. 예컨대 내심이 기재된 서류나 문서, 일기장 등의 내
용을 상대방이 우연히 알게 된 경우 또는 제3자가 내심을 간파하고 임의로 상대
방에게 귀뜸 해준 경우 등은 표시의사 또는 표시행위가 없어 이에 해당하지 않는
다. 단 표시의사는 내심의 효과의사와 표시행위를 이어주는 가교 역할을 하는 것
이고 특히 표시행위와 동시에 형성될 수도 있으므로 제공하려는 효과의사와 표
시행위가 있다면 표시의사는 추단된다 할 것이다. 제공하려는 의사는 표시행위를
통하여 상대방에게 도달하여야 하나 표시행위는 구두로 하거나 문서, 팩스 또는 전
자방식으로 하건 제한이 없고 직접 또는 제3자를 통하여 간접적으로 하거나, 명시
적이거나 묵시적이거나 상관없다. 제공의 의사표시가 상대방에게 도달되는 순간
행위는 완성된다.

2. 수수사실 미신고 행위

　공직자등(공무수행사인을 포함)이 자신의 직무와 관련하여 배우자가 수수 금지
금품등을 받거나 그 제공의 약속 또는 의사표시를 받은 사실을 알고도 신고하지
아니하는 행위는 가액에 따라 형사처벌 또는 제재의 대상이 된다.
　우선 공직자등이 자신의 배우자가 자신의 직무와 관련하여 수수 금지 금품등을
수령·요구·약속한 사실을 알아야 한다. 단순히 배우자가 금품등을 수령·요구·약
속한 사실만으로 부족하고 '자신의 직무와 관련하여' 그와 같은 행위가 있은 사
실까지도 알아야 한다. 금품등을 받은 사실은 알았으나 직무관련성을 알지 못하
면 여기에 해당하지 않는다. 알게 된 경위나 기회 또는 방법 등은 묻지 않는다.
　알았다면 아래에서 보는 바와 같이 소속기관장에게 신고를 하여야 한다(법 제9
조 제1항). 알고도 신고하지 아니하면 배우자가 수수한 금품등의 가액에 따라 1회
100만원 또는 매 회계연도 300만원을 초과할 경우 형사처벌 되고 그 이하이면
과태료에 처하게 된다.
　그런데 공직자등에게 신고의무가 부과된 것은 자신의 배우자가 수수 금지 금
품등을 "받거나 그 제공의 약속 또는 의사표시를 받은 사실을 안 경우"인데(법 제

9조 제1항 제2호) 신고하지 않은 공직자등을 처벌함에 있어서는 제8조 제4항에 위반하여 금품등을 "받거나 요구하거나 약속한 사실을 알고도"제9조 제1항 제2호에 따라 신고하지 아니하면 형사처벌 하도록 되어 있어서(법 제22조 제1항 제2호) 문제다. 즉 배우자가 금품등을 요구한 경우에 제9조 제1항 제2호에 의한 신고의무는 없는데 이 경우에 처벌은 어떻게 할 것인지가 문제된다. 제22조 제1항 제2호에 거시된 제9조 제1항 제2호에 따른 신고는 신고 그 자체를 의미할 뿐 개개의 신고사유를 의미하는 것은 아니라고 해석할 것이므로 '요구'하였을 경우에도 처벌규정이 적용된다고 본다. 그렇게 해석하면 역으로 신고의무가 있는 금품등 제공의 "의사표시를 받은 경우"는 어떻게 할 것인가. 이 경우 신고의무는 있지만 제8조 제4항을 위반한 것은 아니므로 그 사실을 알고 신고하지 않더라도 형사처벌 되지는 않는다고 해석된다. 배우자의 행위에 대하여는 공직자등이 '알고도 신고하지 않는 것'을 범죄의 구성요소로 삼고 있기 때문에 발생하는 문제이다. 공직자등의 경우도 제공의 의사표시를 받은 경우 신고의무가 있지만 금품등을 '받거나 요구 또는 약속한' 경우만 형사처벌 하기 때문에 신고는 문제되지 않는다. 금지규정과 처벌규정의 문구는 일치하나 신고의무 규정이 이와 상이하기 때문에 발생하는 문제이다.

3. 금전으로 환산할 수 없는 금품등의 문제

청탁금지법상 '금품등'에는 재물, 재산적 이익뿐만 아니라 유형·무형의 경제적 이익까지 포함되고, 한편 공직자등은 직무관련 여부를 불문하고 1회 100만원 또는 매 회계연도 300만원을 초과하는 금품등을 수수하면 형사처벌 되는 것은 주지하는 바와 같다. 이러한 금품수수죄에 있어서 수수한 금품등의 가액이 1회 100만원 또는 매 회계연도 300만원을 초과하는지 여부는 범죄구성요건에 해당하는데 이 법에서 규정한 금품등에는 취업제공, 이권(利權) 부여 등 경제적 가액을 명확히 환산할 수 없는 것이 포함되어 있어서 문제다. 범죄구성요건은 범죄의 성립요건이므로 가액산정은 행위시를 기준으로 해야 할 뿐만 아니라 행위시에 산정이 가능하여야만 어떤 행위가 범죄에 해당하는지 여부를 알 수 있다. 만약 행위시에 금품등의 가액산정이 곤란하거나 사후 재판시에나 알 수 있어서 어떤

행위가 범죄에 해당하는지 여부가 불명확하다면 명확성의 원칙 내지는 죄형법정
주의 원칙에 반한다. 다시 말하면 헌법 제12조 제1항 후단에는 "법률과 적법한
절차에 의하지 아니하고는 처벌·보안처분 또는 강제노역을 받지 아니한다"라고
규정하고, 제13조 제1항 전단에서는 "모든 국민은 행위시의 법률에 의하여 범죄
를 구성하지 아니하는 행위로 소추되지 아니하며"라고 규정하여 죄형법정주의
원칙을 천명하고 있는데, 이러한 죄형법정주의의 원칙은 법률이 처벌하고자 하는
행위가 무엇이며 그에 대한 형벌이 어떠한 것인지를 누구나 예견할 수 있고, 그
에 따라 자신의 행위를 결정할 수 있게끔 구성요건을 명확하게 규정할 것을 요구
한다. 형벌법규의 내용이 애매모호하거나 추상적이어서 불명확하면 무엇이 금지
된 행위인지를 국민이 알 수 없어 법을 지키기가 어려울 뿐만 아니라, 범죄의 성
립 여부가 법관의 자의적인 해석에 맡겨져서 죄형법정주의에 의하여 국민의 자
유와 권리를 보장하려는 법치주의의 이념은 실현될 수 없기 때문이다[헌법재판소
2010. 12. 28. 2008헌바157, 2009헌바88(병합) 결정].

　이는 형법상 뇌물죄의 경우 가액산정이 불분명한 경우와 다르다. 뇌물죄의 경
우 범죄구성요건은 뇌물의 가액이 아니라 직무와 뇌물과의 관련성과 대가성이고
뇌물의 가액은 다만 형벌의 양형사유나 형벌에 부가하는 몰수·추징의 문제일 뿐
이기 때문이다. 이에 관하여는 이 법 제2조 제3호 '금품등'에 관한 부분에서 자
세히 살펴본 바와 같다. 이는 금품등수수죄의 구성요건을 가액으로 특정하고 있
으면서 금품등은 경제적 가치가 있다고 생각할 수 있는 모든 것을 총망라해서 규
정한 탓이다. 결론적으로 이 법에 의하여 금지된 금품등의 수수를 형사처벌 하면
서 금품등에 가액을 환산하기 곤란한 취업제공 또는 이권부여 등을 규정하고 있
는 것은 입법적으로 재검토가 필요한 부분이라 생각한다.

제 5 절 금품등 수수의 신고 및 처리

1. 공직자등의 신고의무

공직자등은 자신이 수수 금지 금품등을 받거나 그 제공의 약속 또는 의사표시

를 받은 경우 및 자신의 배우자가 수수 금지 금품등을 받거나 그 제공의 약속 또
는 의사표시를 받은 사실을 안 경우에는 소속기관장에게 지체 없이 신고하여야
한다(법 제9조 제1항). 이 규정에 따른 신고는 이 법 시행 후 위 신고대상 행위가
발생한 경우부터 적용한다(부칙 제2조).

1) 신고의 주체

신고는 공직자등이 하여야 한다. 공직자등의 배우자는 신고의무가 없고 공직자
등의 배우자가 공직자등의 의사와 상관없이 자신의 이름으로 하는 신고는 이에
해당하지 않는다. 배우자가 공직자등의 행위를 신고하는 경우도 마찬가지다. 다
만 공직자등이 사정상 직접 신고가 곤란하고 배우자가 공직자등의 의사에 따라
신고하는 경우에는 공직자등의 신고로 봐야 될 것이다.

2) 신고의 대상

공직자등이 신고하여야 하는 대상은 자신이 수수 금지 금품등을 받거나 그 제
공의 약속 또는 의사표시를 받은 경우 및 자신의 배우자가 자신의 직무와 관련하
여 수수 금지 금품등을 받거나 그 제공의 약속 또는 의사표시를 받은 사실이다.
위 규정의 적용 시점과 관련하여 신고의 대상이 되는 행위는 이 법 시행 이후에
발생한 행위일 것을 요한다(부칙 제2조).

공직자등이 수수금지 금품등을 요구하거나 자신의 배우자가 금품등을 '요구'
한 사실은 제9조 제1항 법문상 신고대상이 아니다. 그러나 제22조 제1항 제1호
및 제23조 제5항 제1호는 제8조 제1·2항을 위반하여 금품등을 요구한 공직자등
을 형사처벌 또는 과태료에 처하고, 제22조 제1항 제2호 및 제23조 제5항 제2호
는 자신의 배우자가 제8조 제4항을 위반하여 금품등을 '요구'한 사실을 알고도
신고하지 아니한 공직자등을 형사처벌 또는 과태료에 처하게 되어 있다. 공직자
등 자신이나 그 배우자가 금품등을 '요구'한 행위는 신고의 대상은 아니지만 제8
조 제1·2·4항에 의하여 금지된 행위이므로 이를 신고하지 아니한 경우 처벌하
는 것은 규정상 문제가 없다. 그러나 단순히 금품등 제공의 의사표시를 받은 경
우뿐만 아니라 금품등을 요구하여 받거나 또는 요구하여 제공받기로 약속한 경
우는 신고하도록 하면서 그 중간단계의 금품등을 '요구'한 사실을 신고대상에서

제외한 것은 바람직스럽지 않다. 신고대상 여부는 형사처벌규정도 아니므로 위와 같이 "요구"한 경우도 신고대상에 포함된다고 해석함이 상당하고, 향후 입법적 보완이 필요하다고 본다.

한편 공직자등이 금품등 제공의 '의사표시를 받은' 경우 또는 자신의 배우자가 금품등 제공의 '의사표시를 받은 사실을 안' 경우에도 신고의 대상이 되나 이 경우 신고하지 않더라도 형사처벌이나 과태료의 제재를 받지는 않는다. 그러나 신고의무의 해태는 징계처분의 대상이 됨을 유의하여야 한다.

3) 배우자의 행위에 관한 요건

공직자등은 단순히 배우자가 금품등을 수령·요구·약속한 사실을 아는 것만으로 부족하고 '자신의 직무와 관련하여' 그와 같은 행위가 있은 사실까지도 알아야 한다. 배우자가 금품등을 받은 사실은 알았으나 자신의 직무관련성을 알지 못하였으면 신고할 의무가 없다.

4) 신고 기관

신고는 그 소속기관장에게 하는 것이 원칙이나 감독기관·감사원·수사기관 또는 국민권익위원회에도 할 수 있다(법 제9조 제6항).

5) 신고의 방법

신고는 서면으로 하여야 한다. 서면에 전자문서가 포함되는 것은 부정청탁의 신고와 같다. 그러나 문서로 하여야 하므로 구두로 하거나 문자메시지, SNS 등의 방식으로 할 것은 아니다. 다만 긴급하거나 부득이한 사유가 있는 경우 먼저 구술로 신고한 후 서면을 제출할 수는 있다(법 시행령 입법예고안 제7조 제3항). 향후 시행규칙에 의하여 신고서식이 정해지면 원칙적으로 그 신고서식에 의하여야 할 것이나 서면 또는 전자문서로 신고한 이상 서식에 맞지 않는다고 신고의무를 위반하였다고 할 수는 없을 것이다. 신고서에는 신고자의 인적사항, 신고의 취지 및 이유, 수수 금지 금품등을 제공하거나 그 제공의 약속 또는 의사표시를 한 자의 인적사항, 금품등의 종류 및 가액, 금품등의 반환 여부 등 신고의 내용을 기재하고, 신고내용을 입증할 수 있는 증거를 확보한 경우에는 이를 함께 제출하여야 한다. 이 경우 수수 금지 금품등을 제공하거나 그 제공의 약속 또는 의사표시를 한 자가 법인·단체의 대표자나 법인·단체 또는 개인의 대리인, 사용인, 그 밖의 종업원인 경우 그 법인·단체 또는 개인의 명칭·소재지 및 대표자의 이름을 포함한다(법 시행령 입법예고안 제7조 제1·2항).

6) 신고는 "지체 없이" 하여야 한다

언제까지 하여야 '지체 없이' 신고한 것으로 되는가?

'지체 없이'는 법문에 많이 사용되고 있는데, 이는 법령상 요구되는 행위를 함에 있어서 '때를 늦추거나 질질 끄는 것 없이' 하는 것을 말한다. 늦어진 데 대한 정당한 사유가 있으면 '지체'로 되지 않는다. 그러므로 '지체' 또는 '지체 없이'는 해야 할 행위가 어떤 것인가에 따라 달라진다.

예컨대, ① 민법상 금전채무는 채무이행의 확정기한이 도래한 때로부터, 확정한 이행기가 없는 경우에는 이행청구를 받은 때로부터 지체책임이 있으므로(민법 제387조) 이행기 또는 이행청구를 받은 다음날부터 지체책임을 지게 되고, ②「집회 및 시위에 관한 법률」상 집회 또는 시위가 관할경찰서장으로부터 해산명령을 받았을 때에는 모든 참가자는 지체 없이 해산하여야 하는데(「집회 및 시위에 관한 법률」 제20조 제2항) 이 경우는 곧바로 해산하여야 하고 명령에 불응한 채 집회나 시위를 계속한 것으로 인정되면 법률위반이 되며, ③ 도로교통법상 교통사고를 야기한 차의 운전자등은 경찰공무원 또는 국가경찰관서에 사고가 일어난 곳, 사상자 수 및 부상 정도 등을 지체 없이 신고하여야 하는데(도로교통법 제54조) 이 경우는 피해자의 구호 및 교통질서의 회복을 위하여 필요한 시간 내에 신고하여야 하며, ④ 형사소송법상 검사 또는 사법경찰관은 체포된 자가 소유·소지 또는 보관하는 물건에 대하여 긴급히 압수할 필요가 있는 경우에는 체포한 때부터 24시간 이내에 한하여 영장 없이 압수·수색 또는 검증을 할 수 있으나 압수한 물건을 계속 압수할 필요가 있는 경우에는 지체 없이 압수수색영장을 청구하여야 하는데, 이 경우 압수수색영장의 청구는 체포한 때부터 48시간 이내에 하여야 한다(형사소송법 제217조 제1·2항).

청탁금지법 소정의 신고의무는 신고대상 사실을 서면으로 신고하는 데 필요한 통상의 시간 내에 하여야 '지체 없이' 신고한 것으로 된다. 그러나 얼마간의 시간

이 신고하는 데 필요한 통상의 시간인지는 일률적으로 말할 수 없고 반드시 시간
적으로 밀착된 시점이어야 하는 것은 아니다. 구체적 사안에서 사실관계의 내용
을 정리하는 데 필요한 시간, 공직자등의 당시 업무여건, 공직자등과 소속기관장
의 근무 장소, 교통·통신수단 등 관련된 사정을 종합적으로 고려하여 판단하여야
할 것이다. 신고를 지체한 데 정당한 사유가 있으면 지체로 되지 않는다.

신고를 하려고 준비하는 과정에서 적발되면 어떻게 되는가? 신고 그 자체가 이
미 지체되고 있었으면 그 이후 신고로써 처벌을 면할 수 없을 것이지만 아직 신
고가 지체되지 아니한 상태에서 적발되거나 또는 지체에 정당한 사유가 있는 경
우라면 신고를 준비하고 있었음을 주장·입증하면서 적발된 후에라도 지체 없이
신고를 하면 이로써 처벌을 면할 수 있다 할 것이다. 그 경우에도 신고를 준비하
였다는 주장만 있고 실제 준비행위가 전혀 없었다면 인정받지 못할 것이다.

7) 신고의 효과

공직자등이 제8조 제1항을 위반하여 수수 금지 금품등을 받거나 그 제공의 약
속 또는 의사표시를 받은 경우 법 제9조 제1항에 따라 지체없이 신고를 하면 법
제22조 제1항 제1호 단서에 의하여 형사처벌 대상에서 제외된다. '제외한다'는
것은 형벌 면제사유가 아니라 범죄로 되지 않는다는 뜻으로 해석되는데 그 의미
가 구체적으로 범죄론 체계상 구성요건해당성·위법성 또는 책임 중에 어느 것을
조각(阻却)한다는 것인지에 관하여는 의문이고, 다른 형벌 감경 내지 면제사유와
비교하여 형평에 어긋나는 문제가 있다. 이에 관하여는 처벌조항인 제22조 제1
항에 관한 부분에서 자세히 살펴보기로 한다.

2. 공직자등의 반환 및 거절·인도 의무

1) 반환 또는 거부의 의사표시

공직자등은 자신이 수수 금지 금품등을 받거나 그 제공의 약속이나 의사표시
를 받은 경우 또는 자신의 배우자가 수수 금지 금품등을 받거나 그 제공의 약속
이나 의사표시를 받은 사실을 알게 된 경우에는 이를 제공자에게 지체 없이 반환
하거나 반환하도록 하거나 그 거부의 의사를 밝히거나 밝히도록 하여야 한다(법

제9조 제2항 본문). 거부의 의사를 밝히는 것은 제공의 약속이나 의사표시를 받은 경우에 하는 것이다. 거부의사는 제공의 약속이나 의사표시를 받은 자가 밝혀야 한다. 그러므로 공직자등이 제공의 약속을 하였는데 그 배우자가 거부의사를 표시한다거나 배우자가 제공의 의사표시를 받았는데 공직자등이 직접 거부의사를 표시하는 것은 제3자의 의사표시일 뿐 이 법에 의한 효과가 없다.

공직자등이 배우자에게 반환하거나 거부의사를 밝히도록 종용하였으나 배우자가 거절할 경우는 어떻게 되는가? 앞에서 본 바와 같이 공직자등의 배우자는 공직자등의 직무와 관련하여 금품등을 수수하였더라도 이 법에 의해서는 형사처벌 또는 제재를 받지 아니하기 때문에(다만 형법 등 다른 법률에 저촉되어 처벌받는 것은 별론으로 한다) 공직자등의 종용에 불응하여 반환 또는 거부의사를 밝히지 않을 수도 있는데, 그 경우에는 법 제22조 제1항 제2호 단서 규정이 적용되지 아니하여 처벌대상에서 제외될 수 없다. 다만 공직자등은 배우자가 금품등을 수수한 사실을 소속기관장에게 지체 없이 서면으로 신고함으로써 처벌 또는 제재대상에서 제외될 수 있을 뿐이다.

그런데 공직자등이 배우자에게 금품등의 반환 또는 거부의사를 밝히도록 종용하였으나 예상과 달리 배우자가 완강히 불응하고 그 사이에 며칠이 지나 공직자등이 소속기관장에게 신고하기에는 시간이 지체된 경우에 그 이후 지체 없이 신고하면 법 제9조 제1항에 의한 적법한 신고가 되는가? 금품등을 제공받은 이후의 모든 사정과 시간을 종합적으로 고찰하여 '지체 없이' 신고한 것으로 되지 않는 한 부정하여야 할 것이다. 예컨대 휴가나 출장 중에 배우자가 금품등을 수수한 사실을 알고 반환 등을 종용하였으나 뜻대로 되지 않은 경우에는 휴가나 출장에서 돌아와 신속하게 신고하면 처벌대상에서 제외된다 할 것이다. 그러나 그러한 사정이 없다면 지체 없이 신고한 것이 아니라고 평가되어 형사처벌된다.

다만 금품등의 반환은 거부의사표시와 달리 볼 필요가 있다. 예컨대, 공직자등이 받은 금품등을 배우자가 반환하거나, 배우자가 받은 금품등을 공직자등이 반환한 경우에는 비록 그 반환이 직접 받은 사람의 의사에 기하지 않았다 하더라도 결과적으로 받은 금품등 자체를 반환한 것이므로 여기서 말하는 반환으로 봐야 할 것이다. 반환이 직접 받은 사람의 의사에 기한 경우는 당연히 본인이 반환한 것으로 인정된다. 금품등이 경제적 이익, 접대·향응 또는 편의제공인 경우 이미 수령하여 소비 또는 향유하였다면 반환은 어떻게 하는가? 잔여 부분이 있으면 그 부분과 나머지 부분에 대한 가액을 금전으로 반환하고, 전부 소비 또는 향유하였다면 전부의 가액 상당을 금전으로 반환하여야 할 것이다.

이 경우 '지체 없이'란 반환 또는 거부의사표시에 필요한 통상의 시간 이내에 하는 것을 말하는데, 구체적·개별적 사안에서 여러 사정들을 종합적으로 고려하여 판단하여야 할 것이다.

2) 인도의무

공직자등 또는 그 배우자가 받은 금품등이 1. 멸실·부패·변질 등의 우려가 있는 경우, 2. 해당 금품등의 제공자를 알 수 없는 경우, 3. 그 밖에 제공자에게 반환하기 어려운 사정이 있는 경우에는 소속기관장에게 인도하거나 인도하도록 하여야 한다(법 제9조 제2항 단서).

3. 소속기관장의 조치 의무

1) 금품등 반환 또는 인도조치

소속기관장은 제9조 제1항에 따라 신고를 받거나 제2항 단서에 따라 금품등을 인도받은 경우 수수 금지 금품등에 해당한다고 인정하는 때에는 반환 또는 인도하게 하거나 거부의 의사를 표시하도록 하여야 한다(법 제9조 제3항 전단).

소속기관장의 조치의무는 수수 금지 금품등에 해당한다고 인정하였을 때 발생하는 것이다. 금품등을 받았다는 신고를 접한 경우는 반환 또는 인도하게 하여야 하고, 제공의 약속 또는 의사표시를 받았다는 신고를 접한 경우는 거부의 의사를 표시하도록 하여야 한다. 반환하기 어려운 사정이 있어 소속기관장이 제2항과 같이 직접 금품등을 인도받은 경우는 각 사정에 따라 다르다. '법 시행령 입법예고안'에 의하면 우선 범죄혐의가 있거나 수사의 필요성이 있다고 인정되는 경우는 수사기관에 통보하고 증거자료로 제출하여야 하고, 과태료 부과 또는 징계의 필요성이 있다고 인정되는 경우는 과태료 재판 또는 징계절차 종료시까지 보관하고 있다가 세입조치 등 적절한 조치를 취하고, 소속기관장 이외의 조사기관등이 인도받은 경우는 소속기관장에게 송부하여야 한다. 법 위반행위가 없다고 인정되는 경우는 인도한 자에게 반환하되 멸실·부패 등으로 처리·반환이 어려운 경우 인도자의 동의를 얻어 폐기처분 하여야 한다(동 입법예고안 제8조 제1·4항). 제공자를 알 수 없는 경우에는 제공자를 찾아서 반환하고, 끝까지 알 수 없는 경우 또는 제공자에게 반환하기 어려운 사정이 있는 경우는 세입조치 등 적절한 방법으로 처리하여야 할 것이다.

2) 수사기관에의 통보

소속기관장은 공직자등으로부터 신고를 받거나 공직자등 또는 그 배우자가 수수 금지 금품등을 받거나 그 제공의 약속 또는 의사표시를 받은 사실을 알게 된 경우 수사의 필요성이 있다고 인정하는 때에는 그 내용을 지체 없이 수사기관에 통보하여야 한다(법 제9조 제3항 후단 및 제4항).

3) 직무배제 조치 등

소속기관장은 소속 공직자등 또는 그 배우자가 수수 금지 금품등을 받거나 그 제공의 약속 또는 의사표시를 받은 사실을 알게 된 경우 또는 금품등의 신고, 금품등의 반환·인도 또는 수사기관에 대한 통보의 과정에서 직무의 수행에 지장이 있다고 인정하는 경우에는 해당 공직자등에게 직무 참여 일시중지, 직무 대리자의 지정, 전보, 그 밖에 대통령령 또는 국회규칙, 대법원규칙 등으로 정하는 조치를 할 수 있다. 그럼에도 불구하고 직무수행 공직자등을 대체하기 지극히 어려운 경우, 직무수행에 미치는 영향이 크지 않는 경우 또는 국가의 안전보장 및 경제발전 등 공익증진을 이유로 직무수행의 필요성이 더 큰 경우에는 그 공직자등에게 직무를 계속 수행하게 할 수 있다(법 제9조 제5항).

소속기관장은 공직자등이 직무수행에 지장이 있다고 인정하는 경우에는 위 각 조치 중에 적당하다고 판단되는 것을 선택하여 반드시 조치하여야 한다.

4) 반환요구 조치

이에 관한 법 제9조 제7항의 내용은 다음과 같다. "소속기관장은 공직자등으로부터 제1항 제2호에 따른 신고를 받은 경우 그 공직자등의 배우자가 반환을 거부하는 금품등이 수수 금지 금품등에 해당한다고 인정하는 때에는 그 공직자등의 배우자로 하여금 그 금품등을 제공자에게 반환하도록 요구해야 한다.”

소속기관장의 반환요구조치에는 다음과 같은 요건이 충족되어야 한다. ① 공직자등으로부터 자신의 배우자가 수수금지 금품등을 받은 사실이 있다는 신고를 받고, ② 그 공직자의 배우자가 받은 금품등의 반환을 거부하고, ③ 그 금품등이 수수 금지 금품등에 해당한다고 인정하는 것이 필요하다. 위에서 본 법 제9조 제3항 전단에 의한 소속기관장의 반환조치가 공직자등으로부터 신고를 받고 하는 통상의 반환조치라면 여기서의 반환조치는 공직자등의 배우자가 반환을 거부하는 경우에 하는 조치라 할 것이다. 공직자등은 그 배우자가 금품등을 받은 경우에 이를 지체 없이 반환하게 하여야 하고, 신고를 접한 소속기관장도 수수 금지 금품등에 해당한다고 인정하면 반환하게 하여야 하지만, 그래도 배우자가 반환을 거부할 경우에 재차 하는 조치가 여기서 말하는 반환요구조치이다.

반환요구의 상대방은 문언상 명확하지 않으나 일응 공직자등의 배우자에게 요구하는 것으로 보인다. 공직자등의 배우자가 위 반환요구조치에 불응하더라도 그것만으로는 아무런 처벌 또는 제재조치를 받지 아니한다. 다만 수사의 필요성이 있다고 인정하는 때에는 그 내용을 지체 없이 수사기관에 통보할 수 있을 뿐이다. 구체적인 반환요구의 시기, 방법 등은 대통령령으로 정하게 되어 있다.

5) 공무수행사인의 경우 소속기관장

공무수행사인도 부정청탁과 금품등 수수 금지에 있어서 공직자등에 대한 규정이 준용됨은 앞에서 본 바와 같다. 이 경우 공무수행사인의 지위에 따라 소속기관장으로 간주되는 자는 다음과 같다(법 제11조 제2항).

1. 「행정기관 소속 위원회의 설치·운영에 관한 법률」 또는 다른 법령에 따라 설치된 각종 위원회의 위원의 경우 그 위원회가 설치된 공공기관의 장
2. 법령에 따라 공공기관의 권한을 위임·위탁받은 법인·단체 또는 그 기관이나 개인인 경우 감독기관 또는 권한을 위임하거나 위탁한 공공기관의 장
3. 공무를 수행하기 위하여 민간부문에서 공공기관에 파견 나온 사람인 경우 파견을 받은 공공기관의 장
4. 법령에 따라 공무상 심의·평가 등을 하는 개인 또는 법인·단체인 경우 해당 공무를 제공받는 공공기관의 장

제 6 절 공직자등의 사례금 수수 제한

1. 초과사례금 수수 금지

1) 공직자등은 자신의 직무와 관련되거나 그 지위·직책 등에서 유래되는 사실상의 영향력을 통하여 요청받은 교육·홍보·토론회·세미나·공청회 또는 그 밖의 회의 등에서 한 강의·강연·기고 등(이하 "외부강의등"이라 한다)의 대가로서 대통령령으로 정하는 금액을 초과하는 사례금을 받아서는 아니 된다(법 제10조 제1항).

2) 공직자등이 자신의 직무와 관련되거나 지위·직책등에서 유래하는 사실상의 영향력을 통하여 외부강의등을 요청받은 경우에 초과 사례금 수수가 제한되므로 직무와 관련이 없거나 그 지위·직책 등과 상관없이 요청받은 외부강의등에 대한 사례금은 여기에 해당하지 않는다. 예컨대 공직자등이 직무나 지위·직책과 관련 없이 개인적으로 특정 분야에 대한 연구·지식·경험 등을 이유로 요청받고 강의 등을 한 경우는 이에 해당하지 않는다.

3) 외부강의등에는 대가를 받고 교육·홍보·세미나·공청회·토론회·발표회·심포지엄·회의 등에서 하는 강의, 강연, 기고뿐만 아니라 발표, 토론, 심사, 평가, 자문, 의결 등 명목 여하를 불문한다.[68] 강의등에 준하는 것이므로 심사·평가·자문 등은 다수인 앞에서 하거나 또는 회의 형식을 갖춘 경우를 상정하는 것으로 해석된다.

4) 대통령령으로 정하는 금액을 초과하는 사례금은 수수가 금지된다. 대통령령이 정하는 금액 범위 내에서의 사례금은 정당한 대가로 인정되므로 수수가 금지되는 것은 대통령령으로 정한 금액을 초과하는 부분이다. 뒤에서 보는 바와 같이 초과하는 부분에 대하여는 지체 없이 제공자에게 반환하여야 한다.

앞에서 본 바와 같이 '법 시행령 입법예고안' 제9조 별표2에 의하면 수수가 허용되는 외부강의 사례금은 다음과 같다.

공무원의 경우 시간당 허용되는 사례금의 상한액을 직급별로 구분하여 장관급 이상 50만원, 차관급 40만원, 4급 이상 30만원, 5급 이하 20만원으로 규정하고 있으며, 공직유관단체 임직원의 경우 기관장 40만원, 임원 30만원, 그 외 직원

---

68 국민권익위원회, 2012년도 공무원행동강령 업무편람, 2012, 78면.

20만원으로 규정하고 있으며 위 공직자들은 모두 1시간을 초과하더라도 추가 사례금은 상한액의 1/2까지만 받을 수 있도록 제한하고 있다. 다만 기고에 관하여는 아무런 규정이 없다.

한편 공적 업무 종사자로서 공직자등에 속하는 각급 학교의 장과 교직원 및 학교법인의 임직원, 언론사의 대표자와 그 임직원의 경우에는 직급별 구분 없이 시간당 100만원을 상한액으로 하고 1시간을 초과하더라도 1/2의 제한이 없으며 기고를 할 경우 1건당 100만원으로 한다. 또한 학교법인 또는 언론사 임직원 등이 ① 법령에 따라 설치된 각종 위원회의 위원으로서 수행하는 공무와 관련된 외부강의등, ② 법령에 따라 공공기관의 권한을 위임·위탁받아 수행하는 공무와 관련된 외부강의등, ③ 법 제2조 제1호 가.목, 나.목, 다.목의 공공기관에 파견 나와 수행하는 공무와 관련된 외부강의등, ④ 법령에 따라 수행하는 심의·평가 등의 공무와 관련된 외부강의등을 하는 경우에는 1회 100만원으로 제한된다.

공무원의 경우 현재 시간당 허용되는 사례금의 액수는 「공무원 행동강령」에 장관급 40만원, 차관급 30만원, 국·과장급 23만원, 사무관 이하 12만원으로 되어 있다.

5) 사례금에는 원고료나 여비 등이 포함되는가? 일반적으로 강의등을 함에 있어서 강의료 이외에 그 준비를 위한 원고작성 비용, 강의 장소로 이동비용 기타 강의를 위하여 요청자가 부담하는 일체의 비용을 강의의 대가로 볼 수 있지만 여기서 말하는 사례금은 특별히 교통비·숙박비 등 명목으로 지급되는 금전을 제외한 나머지 금품등을 명목에 관계없이 포함한다고 본다. 대통령령으로 일률적으로 정할 수 있어야 하고, 초과금액을 반환하도록 되어 있기 때문이다. '법 시행령 입법예고안'에도 외부강의등의 상한액에는 강의료, 원고료, 출연료 등 명목에 관계없이 외부강의등 사례금 제공자가 외부강의등과 관련하여 공직자등에게 제공하는 일체의 사례금을 포함하고, 실비로 제공되는 교통비는 제외한다고 되어 있다(동 입법예고안 제9조 별표2). 숙박비에 대한 규정은 없지만 격지에서의 강의등일 경우 숙박비도 제외되어야 할 것이다. 다만 기고의 경우에는 사례금이 바로 원고료라 할 것이다.

6) 대통령령으로 정하는 기준금액을 초과하지 않는 한 수수 금지 금품등에서 제외되므로 직무와 관련이 있어도 상관없고 사실상의 영향력을 통하여 요청받아도 상관없으며 법 제8조 제1항에서 정하는 총액을 초과하여도 무방하다. 다만 같

은 조 제2항에 의한 외부강의 신고대상이면 소속기관장에게 서면으로 신고는 하여야 한다.

7) 초과 사례금 수수 금지에 관한 위 규정은 이 법 시행 후 하는 외부강의부터 적용한다(법 부칙 제3조).

2. 외부강의등 신고의무

1) 공직자등은 외부강의등을 할 때에는 대통령령으로 정하는 바에 따라 요청 명세 등을 소속기관장에게 미리 서면으로 신고하여야 한다(법 제10조 제2항). 신고 방법은 문서로 하여야 하나 긴급하거나 부득이한 사유가 있는 경우 먼저 구술로 신고한 후 강의등이 끝난 뒤 서면을 제출할 수는 있다고 본다. 신고할 내용은 외부강의등의 요청 명세 등 대통령령으로 정하는 것이다. '법 시행령 입법예고안' 제10조에 의하면 외부강의등 신고에는 ① 신고자의 이름, 소속, 직급 및 연락처 등 인적사항, ② 외부강의등의 유형, 일시, 강의시간, 장소, ③ 강의 주제, ④ 사례금 총액 및 세부 내역, ⑤ 요청자(요청기관) 및 요청사유, 담당자 및 연락처가 포함되어야 한다.

2) 미리 신고하는 것이 곤란한 경우에는 그 외부강의등을 마친 날부터 2일 이내에 서면으로 신고하여야 한다(법 제10조 제3항). 사전신고를 하는 경우에도 사례금의 액수나 강의시간 등을 미리 알 수 없는 경우에는 강의등이 끝난 후 즉시 보완하여야 한다(법 시행령 입법예고안 제10조 제2항).

3) 신고 대상은 공직자등의 직무와 관련되거나 그 지위·직책 등에서 유래되는 사실상의 영향력을 통하여 요청받은 외부강의등이다. 직무나 지위·직책과 무관한 강의등은 신고의 대상이 아니다. 다만 「공무원 행동강령」에 공무원이 대가를 받고 "외부강의·회의등"을 할 때에는 미리 외부강의·회의등의 요청자, 요청 사유, 장소, 일시 및 대가를 소속기관의 장에게 신고하도록 규정되어 있다(「공무원 행동강령」 제15조 제1항).

4) 신고의무를 이행하지 아니하면 징계처분의 대상이 된다.

5) 외부강의등을 요청한 자가 국가나 지방자치단체인 경우에는 신고의무가 면제된다(법 제10조 제2항 단서).

3. 초과사례금 신고 및 반환의무

1) 공직자등은 대통령령이 정하는 기준금액을 초과하는 사례금을 받은 경우에는 이러한 사실을 소속기관장에게 신고하고, 제공자에게 그 초과금액을 지체 없이 반환하여야 한다(법 제10조 제5항). 신고 및 반환조치를 하지 아니하면 500만원 이하의 과태료에 처하게 된다(법 제23조 제4항).

2) 신고와 반환을 모두 하여야 의무를 이행한 것이 된다. 신고만 하고 반환을 하지 않으면 의무위반이 되는데, 반환을 하고 신고를 하지 않은 경우에는 어떻게 될까? 수령 즉시 또는 현장에서 바로 초과부분을 반환하였다면 받지 않고 거절한 것으로 볼 수 있으므로 신고의무가 있다고 할 수 없겠지만 액수를 모른 채 수령하고 돌아와서 나중에 확인해본 결과 금액을 초과한 사실을 알았을 경우에는 초과금액을 지체 없이 반환하였더라도 신고를 하여야 한다.

3) 초과사례금의 신고절차와 방법 등은 대통령령으로 정하는 바에 따른다. 이에 관한 '법 시행령 입법예고안' 제11조에 의하면 초과사례금을 받은 사실을 신고하는 경우에는 위에서 본 외부강의등의 신고방법에 따른 신고사항, 초과사례금의 액수, 초과사례금의 반환 여부를 기재한 서면으로 하되 초과사례금을 받은 사실을 안 날로부터 2일 이내에 하여야 한다. 이 경우 2일의 기간 말일이 토요일 또는 공휴일에 해당하는 때에는 그 익일까지 신고하면 된다. 다만 긴급하거나 부득이한 사유가 있는 경우에는 먼저 구술로 신고한 후 서면을 제출할 수 있다.

4. 소속기관장의 제한조치

소속기관장은 공직자등이 미리 신고한 외부강의등이 공정한 직무수행을 저해할 수 있다고 판단하는 경우에는 그 외부강의등을 제한할 수 있다(법 제10조 제4항). 예컨대 지도·감독, 허가·인가 등의 업무를 담당하는 공직자등이 지도·감독을 받는 기관, 업체, 단체 또는 허가·인가 신청과 관련 있는 업체에 외부강의등을 하고 대가로 사례금을 수령하는 경우에는 특별한 사정이 없는 한 공직자등의 공정한 직무수행을 저해할 수 있다고 할 것이다.

제4장 부정청탁 및 금품수수 금지에 관한 업무처리

제 1 절 위반행위의 신고 및 처리

1. 위반행위의 신고

1) 누구든지 이 법의 위반행위가 발생하였거나 발생하고 있다는 사실을 알게 된 경우에는 신고할 수 있다(법 제13조 제1항). 신고는 공직자등뿐만 아니라 일반 국민 또는 외국인 누구라도 할 수 있다. 공직자등이 제3자로서 위반행위를 알았을 경우뿐만 아니라 스스로 수차 부정청탁을 받거나 또는 금품등 제공의 의사표시를 받은 경우와 같이 위반행위의 상대방으로서 하는 신고도 여기에 포함된다. 왜냐하면 부정청탁을 받거나 금품등을 제공받은 공직자등은 법 제7조, 제9조의 절차에 따라 소속기관장에게 신고하거나 그 감독기관·감사원·수사기관 또는 국민권익위원회에도 신고할 수 있는데 소속기관 이외의 외부기관에 신고하면 법 제13조 제1항의 적용을 받게 되기 때문이다.

2) 이 법의 위반행위라 함은 부정청탁 또는 금품수수, 부정청탁에 따른 직무수행, 금품등 수수 또는 부정청탁 미신고, 외부강의등에 대한 초과 사례금 수수 또는 미신고 등 이 법에서 금지 또는 요구되는 것에 위반하는 행위를 말한다. 공직

자등 뿐만 아니라 공무수행사인의 행위는 물론이고 그 배우자, 일반 국민, 외국인의 행위도 포함한다.

　3) 기왕에 발생한 위반행위뿐만 아니라 발생하고 있는 경우에 신고할 수 있다. 그러나 아직 발생하지 않은 단계에서 그러한 의심이 들거나 개연성이 있다는 것만으로는 부족하다.

　4) 신고한 사실이 허위인 경우는 형법상 무고죄에 해당할 수 있다. 허위인지 여부는 사실의 중요내용 또는 핵심이 진실에 부합하는가에 따라서 판단된다. 따라서 신고내용에 일부 객관적 진실에 반하는 내용이 포함되었다 하더라도 단지 신고사실의 정황을 과장하는 데 불과하거나 허위인 일부사실의 존부가 전체적으로 보아 범죄의 성립여부에 직접 영향을 줄 정도에 이르지 아니하는 내용에 관계되는 것이라면 무고죄가 성립하지 아니한다.[69] 그러나 그 정도를 넘어 허위인 사실이 독립하여 형사처분 또는 징계처분의 대상이 되는 경우는 그 부분에 대하여 무고죄가 성립한다.

　예컨대 '공직자등이 수차례 부정청탁을 받고 그에 따른 직무수행을 하였다'는 신고를 한 경우에 사실관계가 '지인으로부터 3회에 걸쳐 부정청탁을 받고 거절의 의사표시를 하거나 소속기관장에게 신고하지 않은 것은 사실이지만 법령위반 없이 적법하게 직무를 수행한 것'이라면 무고죄가 성립한다. 부정청탁을 거듭 받고도 거절의 의사를 명확히 표시하지 않고 3차 부정청탁을 받은 후에도 소속기관장에게 신고하지 않아 징계처분의 대상이지만 2년 이하의 징역 또는 2천만원 이하의 벌금에 해당하는 '부정청탁에 따른 직무수행'은 한 적이 없기 때문이다. 다만 이 경우에도 부정청탁에 따른 직무수행 즉 법령을 위반한 것이 없음을 알고서 신고하여야 무고죄가 성립한다. 여기서 신고내용이 허위임을 안다는 인식은 확정적으로 있어야 되는 것은 아니고 미필적 고의로도 족하다. 즉 진실이라는 확신 없이 신고하면 족하고 허위임을 확신하여야 하는 것은 아니다.[70] 부정청탁에 따른 법령위반의 직무행위가 있다고 확신하고 신고하였을 때에는 사실관계가 다르더라도 무고죄가 성립하지 않는다(대법원 1985. 2. 26. 선고 84도2774 판결).

　사실관계는 신고와 일치하지만 법률적 평가를 잘못하여 신고한 경우는 허위신고라고 할 수 없다. 예컨대 공직자의 배우자가 직무와 관련하여 돈 90만원을 받

---

69 대법원 1986. 9. 23. 선고 86도556 판결, 1994. 1. 11. 선고 93도2995 판결 등 참조.
70 대법원 1989. 9. 26. 선고 88도1533 판결, 1997. 3. 28. 선고 96도2417 판결 등 참조.

고 공직자가 그 사실을 알았으면 공직자가 형사처벌 되는 줄 알고 범죄행위가 있으니 처벌해달라는 내용으로 신고하였을 경우 실제는 공직자가 배우자의 금품수수 사실을 알고도 신고하지 않아 2배 이상 5배 이하의 과태료에 처해질 뿐이지만 무고죄가 성립하지 않는다. 신고의 내용이 사실과 다소 다르더라도 그것이 정황의 과장에 지나지 않는다면 이로써 허위의 사실을 들어 고소하였다고 볼 수는 없기 때문에 공직자가 직무와 관련 없이 친지로부터 100만원이 든 봉투를 받았는데 120만원을 받았다고 신고하는 경우 일반적으로 정황의 과장에 해당하여 무고죄가 되지 않을 것이다. 그러나 이 경우에도 직무와 관련 없이 100만원을 받으면 수수가 금지된 금품에 해당하지 않고 100만원을 초과한 금품을 받은 경우에만 형사처벌 받는다는 사정을 알고 수수 금지된 금액을 받은 것으로 신고한 경우는 무고죄가 된다.

신고의 내용이 단순히 부정청탁에 따른 직무수행이 있었는지 여부를 공정한 수사로 가려 달라는 취지라면 무고의 목적이 있다 할 수 없어 무고죄가 성립되지 아니할 수 있다(대법원 1978. 8. 22. 선고 78도1375 판결).

5) 신고를 할 수 있는 기관은 ① 이 법의 위반행위가 발생한 공공기관 또는 그 감독기관, ② 감사원 또는 수사기관, ③ 국민권익위원회 중 어느 한 곳이다(법 제13조 제1항).

6) 신고하려는 자는 자신의 인적사항과 신고의 취지·이유·내용을 적고 서명한 문서와 함께 신고 대상 및 증거 등을 제출하여야 한다(법 제13조 제3항). 이 법의 위반행위에 대한 신고로 피신고자에게 형사처벌 또는 징계처분이 내려지고 신고자에게는 일정한 보호조치 및 보상제도가 있기 때문에 신고는 정해진 방식에 의할 것이 요구된다.

신고는 서면으로 하며 신고자의 인적사항을 기재하고 본인이 서명하여야 한다. 서면에는 전자문서가 포함된다. 구두로 하거나 모바일 메시지 또는 SNS 등으로 하더라도 신고로 인정되지 않는다. 다만 긴급하거나 부득이한 사유가 있는 경우에는 먼저 구술로 신고를 한 후 서면을 제출할 수 있다고 볼 것이다. 신고서에는 신고의 취지와 내용을 기재하여야 하고 신고 대상과 증거를 제출하여야 한다. 여기서 신고 대상이란 신고하고자 하는 위반행위의 내용이 아니라 공직자등이나 그 배우자가 제공받은 금품등과 같이 그 자체를 신고해야 하는 물건을 말한다.

왜냐하면 신고서면과 함께 제출하여야 하는 것이기 때문이다. 금품등 제공의 의사표시를 받은 경우 금품등에 관한 자료나 명세 또는 수차 부정청탁을 받은 자료 등은 증거자료에 해당한다 할 것이다. 공직자등이 자신의 소속기관장에게 신고할 경우 신고대상 금품등을 제출하여야 한다면 법 제9조 제2항의 '인도'와 구분이 모호하다. 그러나 제9조 제2항에 의한 인도는 반드시 금품등 그 자체를 인도하여야 하나 여기서 말하는 '신고 대상의 제출'은 반드시 그 자체를 제출할 필요는 없고 그 사진이나 증거가 될 만한 방법으로 제출하더라도 무방하다 할 것이므로 서로 차이가 있다.

2. 신고의 처리

1) 조사기관의 처리

a) 수사·감사 또는 조사의무

신고자로부터 신고를 받은 기관이 위반행위가 발생한 공공기관 또는 그 감독기관이거나 감사원 또는 수사기관(이 기관들을 통칭하여 '조사기관'이라 한다)인 경우에는 그 내용에 관하여 필요한 조사·감사 또는 수사를 하여야 한다. 국민권익위원회로부터 이첩을 받은 경우에도 같다(법 제14조 제1항). 이 경우 조사기관은 신고사항을 처리하기 위하여 ① 신고내용의 특정에 필요한 사항, ② 신고내용을 입증할 수 있는 참고인, 증거자료 등의 확보 여부, ③ 다른 기관에 동일한 내용으로 신고를 하였는지 여부, ④ 신고자가 신고처리과정에서 그 신분을 밝히거나 암시하는 것(이하 "신분공개"라 한다)에 동의하는지 여부 등을 확인할 수 있다(법 시행령 입법예고안 제13조 제1항).

b) 결과통보 의무

조사기관은 신고내용에 대한 조사·감사 또는 수사를 마친 날부터 10일 이내에 그 결과를 신고자에게 통보하여야 한다. 국민권익위원회로부터 이첩 받은 경우에는 국민권익위원회에도 통보하여야 한다(법 제14조 제3항 전단).

c) 필요한 조치 의무

조사기관은 조사·감사 또는 수사 결과에 따라 공소 제기, 과태료 부과 대상 위반행위의 통보, 징계 처분 등 필요한 조치를 하여야 한다(법 제14조 제3항 후단).

법 시행령 입법예고안에 의하면 이 경우 조사기관이 할 수 있는 조치는 다음과 같다. 조사기관이 ① 소속기관인 경우 ㉠ 범죄의 혐의가 있거나 수사의 필요성이 있다고 인정되는 경우 수사기관에 통보, ㉡ 과태료 부과 대상 위반행위에 대해 과태료 관할 법원에 통보, ㉢ 징계절차의 진행 조치를 하고, ② 감독기관 또는 감사원인 경우 ㉠ 범죄의 혐의가 있거나 수사의 필요성이 있다고 인정되는 경우 수사기관에 통보, ㉡ 과태료 부과대상이거나 징계의 필요성이 있는 경우 소속기관에 통보 조치를 하며, ③ 수사기관인 경우 과태료 부과대상이거나 징계의 필요성이 있는 경우 소속기관에 통보 조치를 하여야 한다(동 입법예고안 제18조 제1항).

　　d) 재조사 및 통보의무

　　국민권익위원회로부터 재조사를 요구받은 조사기관은 재조사를 종료한 날부터 7일 이내에 그 결과를 국민권익위원회에 통보하여야 한다(법 제14조 제7항 전문).

　2) 국민권익위원회의 조치

　　a) 조사기관에의 이첩 및 통지

　　국민권익위원회가 제13조 제1항에 따른 신고를 받은 경우에는 그 내용에 관하여 신고자를 상대로 사실관계를 확인한 후 대통령령으로 정하는 바에 따라 조사기관에 이첩하고, 그 사실을 신고자에게 통보하여야 한다(법 제14조 제2항). 국민권익위원회는 조사·감사 또는 수사권이 없기 때문에 신고자의 인적사항과 신고의 취지·이유·내용의 특정에 필요한 사실관계를 신고자에게 확인하고 조사기관에 이첩하여야 한다. 국민권익위원회가 신고자에게 확인할 수 있는 사항은 위 조사기관이 신고사항을 처리하기 위하여 확인할 수 있는 사항과 동일하다(법 시행령 입법예고안 제13조 제2항). 피신고자에게 확인하는 것은 조사·수사의 영역에 해당하므로 피신고자에게 확인해서는 아니 되는 것으로 해석된다. 조사기관 이첩에 관한 사항은 대통령령으로 정하게 되어 있다. 이에 관한 '법 시행령 입법예고안' 제15조에 의하면 국민권익위원회는 신고를 받은 날로부터 60일 이내에 이첩하여야 하는데, ① 범죄의 혐의가 있거나 수사의 필요성이 있다고 인정되는 경우는 수사기관, ② 과태료 부과대상에 해당한다고 인정되는 경우는 소속기관, ③ 법에 따른 징계의 필요성이 있다고 인정되는 경우는 소속기관 또는 그 감독기관, ④ 「감사원법」에 의한 감사가 필요하다고 인정되는 경우는 감사원으로 각 구분하여 이첩하도록 되어 있다. 조사기관에 이첩한 경우에는 그 사실을 신고자에게 통보하여야 한다(법 제14조 제2항).

한편 국민권익위원회는 ① 신고의 내용이 명백히 거짓인 경우, ② 신고자가 제13조 제4항에 따른 보완 요구를 받고도 보완 기한 내에 보완하지 아니하고 그 보완이 이루어지지 아니하면 신고사항을 확인할 수 없는 경우, ③ 신고에 대한 처리 결과를 통지받은 사항에 대하여 정당한 사유 없이 다시 신고한 경우로서 새로운 증거가 없는 경우, ④ 신고의 내용이 언론매체 등을 통하여 이미 공개된 내용에 해당하고 조사기관의 조사·감사 또는 수사(이하 "조사등"이라 한다)가 시작되었거나 이미 끝난 경우로서 새로운 증거가 없는 경우, ⑤ 동일한 내용의 신고가 접수되어 먼저 접수된 신고에 관하여 조사기관의 조사등이 시작되었거나 이미 끝난 경우로서 새로운 증거가 없는 경우, ⑥ 그 밖에 조사기관의 조사등이 필요하지 아니하다고 인정되어 이첩하지 아니하고 종결하는 것에 합리적 이유가 있는 경우에는 조사기관에 이첩하지 아니하고 종결할 수 있다. 국민권익위원회가 신고를 이첩하지 아니하고 종결한 때에는 그 사실 및 사유를 신고자에게 통지하여야 하고, 그 통지를 받은 신고자는 새로운 증거자료의 제출 등 합리적인 이유를 들어 다시 신고를 할 수 있다(법 시행령 입법예고안 제16조).

b) 조사·감사 또는 수사 결과의 통지

국민권익위원회는 이첩받은 조사기관으로부터 조사·감사 또는 수사 결과를 통보받은 경우에는 지체 없이 신고자에게 조사·감사 또는 수사 결과를 알려야 한다(법 제14조 제4항).

c) 재조사 요구

국민권익위원회는 조사기관의 조사·감사 또는 수사 결과가 충분하지 아니하다고 인정되는 경우에는 조사·감사 또는 수사 결과를 통보받은 날부터 30일 이내에 새로운 증거자료의 제출 등 합리적인 이유를 들어 조사기관에 재조사를 요구할 수 있다(법 제14조 제6항). 다만 조사기관에 제출되지 않은 새로운 증거자료가 발견되었거나 기타 합리적인 이유가 있어야 재조사를 요구할 수 있다.

d) 재조사 결과 요지의 통지

재조사를 요구받은 조사기관으로부터 그 결과를 통보받은 국민권익위원회는 즉시 신고자에게 재조사 결과의 요지를 알려야 한다(법 제14조 제7항 후문).

제 2 절　신고자등의 보호 및 보상

1. 신고등의 방해 금지

1) 누구든지 공직자등이 하는 부정청탁의 신고, 수수 금지 금품등의 신고 또는 인도, 제13조 제1항에 따른 일반적인 법 위반행위의 신고 등을 하지 못하도록 방해해서는 아니 된다(법 제15조 제1항 제1호 내지 3호).

2) 위 신고를 한 자 외에 협조를 한 자가 신고에 관한 조사·감사·수사·소송 또는 보호조치에 관한 조사·소송 등에서 진술·증언 및 자료제공 등의 방법으로 조력하는 행위를 방해해서도 아니 된다(법 제15조 제1항 제4호).

3) 이하에서는 위 1), 2)항의 신고, 인도 또는 조력하는 행위를 합하여 "신고 등"이라 한다. 신고등을 방해한 자는 1년 이하의 징역 또는 1천만원 이하의 벌금에 처한다(법 제22조 제3항 제1호).

2. 신고의 취소강요 등 금지

신고등을 한 자(이하 "신고자등"이라 한다)에게 신고·인도를 취소하도록 강요하거나, 신고에 관한 조사·감사·수사·소송 또는 보호조치에 관한 조사·소송 등에서 조력하는 행위를 취소하도록 강요해서도 아니 된다(법 제15조 제1항). 신고등을 취소하도록 강요한 자도 1년 이하의 징역 또는 1천만원 이하의 벌금에 처한다(법 제22조 제3항 제1호).

3. 불이익조치 금지

누구든지 신고자등에게 신고등을 이유로 불이익조치를 해서는 아니 된다(법 제15조 제2항). 여기서 말하는 불이익조치는 「공익신고자 보호법」 제2조 제6호에 따른 불이익조치를 말하는데 다음과 같다.

가. 파면, 해임, 해고, 그 밖에 신분상실에 해당하는 신분상의 불이익조치
나. 징계, 정직, 감봉, 강등, 승진 제한, 그 밖에 부당한 인사조치

다. 전보, 전근, 직무 미부여, 직무 재배치, 그 밖에 본인의 의사에 반하는 인사조치
라. 성과평가 또는 동료평가 등에서의 차별과 그에 따른 임금 또는 상여금 등의 차별
지급
마. 교육 또는 훈련 등 자기계발 기회의 취소, 예산 또는 인력 등 가용자원의 제한 또
는 제거, 보안정보 또는 비밀정보 사용의 정지 또는 취급 자격의 취소, 그 밖에 근
무조건 등에 부정적 영향을 미치는 차별 또는 조치
바. 주의 대상자 명단 작성 또는 그 명단의 공개, 집단 따돌림, 폭행 또는 폭언, 그 밖
에 정신적·신체적 손상을 가져오는 행위
사. 직무에 대한 부당한 감사(監査) 또는 조사나 그 결과의 공개
아. 인허가 등의 취소, 그 밖에 행정적 불이익을 주는 행위
자. 물품계약 또는 용역계약의 해지(解止), 그 밖에 경제적 불이익을 주는 조치

이에 위반하여 위 불이익조치 중 가.목에 해당하는 파면, 해임, 해고 그 밖에 신분상실에 해당하는 신분상의 불이익조치를 한 자는 2년 이하의 징역 또는 2천만원 이하의 벌금에 처하게 되어 있고, 나.목 내지 사.목에 해당하는 불이익조치를 한 자는 1년 이하의 징역 또는 1천만원 이하의 벌금에 처하게 되어 있다(법 제22조 제2항 제2호, 제3항 제2호). 위 아.목 또는 자.목에 해당하는 불이익조치를 한 경우에는 처벌규정이 없다.

4. 제재처분의 감면

이 법에 따른 위반행위를 한 자가 위반사실을 자진하여 신고한 경우에는 그 위반행위에 대한 형사처벌, 과태료 부과, 징계처분, 그 밖의 행정처분 등을 감경하거나 면제할 수 있다(법 제15조 제3항). 죄를 범한 후 자수한 경우에 형을 감경 또는 면제할 수 있다는 형법 제52조와 같은 취지의 규정이다. 다만 이 법에서는 형사처벌뿐만 아니라 과태료 부과, 징계처분, 그 밖의 행정처분까지도 감면해주는 것이 특징이다. 뿐만 아니라 신고자등이 신고등을 하므로 인하여 자신이 한 위반행위가 발견된 경우에도 그 위반행위에 대한 형사처벌, 과태료 부과, 징계처분, 그 밖의 행정처분 등을 감경하거나 면제할 수 있도록 되어 있다.

참고로 국민권익위원회법 제66조에도 부패행위의 신고를 함으로써 그와 관련된 자신의 범죄가 발견된 경우 그 신고자에 대하여 형을 감경 또는 면제할 수 있

고 공공기관의 징계처분에 관하여도 이를 준용한다는 규정을 두고 있으며, 「공익신고자 보호법」 제14조에도 공익신고등과 관련하여 공익신고자등의 범죄행위가 발견된 경우에는 그 형을 감경하거나 면제할 수 있고 공익신고등과 관련하여 발견된 위법행위 등을 이유로 공익신고자등에게 징계를 하거나 불리한 행정처분을 하는 경우 그 징계 또는 행정처분을 감경 또는 면제할 수 있는 규정을 두고 있다.

　문제는 법 제8조에 의한 금품등 수수 금지규정을 위반한 공직자등이나 배우자의 위반행위를 신고하지 아니한 공직자등은 신고·반환 또는 인도함으로써 처벌 또는 제재 대상에서 제외되고 있는데 어떤 경우에는 범죄가 되지 않고 어떤 경우에는 처벌 등이 감면되는 것인가? 금품등을 받고 지체 없이 신고·반환 또는 인도한 경우에는 처벌 또는 제재대상에서 제외되므로 범죄가 되지 않으나 지체 없이 신고를 하지 않고 있다가 범죄가 완성되고 시간을 지체한 이후에 자진하여 신고한 경우에는 이 규정에 의하여 처벌을 감면해주는 것으로 이해된다. 이에 관하여는 아래의 '벌칙규정' 해당부분에서 자세히 살펴보기로 한다.

5. 신고자등의 보호

　위에서 본 사항 외에 신고자등의 보호 등에 관하여는 「공익신고자 보호법」 제11조부터 제13조까지, 제14조 제3항부터 제5항까지 및 제16조부터 제25조까지의 규정을 준용한다(법 제15조 제4항). 그 내용은 아래와 같다.

1) 신고자 인적사항의 기재 생략 등

　신고자등이나 그 친족 또는 동거인이 신고등을 이유로 피해를 입거나 입을 우려가 있다고 인정할 만한 상당한 이유가 있는 경우에 조사 및 형사절차에서 「특정범죄신고자 등 보호법」 제7조, 제9조부터 제12조까지 규정된 특례가 다시 준용된다(「공익신고자 보호법」 제11조 제1항). 그 중 일부 중요한 부분을 살펴보면 다음과 같다.

a) 인적사항의 기재 생략

　검사 또는 사법경찰관은 신고등과 관련하여 조서나 그 밖의 서류(이하 "조서등"이라 한다)를 작성할 때 신고자등이나 그 친족등이 보복을 당할 우려가 있는 경우에는 그 취지를 조서등에 기재하고 신고자등의 성명·연령·주소·직업 등 신원

을 알 수 있는 "인적사항"은 기재하지 아니하고(「특정범죄신고자 등 보호법」 제7조 제
1항), 검사가 관리하는 별도의 신고자등 "신원관리카드"에 등재하여야 하며(동법
제7조 제3항), 조서등에 신고자등의 서명은 가명(假名)으로, 간인(間印) 및 날인(捺
印)은 무인(拇印)으로 하게 한다(동법 제7조 제4항). 이 경우 가명으로 된 서명은 본
명(本名)의 서명과 동일한 효력이 있다. 신고자등이 진술서 등을 작성할 때도 검
사 또는 사법경찰관의 승인을 받아 인적 사항의 전부 또는 일부를 기재하지 아니
할 수 있으며 이 경우에도 위 신원관리카드 등재 규정 및 가명으로 서명하는 등
의 규정이 준용된다(동법 제7조 제5항). 신고자등이나 그 법정대리인은 검사 또는
사법경찰관에게 인적사항을 기재하지 아니하는 조치를 하도록 신청할 수 있고.
이 경우 검사 또는 사법경찰관은 특별한 사유가 없으면 그 조치를 하여야 한다
(동법 제7조 제6항).

　　b) 신원관리카드의 열람 제한

　　검사가 관리하는 신원관리카드는 다른 사건을 재판하는 법원의 열람요청에도
불구하고 신고자등이나 그 친족등이 보복을 당할 우려가 있는 경우에 열람을 허용
하지 않을 수 있고(동법 제9조 제1항), 검사나 사법경찰관이 다른 사건의 수사에 필
요한 경우, 변호인이 피고인의 변호에 필요한 경우 및 공무상 필요한 경우에도 보
복당할 우려가 있으면 열람이 금지된다(동법 제9조 제2항).

　　c) 신고자등의 면담

　　피의자 또는 피고인이 피해자와의 합의를 위하여 필요한 경우에는 검사에게
신고자등과의 면담을 신청할 수 있고(동법 제9조 제3항), 신고자등이 승낙한 경우에
는 검사실 등 적당한 장소에서 면담을 할 수 있다(동법 제9조 제4항).

　　d) 재판절차에서의 특례

　　그 외에도 형사재판절차에 증인으로 소환되어 신문받는 과정에서 신고자등의
신원이 노출되지 않도록 소환장 송달, 증인 인적사항 기재, 선서, 증언장소, 증언
의 비공개 등 특례가 인정된다(동법 제11조, 제12조).

　　e) 신고자등의 조치 신청권

　　신고자등이나 그 법정대리인은 조사기관 또는 수사기관에 위와 같은 인적사
항 기재특례 조치를 하도록 신청할 수 있고, 조사기관 또는 수사기관은 특별한 사
유가 없으면 이에 따라야 한다(「공익신고자 보호법」 제11조 제2항). 위에서 본 바와

같이 「특정범죄신고자 등 보호법」의 준용에 의하여 검사 또는 사법경찰관에게 신청할 수 있으므로 위 규정은 그 밖의 수사기관이나 조사기관에 신청할 경우에도 적용된다. 신청의 상대방에 관하여는 아무런 규정이 없으나 「특정범죄신고자 등 보호법」이 '검사 또는 사법경찰관'에게 신청하도록 하고 있는 점에 비추어 조사기관 또는 수사기관의 담당 책임자에게 신청하면 될 것이다.

2) 신고자등의 비밀보장

누구든지 신고자등이라는 사정을 알면서 그의 인적사항이나 그가 신고자등임을 미루어 알 수 있는 사실을 다른 사람에게 알려주거나 공개 또는 보도하여서는 아니 된다(「공익신고자 보호법」 제12조 제1항). 이에 위반하면 3년 이하의 징역 또는 3천만원 이하의 벌금에 처한다(법 제22조 제1항 제4호). 다만, 신고자등이 공개·보도 등에 동의한 때에는 그러하지 아니하다. 이와 별개로 공무원의 경우 직무상 알게 된 비밀을 엄수하여야 할 비밀준수의무가 있고(국가공무원법 제60조, 지방공무원법 제52조), 이에 위반하여 직무상 알게 된 신고자등의 인적사항을 다른 사람에게 알려주거나 공개하면 공무상 비밀누설죄에 해당하여 2년 이하의 징역이나 금고 또는 5년 이하의 자격정지에 처하게 된다(형법 제127조).

비밀을 지켜야 하는 주체는 제한이 없다. 즉 공무원을 비롯하여 이 법에서 말하는 공직자등은 물론이고 일반 국민을 포함한 누구든지 신고자등이라는 사정을 알면서 그에 관한 사실을 다른 사람에게 알려주거나 공개 또는 보도하면 이 규정을 위반하게 되는 것이다. 다만 신고자등이라는 사정을 알고 있어야 하므로 정확한 사정을 모른 채 정확한 근거도 없이 막연히 추측하거나 소문을 듣고 신고자등이라고 주변에 얘기하는 경우는 이에 해당하지 않는다. 신고자등이라는 사정을 알게 된 경위는 묻지 않는다.

한편 국민권익위원회는 이에 위반한 사람의 징계권자에게 그 사람에 대한 징계등 필요한 조치를 요구할 수 있다(「공익신고자 보호법」 제12조 제2항). 그리고 신고를 받은 공직자등의 소속기관장, 감독기관, 감사원 또는 수사기관, 국민권익위원회 등은 신고등의 접수·인도·이첩·송부·조사 및 수사 등의 과정에서 신고자등의 신분이 신고자등의 동의 없이 공개되지 아니하도록 필요한 조치를 마련하여야 한다(「공익신고자 보호법 시행령」 제13조 참조).

3) 신고자등의 신변보호조치

a) 신고자등과 그 친족 또는 동거인은 신고등을 이유로 생명·신체에 중대한 위해를 입었거나 입을 우려가 명백한 경우에는 국민권익위원회에 신변보호에 필요한 조치(이하 "신변보호조치"라 한다)를 요구할 수 있다. 이 경우 국민권익위원회는 필요하다고 인정되면 경찰관서의 장에게 신변보호조치를 하도록 요청할 수 있다 (「공익신고자 보호법」 제13조 제1항).

신고자등이 신변보호조치를 요청할 수 있는 기관은 국민권익위원회로 한정된다. 현행 청탁금지법상 국민권익위원회 이외에 공직자등의 소속기관장, 감독기관·감사원·수사기관도 신고기관으로 되어 있지만 청탁금지법에 의하여 준용되는 「공익신고자 보호법」 제13조에는 신고자등이 신변보호조치를 요청할 수 있는 기관으로 국민권익위원회만 규정하고 있기 때문이다. 「공익신고자 보호법」에 의하면 공익신고를 할 수 있는 기관은 국민권익위원회 외에도 공익침해행위를 하는 사람이나 기관·단체·기업 등의 대표자 또는 사용자, 공익침해행위에 대한 지도·감독·규제 또는 조사 등의 권한을 가진 행정기관이나 감독기관, 수사기관, 그 밖에 공익신고를 하는 것이 공익침해행위의 발생이나 그로 인한 피해의 확대방지에 필요하다고 인정되어 대통령령으로 정하는 자(국회의원, 관련 법률에 따라 설치된 공사·공단 등의 공공단체) 등 다양하지만 위와 같은 피신고기관 또는 피신고자 모두에 신변보호조치 요청권한을 주는 것이 적절하지 않으므로 국민권익위원회만을 신변보호조치 요청기관으로 규정하였던 것이다. 그러나 청탁금지법에 의한 신고 등을 한 사람이 국민권익위원회에만 신변보호조치 요구를 할 수 있다면 신고기관과 신변보호조치요구 기관이 다른 경우 비효율적인 결과를 초래할 수 있다. 특히 수사기관에 신고한 경우가 그렇다. 국민권익위원회에서도 신변보호조치 요구가 있으면 어차피 관할 경찰서장에게 신변보호에 필요한 조치를 요청하여야 하는데 신고자가 신고 자체를 관할경찰서에 한 경우에도 신변보호조치는 국민권익위원회에만 할 수 있다면 불필요한 절차를 거치게 되고 즉각적인 대처에 미흡할 수 있기 때문이다. 참고로 '특정범죄'에 관한 현행 「특정범죄신고자 등 보호법」 제13조는 "검사 또는 경찰서장은 범죄신고자등이나 그 친족등이 보복을 당할 우려가 있는 경우에는 일정 기간 동안 해당 검찰청 또는 경찰서 소속 공무원으로

하여금 신변안전을 위하여 필요한 조치(이하 "신변안전조치"라 한다)를 하게 하거나
대상자의 주거지 또는 현재지를 관할하는 경찰서장에게 신변안전조치를 하도록
요청할 수 있다. 이 경우 요청을 받은 경찰서장은 특별한 사유가 없으면 즉시 신
변안전조치를 하여야 한다"고 규정하고(제1항), 이어서 "재판장 또는 판사는 공판
준비 또는 공판진행 과정에서 검사에게 제1항에 따른 조치를 하도록 요청할 수
있고(제2항), 범죄신고자등, 그 법정대리인 또는 친족등은 재판장·검사 또는 주거
지나 현재지를 관할하는 경찰서장에게 제1항에 따른 조치를 하여 줄 것을 신청할
수 있다"(제3항)고 규정하고 있으므로 위 법률에 의한 신고자등은 신고를 한 수사
기관이나 그 재판기관에도 신변보호를 요청할 수 있다. 관할경찰서장이 취할 수
있는 신변안전조치의 내용도 "폐쇄회로 텔레비전의 설치 등 주거에 대한 보호"
를 제외하고는 청탁금지법에 의하여 준용되는 「공익신고자 보호법」의 내용과 동
일하다. 다만 위 법률이 적용되는 "특정범죄"란 살인, 특수강간, 성폭력범죄, 강
도·특수강도, 범죄단체의 구성·활동 및 조직 등 특정강력범죄와 마약관련범죄,
보복범죄 등을 의미하므로 청탁금지법에 의한 범죄의 신고는 이에 해당하지 않
는다. 향후 청탁금지법에 의한 신고등을 수사기관에 신고한 자는 「특정범죄신고
자 등 보호법」에 의하여 수사기관에 직접 신변보호를 요청할 수 있도록 법을 개
정할 필요가 있다고 생각한다. 아무튼 현행법으로는 국민권익위원회에만 신변보
호조치를 요구할 수 있다.

b) 신변보호조치를 요청받은 경찰관서의 장은 대통령령으로 정하는 바에 따라
즉시 신변보호조치를 하여야 한다(「공익신고자 보호법」 제13조 제2항). 신변보호 요청
을 받은 경찰관서의 장이 취할 수 있는 신변안전조치의 종류는 다음과 같다(「공익
신고자 보호법 시행령」 제14조 제3항, 「특정범죄신고자 등 보호법 시행령」 제7조).

1. 일정기간 동안의 특정시설에서의 보호
2. 일정기간 동안의 신변경호
3. 참고인 또는 증인으로 출석·귀가시 동행
4. 대상자의 주거에 대한 주기적 순찰
5. 기타 신변안전에 필요하다고 인정되는 조치

그런데 문제는 이 법이 준용하는 「공익신고자 보호법」 제13조 제2항의 위임에
의한 동법 시행령 제14조 제3항에 의하여 신변보호조치를 요청받은 경찰관서의

장이 결정할 수 있는 신변안전조치의 종류를 규정한 「특정범죄신고자 등 보호법 시행령」 제7조가 2016. 5. 현재 법령에 있기는 하나 이 규정은 2014. 12. 30. 「특정범죄신고자 등 보호법」의 개정으로 위임의 근거를 상실하여 효력이 없는 규정이 되었다는 것이다. 즉 「특정범죄신고자 등 보호법 시행령」 제7조는 동법 제13조 제5항의 위임에 따라 신변안전조치의 종류를 규정한 것인데 동 법률이 2014. 12. 30. 개정·시행되면서 제13조의2(신변안전조치의 종류) 규정을 직접 두고 위임의 근거를 삭제하였기 때문이다. 동법 시행령은 아직 개정(삭제)되지 않은 상태이지만, 「공익신고자 보호법 시행령」 제14조 제3항을 개정하여 「특정범죄신고자 등 보호법 시행령」 제7조를 동법 제13조의2로 수정하여야 한다. 동법 제13조의2의 신변안전조치의 종류에 "폐쇄회로 텔레비전의 설치 등 주거에 대한 보호"가 추가되었음은 전술한 바와 같다.

필요한 신변보호조치의 결정과 해제를 함에 있어서는 보호를 요청한 기관(국민권익위원회)과 사전 협의가 필요하다(「공익신고자 보호법 시행령」 제14조 제3·4항 참조).

4) 신고자등의 비밀준수의무 면제

신고등의 내용에 직무상 비밀이 포함된 경우에도 신고자등은 다른 법령, 단체협약, 취업규칙 등에 따른 직무상 비밀준수 의무를 위반하지 아니한 것으로 본다(「공익신고자 보호법」 제14조 제3항). 누구든지 신고자등이라는 사정을 알면서 그 인적사항 등을 공개 또는 보도한 경우에는 처벌받지만 이 법에 의한 신고등을 함에 있어서는 그 내용에 직무상 비밀이 포함되어 있더라도 비밀준수의무를 위반하지 않은 것으로 본다는 뜻이다. 신고등의 경우 비밀준수의무를 면제하여 신고자를 보호하고 나아가 신고등을 장려하려는 취지의 규정이다. 직무상 비밀누설이 신고등을 위하여 불가피한 경우에 해당하는 것이므로 직무상 비밀이 신고등과 무관하거나 불필요한 직무상 비밀을 누설한 경우에는 당연히 비밀준수의무 위반에 해당한다 할 것이다.

5) 손해배상청구권의 부인

신고를 당한 사람은 신고등으로 인하여 손해를 입은 경우에도 신고자등에게 그 손해배상을 청구할 수 없다(「공익신고자 보호법」 제14조 제4항 본문). 고의 또는 과실로 인한 위법행위로 타인에게 손해를 가한 자는 그 손해를 배상할 책임이 있고, 신체, 자유 또는 명예를 해하거나 기타 정신상 고통으로 인한 재산 이외의 손해도 배상하여야 한다는 것은 민법상 대원칙이다. 그럼에도 불구하고 신고등으로 인하여 피신고자가 손해를 입은 경우에 신고자등에게 손해배상을 청구할 수 없다고 함으로써 손해배상을 둘러싸고 일어날 수 있는 각종 다툼의 소지를 없앴다. 신고자등을 보호하고 신고등을 장려하기 위한 규정이라 할 수 있다.

　다만 신고등의 내용이 거짓이라는 사실을 알았거나 알 수 있었음에도 불구하고 신고등을 한 경우에는 손해배상을 청구할 수 있다(「공익신고자 보호법」 제14조 제4항 단서). 신고등 내용이 거짓이라고 확실히 인식한 경우와 거짓일지도 모른다는 미필적 고의가 있었을 경우뿐만 아니라 거짓이라는 사실을 알지는 못하였지만 조금만 주의를 기울였다면 알 수 있었을 경우까지도 여기에 해당한다.

6) 신고금지 등 규정의 무효

　단체협약, 고용계약 또는 공급계약 등에 신고등을 금지하거나 제한하는 규정을 둔 경우 그 규정은 무효로 한다(「공익신고자 보호법」 제14조 제5항). 이 법이 적용되는 공공기관에는 국가기관 및 지방자치단체뿐만 아니라 한국은행, 한국방송공사, 공기업, 지방공기업, 정부의 출자·출연·보조를 받는 기관 등 공직유관단체, 「공공기관의 운영에 관한 법률」 소정의 기관, 국립·공립·사립학교 등 각급 학교, 각종 언론사까지 포함되므로 위 각 기관, 단체, 기업 등이 그 임직원들과 체결한 단체협약, 고용계약 또는 공급계약 등에서 이 법에 의한 신고등을 금지하거나 제한하는 규정을 두더라도 그 효력이 없다. 신고등을 하였을 경우 이 법에 의한 일반적인 보호를 받는 이외에 위 각 공공기관 내부에서 신고등으로 인하여 생길 수도 있는 신고자의 신분상 불이익을 방지하기 위한 규정이라 할 것이다.

7) 인사조치에서의 우대

　신고자등이 소속된 위 각 공공기관의 장 또는 인사권자는 신고자등이 전직 또는 전출·전입, 파견근무 등 인사에 관한 조치를 요구하는 경우 그 요구내용이 타당하다고 인정할 때에는 이를 우선적으로 고려하여야 한다(「공익신고자 보호법」 제16조).

8) 불이익조치에 대한 구제

a) 보호조치의 신청

신고자등은 신고등을 이유로 위에서 본 불이익조치를 받은 때(이 법 위반행위에 대한 증거자료의 수집 등 신고를 준비하다가 불이익조치를 받은 후 신고를 한 경우를 포함한다)에는 국민권익위원회에 원상회복이나 그 밖에 필요한 조치(이하 "보호조치"라 한다)를 신청할 수 있다(「공익신고자 보호법」 제17조 제1항). 보호조치의 신청은 불이익조치가 있는 날로부터 3개월 이내에 하여야 한다. 불이익조치가 계속되는 경우에는 그 종료일로부터 3개월 이내에 신청하면 된다. 다만, 신고자등이 천재지변, 전쟁, 사변, 그 밖에 불가항력의 사유로 3개월 이내에 보호조치를 신청할 수 없었을 때에는 그 사유가 소멸한 날부터 14일(국외에서의 보호조치 요구는 30일) 이내에 신청할 수 있다(「공익신고자 보호법」 제17조 제2항). 신고자등이 보호조치를 신청하는 경우에는 신청인의 인적사항, 신청사유 및 신청내용 등을 적은 문서를 국민권익위원회에 제출하여야 한다(「공익신고자 보호법 시행령」 제15조 제1항).

b) 행정적 구제절차

다른 법령에 신고등을 이유로 받은 불이익조치에 대한 행정적 구제(救濟)절차가 있는 경우 신고자등은 그 절차에 따라 구제를 청구할 수 있다. 다만, 신고자등이 위 보호조치를 신청한 경우에는 그러하지 아니하다(「공익신고자 보호법」 제17조 제3항).

c) 보호조치 신청의 각하

국민권익위원회는 보호조치의 신청이 다음 어느 하나에 해당하는 경우에는 결정으로 신청을 각하(却下)할 수 있다(「공익신고자 보호법」 제18조). 각하결정은 서면으로 하여야 하며 신청인과 불이익조치를 한 자에게 모두 통보하여야 한다.

1. 신고자등 또는 「행정절차법」 제12조 제1항에 따른 대리인이 아닌 사람이 신청한 경우
2. 신고가 제10조 제2항 각 호의 어느 하나에 해당하는 경우[71]

---

71 조사기관이 신고를 조사하지 아니하거나 중단하고 끝낼 수 있는 경우로서 그 사유는 다음과 같다. 1. 신고의 내용이 명백히 거짓인 경우, 2. 신고자의 인적사항을 알 수 없는 경우, 3. 신고자가 신고서나 증명자료 등에 대한 보완 요구를 2회 이상 받고도 보완 기간에 보완하지 아니한 경우, 4. 신고에 대한 처리 결과를 통지받은 사항에 대하여 정당한 사유 없이 다시 신고한 경우, 5. 신고의 내용이 언론매체 등을 통하여 공개된 내용에 해당하고 공개된 내용 외에 새로운 증거가 없는 경우, 6. 다른 법령에 따라 해당 위반행위에 대한 조사가 시작되었거나 이미 끝난 경우, 7. 그 밖에

3. 신청기간이 지나 신청한 경우
4. 각하결정, 보호조치결정 또는 기각결정을 받은 동일한 불이익조치에 대하여 다시 신청한 경우
5. 국민권익위원회가 보호조치를 권고한 사항에 대하여 다시 신청한 경우
6. 다른 법령에 따른 구제절차를 신청한 경우
7. 다른 법령에 따른 구제절차에 의하여 이미 구제받은 경우

d) 보호조치 신청에 대한 조사

국민권익위원회가 보호조치를 신청받은 때에는 바로 신고자등이 신고등을 이유로 불이익조치를 받았는지에 대한 조사를 시작하여야 한다. 이 경우 위원회는 신고자등이 보호조치를 신청한 사실을 조사기관에 통보할 수 있다(「공익신고자 보호법」 제19조 제1항). 여기서 '조사기관'이란 청탁금지법의 경우와 달리 "공익침해행위에 대한 지도·감독·규제 또는 조사 등의 권한을 가진 행정기관이나 감독기관"을 말한다(「공익신고자 보호법」 제6조 제2호). 그러므로 위 규정이 준용되는 청탁금지법에서는 '위반행위에 대한 지도·감독·규제 또는 조사 등의 권한을 가진 공공기관등이나 감독기관'으로 이해하면 될 것이다.

또한 국민권익위원회는 보호조치의 신청에 대한 조사에 필요하다고 인정하면 보호조치를 신청한 신청인, 불이익조치를 한 자, 참고인, 관계 기관·단체 또는 기업 등에게 관련 자료의 제출을 요구할 수 있고(「공익신고자 보호법」 제19조 제2항), 관련자에게 출석을 요구하여 진술을 청취하거나 진술서의 제출을 요구할 수 있다(동법 제19조 제3항). 이 경우 국민권익위원회는 조사 과정에서 관계 당사자에게 충분한 소명(疏明) 기회를 주어야 한다(동법 제19조 제4항). 또한 국민권익위원회로부터 보호조치 신청이 있는 사실을 통보받은 '조사기관'은 정당한 사유가 없으면 위원회의 보호조치 신청에 대한 조사와 관련하여 협력하여야 한다(동법 제19조 제5항, 동법 시행령 제15조 제3항). 국민권익위원회로부터 자료제출, 출석 또는 진술서의 제출을 요구받고 이를 거부한 자에게는 3천만원 이하의 과태료를 부과하게 된다(법 제23조 제1항 제2호).

e) 보호조치결정 등

국민권익위원회는 조사 결과 신청인이 신고등을 이유로 위 「공익신고자 보호

위반행위에 대한 조사가 필요하지 아니하다고 대통령령으로 정하는 경우 등이다.

법」 제2조 제6호 가.목 내지 사.목에 해당하는 불이익조치를 받았다고 인정될 때에는 불이익조치를 한 자에게 30일 이내의 기간을 정하여 '보호조치'를 취하도록 요구하는 결정을 하여야 한다. 요구할 수 있는 보호조치에는 ① 원상회복 조치, ② 차별 지급되거나 체불(滯拂)된 보수 등(이자를 포함한다)의 지급, ③ 그 밖에 불이익조치에 대한 취소 또는 금지 등이 있다. 신청인이 신고등을 이유로 불이익조치를 받았다고 인정되지 아니하는 경우에는 보호조치 요구를 기각하는 결정을 하여야 한다. 보호조치결정을 하는 경우에는 공익신고등을 이유로 불이익조치를 한 자의 징계권자에게 그에 대한 징계를 요구할 수 있다(「공익신고자 보호법」 제20조 제1·4 항). 「공익신고자 보호법」 제2조 제6호 가.목 내지 사.목에 해당하는 불이익조치를 한 자가 확정된 보호조치결정을 이행하지 아니하는 때에는 2년 이하의 징역 또는 2천만원 이하의 벌금에 처한다(법 제22조 제2항 제3호).

　　국민권익위원회는 조사 결과 신청인이 신고등을 이유로 「공익신고자 보호법」 제2조 제6호 아.목 또는 자.목에 해당하는 불이익조치를 받았다고 인정될 때에는 불이익조치를 한 자에게 30일 이내의 기간을 정하여 인허가 또는 계약 등의 효력 유지 등 필요한 보호조치를 취할 것을 권고할 수 있다(「공익신고자 보호법」 제20조 제2항). 유의할 것은 불이익조치를 한 자가 이 권고에 대하여 불복할 방법이 없고, 이를 이행하지 않더라도 강제하거나 처벌하는 규정은 없다. 다만 아래에서 보는 바와 같이 국민권익위원회는 불이익조치를 한 자가 소속된 기관의 장 등에게 불이익조치를 한 자에 대한 지도·감독 등 필요한 조치를 할 것을 권고할 수 있을 뿐이다.

　　위 불이익조치에 대한 각하결정, 보호조치결정과 기각결정 및 보호조치 권고는 서면으로 하여야 하며, 신청인과 불이익조치를 한 자에게 모두 통보하여야 한다(「공익신고자 보호법」 제20조 제3항).

　　국민권익위원회는 신고자등으로부터 보호조치 신청을 받은 경우에는 그 신청을 접수한 날부터 60일 이내에 보호조치결정 및 보호조치 권고를 하여야 한다. 다만, 필요한 경우에는 그 기간을 30일 이내에서 연장할 수 있다(「공익신고자 보호법 시행령」 제16조 제1항). 국민권익위원회는 보호조치결정 및 보호조치 권고결정에 따라 불이익조치를 받은 신고자등에 대한 보호조치가 이루어질 수 있도록 불이익조치를 한 자가 소속된 기관의 장 등에게 불이익조치를 한 자에 대한 지도·감독 등 필요한 조치를 할 것을 권고할 수 있고, 보호조치결정등에 따른 보호조치를 하기 어렵다고 인정되는 특별한 사정이 있는 경우에는 전직(轉職) 등 보호조치에 상응하는 조치를 할 것을 신고자등이 소속된 기관의 장 등에게 권고할 수 있다(「공익신고자 보호법 시행령」 제16조 제2·3항).

　ｆ) 특별보호조치

　청탁금지법 제정 이후 신고자등의 보호 등에 관하여 이 법 제15조 제4항에 의하여 준용되는 「공익신고자 보호법」 제16조부터 제25조까지 사이에 제20조의2(특별보호조치) 규정이 2015. 7. 24. 신설되어 2016. 1. 25. 시행되게 되었다. 위 신설규정은 청탁금지법 제정 당시에 예정한 것은 아니지만 공공기관등의 내부 신고자에 대한 특별보호를 위한 규정으로서 청탁금지법의 신고자에게도 그대로 적용하는 것이 타당하다고 생각되고 그 내용은 다음과 같다.

　「공익신고자 보호법」상 "내부 공익신고자"란 "피신고자인 공공기관, 기업, 법인, 단체 등에 소속되어 근무하거나 근무하였던 자, 피신고자인 공공기관, 기업, 법인, 단체 등과 공사·용역계약 또는 그 밖의 계약에 따라 업무를 수행하거나 수행하였던 자, 그 밖에 대통령령으로 정하는 자"(제2조 제7호)이고, 여기에서 "대통령령으로 정하는 자"란 다음 각 호의 어느 하나에 해당하는 자를 말한다(동법 시행령 제3조의2).

1. 피신고자인 공공기관, 기업, 법인, 단체 등에 소속되어 근무하기 전에 피신고자인 공공기관, 기업, 법인, 단체 등에서 직무교육 또는 현장실습 등 교육 또는 훈련을 받고 있거나 받았던 자
2. 피신고자인 공공기관의 감독을 받는 「공직자윤리법」 제3조의2에 따라 지정된 공직유관단체에 소속되어 근무하거나 근무하였던 자
3. 다음 각 목의 어느 하나에 해당하는 기업, 법인에 소속되어 근무하거나 근무하였던 자
　가. 피신고자인 기업, 법인과 「독점규제 및 공정거래에 관한 법률」 제2조 제3호에 따른 계열회사의 관계에 있는 기업, 법인
　나. 피신고자인 기업, 법인과 「주식회사의 외부감사에 관한 법률」 제1조의2 제2호 및 같은 법 시행령 제1조의3에 따른 지배·종속의 관계에 있는 기업, 법인
4. 그 밖에 피신고자인 공공기관, 기업, 법인, 단체 등의 지도 또는 관리·감독을 받는 자로서 공익신고로 인하여 피신고자인 공공기관, 기업, 법인, 단체 등으로부터 불이익조치를 받을 수 있는 자

이러한 내부 공익신고자는 신고 당시 청탁금지법 위반행위가 발생하였다고 믿을 합리적인 이유를 가지고 있는 경우 국민권익위원회는 보호조치결정을 할 수 있다(「공익신고자 보호법」 제20조의2). 예컨대 내부 공익신고자가 위반행위가 있는 줄로 알고 신고하였는데 사후에 위반행위가 없는 것으로 밝혀졌거나 위반행위에 해당하지 않는 것으로 평가될 수도 있는데, 만약 이러한 경우 위반행위에 대한 신고가 아니라는 이유로 내부 신고자가 불이익조치를 받고 있음에도 불구하고 보호조치를 할 수 없게 된다면 위반행위를 잘 알 수 있는 내부 신고자는 신고를 꺼리게 될 것이다. 이러한 현상은 부정청탁 및 금품수수를 금지하려는 이 법의 목적과 취지에 맞지 아니하므로 위반행위 근절을 위해서도 이와 같이 위반행위가 발생하였다고 믿을 합리적인 이유가 있을 경우에는 가사 실제로 위반행위가 없었더라도 신고자로서의 보호를 해주는 것이 필요하다. 이 경우 위반행위가 발생하였다고 믿을만한 합리적인 이유가 있는지는 일반 제3자의 건전한 상식과 사리에 비추어 판단하여야 할 것이다.

g) 보호조치 등에 대한 불복

보호조치 신청인과 불이익조치를 한 자는 보호조치결정, 기각결정 또는 각하결정에 대하여 그 결정서를 받은 날부터 30일 이내에 「행정소송법」에서 정하는 바에 따라 행정소송을 제기할 수 있다. 30일 이내에 행정소송을 제기하지 아니하면 보호조치결정, 기각결정 또는 각하결정은 확정된다. 국민권익위원회의 보호조치결정, 기각결정 또는 각하결정에 대하여는 「행정심판법」에 따른 행정심판을 청구할 수 없다(「공익신고자 보호법」 제21조). 이와 관련하여 보건대 행정심판은 헌법 제107조 제3항에 근거를 둔 재판의 전심절차로서 그 절차를 법률로 정하되 사법절차가 준용되는 국민의 권익보호 제도인데 「공익신고자 보호법」이 국민의 행정심판청구권을 제한하는 논리적 근거가 무엇이며 그 타당성이 있는지 의문이다.

h) 이행강제금의 부과

청탁금지법 제정 이후 신고자등의 보호 등에 관하여 준용되는 「공익신고자 보호법」 제16조부터 제25조 사이에 위 특별조치규정 이외에 제21조의2(이행강제금의 부과) 규정도 함께 신설되었다. 이 규정에 의하면 국민권익위원회는 「공익신고자 보호법」 제20조 제1항에 따른 보호조치결정을 받은 후 그 정해진 기한까지 보호조치를 취하지 아니한 자에게는 2천만원 이하의 이행강제금을 부과한다(동법

제21조의2 제1항 본문). 여기서 보호조치를 취하지 아니한 자란 신고자에게 불이익
조치를 한 자를 의미한다. 다만, 불이익조치를 취한 자가 국가 또는 지방자치단체
인 경우는 이행강제금 부과대상에서 제외한다(동법 제21조의2 제1항 단서).

　　국민권익위원회는 이행강제금을 부과하기 30일 전까지 이행강제금을 부과·
징수한다는 뜻을 미리 문서로 알려 주어야 하고, 이행강제금을 부과할 때에는 이
행강제금의 금액, 부과 사유, 납부기한, 수납기관, 이의제기 방법 및 이의제기 기
관 등을 명시한 문서로 하여야 하고, 국민권익위원회는 보호조치결정을 한 날을
기준으로 매년 2회의 범위에서 보호조치가 이루어질 때까지 반복하여 제1항에 따
른 이행강제금을 부과·징수할 수 있으며 이 경우 이행강제금은 2년을 초과하여
부과·징수하지 못한다(「공익신고자 보호법」 제21조의2 제2항 내지 제4항). 또한 불이익
조치를 한 자가 보호조치를 하면 새로운 이행강제금을 부과하지 아니하되, 이미
부과된 이행강제금은 징수하여야 하고, 이행강제금 납부의무자가 납부기한까지
이행강제금을 내지 아니하면 기간을 정하여 독촉을 하고 지정된 기간에 제1항에
따른 이행강제금을 내지 아니하면 국세 체납처분의 예에 따라 징수할 수 있으며
구체적인 이행강제금의 부과기준, 징수절차 등에 필요한 사항은 대통령령으로 정
한다(「공익신고자 보호법」 제21조의2 제5항 내지 제7항). 「공익신고자 보호법」의 이행
강제금에 관한 규정도 청탁금지법이 제정된 이후 2015. 7. 24. 법 개정으로 신설
되어 2016. 1. 25. 시행된 것인데 이 규정 역시 보호조치를 강화하는 규정이므로
청탁금지법에 그대로 준용되어도 무방하다고 생각한다. 「공익신고자 보호법 시행
령」에 의하면 이행강제금 부과기준은 「공익신고자 보호법」 제2조 제6호 가.목에
해당하는 불이익조치에 대한 보호조치결정을 이행하지 아니한 자에 대하여는 1천
만원 이상 2천만원 이하, 제2조 제6호 나.목, 다.목에 해당하는 불이익조치에 대한
보호조치결정을 이행하지 아니한 자는 5백만원 이상 1천만원 이하, 제2조 제6호
라.목 내지 사.목에 해당하는 불이익조치에 대한 보호조치결정을 이행하지 아니한
자는 1백만원 이상 1천만원 이하의 이행강제금을 부과하도록 되어 있다(동 시행령
제17조의2, 별표1의2). 국민권익위원회로부터 내부 공익신고자에 대한 특별보호조
치결정을 받고 그 정해진 기한까지 보호조치를 취하지 아니한 자에게도 동일한 기
준에 의한 이행강제금이 부과된다(동 시행령 제17조의2).

i) 불이익조치의 금지 신청

신고자등은 신고등을 이유로 불이익조치를 받을 우려가 명백한 경우(침해행위에 대한 증거자료의 수집 등 신고의 준비 행위를 포함한다)에는 국민권익위원회에 불이익조치 금지를 신청할 수 있다. 아직 불이익조치가 있기 전에 하는 예방적 금지 신청이다. 국민권익위원회는 불이익조치 금지 신청을 받은 때에는 바로 신고자등이 받을 우려가 있는 불이익조치가 신고등을 이유로 한 불이익조치에 해당하는지에 대한 조사를 시작하여야 하고, 이 경우 보호조치 신청에 관한 각하 및 조사 규정이 준용된다. 다만 징계권자에 대한 징계요구에 관한 규정은 제외한다. 국민권익위원회는 조사 결과 신고자등이 신고등을 이유로 불이익조치를 받을 우려가 있다고 인정될 때에는 불이익조치를 하려는 자에게 불이익조치를 하지 말 것을 권고하여야 하고 이유 없으면 기각결정을 한다(「공익신고자 보호법」 제22조). 이 경우에도 보호조치 신청의 경우와 마찬가지로 신청을 접수한 날부터 60일 이내에 권고결정 또는 기각결정을 하여야 하고, 필요한 경우에는 그 기간을 30일 이내에서 연장할 수 있다(「공익신고자 보호법 시행령」 제18조 제2항). 불이익조치 금지 권고를 받고도 불이익조치를 한 경우에는 아래에서 보는 바와 같이 불이익조치를 한 것으로 추정되므로 그 불이익조치의 내용에 따라 「공익신고자 보호법」 제2조 제6호 중 가.목에 해당하면 2년 이하 징역 또는 2천만원 이하 벌금에 처하게 되고, 나.목 내지 사.목에 해당하면 1년 이하 징역 또는 1천만원 이하의 벌금에 처하게 된다. 불이익조치를 권고한 경우에는 그 권고가 이행될 수 있도록 불이익조치를 하려는 자가 소속된 기관의 장에게 불이익조치를 하려는 자에 대한 지도·감독 등 필요한 조치를 할 것을 권고할 수도 있다(동법 시행령 제18조 제3항). 이 경우에도 제2조 제6호 아.목 또는 자.목에 해당하는 불이익조치에 대한 금지 권고를 받고 이에 불응하여 불이익조치를 취한 경우에는 아무런 제재규정이 없다.

국민권익위원회는 불이익조치의 예방적 금지 신청을 받고 조사해 본 결과 이미 어떤 불이익한 조치를 받았다고 인정될 경우에는 그 불이익조치가 신고등을 이유로 한 것이 인정되면 보호조치 신청이 있은 것으로 보아 사안에 따라 보호조치 결정을 하거나 보호조치 권고결정을 하고, 그렇지 않으면 금지신청에 대한 기각결정을 하여야 한다(「공익신고자 보호법」 제22조 제3항, 제20조 제1·2항). 이 경우에도 기왕의 불이익조치 외에 신고등을 이유로 다른 불이익조치를 받을 우려가 명백한 경우에는 예상되는 그 불이익조치를 하지 말 것을 권고해야 함은 물론이다.

　j) 불이익조치의 추정

　다음과 같은 사유가 있는 경우에는 신고자등이 해당 신고등을 이유로 불이익
조치를 받은 것으로 추정한다(「공익신고자 보호법」 제23조).

1. 신고자등을 알아내려고 하거나 신고등을 하지 못하도록 방해하거나 신고등의 취소
   를 강요한 경우
2. 신고등이 있은 후 2년 이내에 신고자등에 대하여 불이익조치를 한 경우
3. 불이익조치 금지 권고를 받고도 불이익조치를 한 경우

　신고등을 하지 못하도록 방해하거나 신고등을 취소하도록 강요한 경우에는
바로 청탁금지법 제15조 제1항 위반에 해당하여 1년 이하의 징역 또는 1천만원
이하의 벌금에 처하도록 되어 있다(법 제22조 제3항 제1호).

　한편 신고등을 하지 못하도록 방해하거나 신고등을 취소하도록 강요하면 불
이익조치를 한 것으로 추정되는데, 그 경우 「공익신고자 보호법」 제2조 제6호 중
어느 불이익조치를 한 것으로 추정되고 그 결과 어떤 처벌규정이 적용될 것인가
하는 문제가 생긴다. 살피건대 신고등을 방해하거나 그 취소를 강요하는 것일 뿐
그 신고등을 이유로 하여 구체적인 불이익조치가 아직 없었으므로 「공익신고자
보호법」 제2조 제6호 중 추정될 수 있는 불이익조치가 없다. 즉 이 경우를 불이익
조치가 있는 것으로 추정하더라도 위 제2조 제6호 소정의 형사처벌 되는 불이익
조치에 해당한다고 할 수 없으므로 개개의 불이익조치에 따른 청탁금지법 제22조
소정의 형사처벌은 받지 아니한다. 다만 신고등의 방해 또는 취소강요 행위는 그
자체로 위반행위가 끝나고 따로 제거할 결과가 남는 것은 아니나 위와 같은 위반
행위가 불이익조치로 추정되면 '불이익조치의 금지'라는 보호조치를 할 수 있고,
그 이후 또 다시 신고등의 방해 또는 취소강요 행위를 할 경우에는 확정된 보호조
치결정을 이행하지 아니한 경우에 해당하여 청탁금지법 제22조 제2항 제3호에 따
라 2년 이하의 징역 또는 2천만원 이하의 벌금에 처하게 된다. 또한 신고등의 방
해 또는 취소강요 행위가 불이익조치로 추정되면 별도의 보호조치결정 없이도 또
다시 신고방해 또는 취소강요 행위를 할 우려가 명백한 경우에 예방적 금지를 구
하는 불이익조치의 금지 신청을 할 수 있다.

한편 신고자등을 알아내려고 하는 경우에는 행위 자체를 처벌하는 규정이 없다. 그러나 그 행위가 불이익조치로 추정되면 법 제15조 제2항 불이익조치 금지규정에 위반한 것으로 되어 그 행위를 한 자를 징계할 수는 있다.

k) 화해의 권고 및 화해조서의 효력

국민권익위원회는 보호조치의 신청을 받은 경우 신고자등 보호조치 신청인과 불이익조치를 한 자 사이에 화해를 권고하거나 화해안을 제시할 수 있다. 화해의 권고 시기는 보호조치결정, 기각결정 또는 인허가·계약 등의 효력유지 등 보호조치 권고를 하기 전까지 할 수 있다. 위원회 직권으로 할 수도 있고 당사자의 신청에 따라 할 수도 있다(「공익신고자 보호법」 제24조 제1항). 위원회는 화해안을 작성함에 있어 관계 당사자의 의견을 충분히 들어야 하고, 당사자가 화해안을 수락한 경우에는 화해조서를 작성하여 관계 당사자와 화해에 관여한 위원회 위원 전원이 서명하거나 날인하도록 하여야 한다(동법 제24조 제2·3항). 이와 같이 작성된 화해조서는 민사소송법에 따른 재판상 화해와 같은 효력을 갖고, 당사자 사이에 화해조서와 동일한 내용의 합의가 성립된 것으로 본다(동법 제24조 제4항). 화해안에는 '신고자등을 보호하고 지원함으로써 국민생활의 안정과 투명하고 깨끗한 사회풍토의 확립에 이바지 한다'는 이 법의 목적에 위반되는 조건이 들어 있어서는 아니 된다. 즉 화해안이 신고등을 한 보호조치 신청인에게 불이익한 조치를 전제로 한 내용이어서는 아니 된다. 예컨대 파면, 해임, 해고 등의 불이익조치가 있어서 보호 요청을 한 신청인에게 그 파면 등의 조치를 받아들이는 조건으로 어떤 반대급부를 하는 것과 같은 화해안은 「공익신고자 보호법」의 목적에 반하므로 국민권익위원회에서 권고 또는 제시할 수 없다는 것이다. 이러한 내용의 화해안을 당사자끼리 합의한 경우에 위원회에서 그 내용대로 화해조서를 작성하고 화해를 성립시킬 수는 있을까? 불가능하다고 해석하여야 한다. 사적 영역에서 당사자들끼리 합의할 수는 있으나 재판상 화해와 같은 효력을 갖는 보호조치 화해조서에 「공익신고자 보호법」의 목적에 어긋나는 내용을 기재하는 것은 국가기관이 이를 인정하는 결과가 되므로 허용되어서는 아니 된다고 본다.

이 경우 화해조서는 민사소송법에 따른 재판상 화해와 같은 효력을 갖는다는 것은 무슨 의미인가? 민사소송법상 재판상 화해(和解)에는 소 제기 후 사건이 계류 중인 수소법원(受訴法院)에서 하는 '소송상 화해'와 소 제기 전에 당사자의 신청에 의하여 지방법원에서 하는 제소전(提訴前) 화해가 있다(민사소송법 제385조 이하). 제소전 화해는 상대방의 소재지 지방법원 단독판사의 관할에 속하고, 그 신청에는 소송상 화해에 관한 규정이 준용된다. 한편 '소송상 화해'가 성립하여 그 화해를 변론조서 등에 적은 때에는 그 조서는 확정판결과 같은 효력을 갖게 된다(민사소송법 제220조). 그러므로 여기서 말하는 '민사소송법에 따른 재판상 화해와 같은 효력'이란 소송상 화해 조서의 효력 즉, 확정판결과 같은 효력을 의미한다. 확정판결의 효력이란 일반적으로 기판력, 집행력, 형성력을 의미하고,[72] 더 이상 다툴 수 없는 의미에서 형식적 확정력과 기속력도 이에 포함된다. '판결'이란 일단 선고하고 나면 그 이후에는 선고한 법원도 스스로 구속되어 이를 함부로 철회·취소·변경하지 못하는데 이를 기속력(羈束力)이라 하고, 판결이 '확정'되면 당사자는 재심이나 상소의 추완(追完) 등 법에 정한 사유가 아니면 더 이상 합법적으로 불복할 방법이 없는 상태가 되는데 이를 형식적 확정력이라 한다. 그리고 확정판결이 나면 그 사안(소송물)에 대하여 이미 판결하였기 때문에 그 판결 내용과 관련하여 향후 동일한 사항에 있어서 법원과 소송 당사자를 구속하는 효력이 부여되는 데 이를 기판력(旣判力)이라 한다. 또한 확정판결에는 판결 주문(主文)에서 당사자에게 명한 의무이행을 강제로 실현할 수 있는 힘이 있는데 이를 집행력(執行力)이라 하고, 확정판결은 그 내용대로 법률관계를 발생·변경·소멸케 하여 새로운 법률관계를 형성하는 효력이 있는데 이를 형성력(形成力)이라 한다. 그러므로 국민권익위원회의 보호조치와 손해배상 등에 관한 화해조서가 민사소송법에 따른 재판상 화해와 같은 효력을 갖는다는 것은 위와 같은 확정판결의 효력을 갖는다는 뜻이 된다. 관계 당사자가 화해안을 수락하여 화해조서를 작성하면 당사자 사이에 화해조서와 동일한 내용의 합의가 성립된 것으로 본다는 것은 당연한 내용을 규정한 것이다.

ⅼ) 협조 등의 요청

이 법에 따라 신고등을 접수한 소속기관장 또는 감독기관·감사원·수사기관이나 국민권익위원회는 신고내용에 대한 조사·처리 또는 보호조치에 필요한 경우 관계 행정기관, 상담소 또는 의료기관, 그 밖의 관련 단체 등에 대하여 협조와 원조를 요청할 수 있고, 요청을 받은 관계 행정기관, 상담소 또는 의료기관, 그 밖의 관련 단

---

72 이시윤, 신민사소송법, 2002, 518면.

체 등은 정당한 사유가 없는 한 이에 응하여야 한다(「공익신고자 보호법」 제25조).

6. 포상금 및 보상금의 지급

1) 포상금의 지급

국민권익위원회는 누구든지 이 법 위반행위가 발생하였거나 발생하고 있다는 사실을 신고함으로써 공공기관에 재산상 이익을 가져오거나 손실을 방지한 경우 또는 공익의 증진을 가져온 경우에는 그 신고자에게 포상금을 지급할 수 있다(법 제15조 제5항). 포상금 신청 및 지급등에 관하여는 국민권익위원회법 제68조부터 제71조까지의 규정이 준용된다(법 제15조 제7항).

a) 포상금 지급사유

포상이란 어떤 공적이나 기여가 있을 경우 이를 칭찬하고 장려하여 상을 주는 것인데, 이 법에서의 포상금도 신고자의 신고로 인하여 공공기관이나 공익에 기여한 공로나 뚜렷한 공적(功績)이 있음을 전제로 한다. 공로나 공적에는 공공기관에 재산상 이익을 가져오거나 손실을 방지한 것뿐만 아니라 공익의 증진을 가져온 경우도 포함한다. 법령에 정해진 포상금을 지급할 수 있는 경우는 다음 각 호의 어느 하나에 해당하는 경우를 말한다(국민권익위원회법 시행령 제71조 제1항).

1. 부패행위자에 대하여 공소제기·기소유예·기소중지, 통고처분, 과태료 또는 과징금의 부과, 징계처분 및 시정조치 등이 있는 경우
2. 법령의 제정·개정 등 제도개선에 기여한 경우
3. 부패행위신고에 의하여 신고와 관련된 정책 등의 개선·중단 또는 종료 등으로 공공기관의 재산상 손실을 방지한 경우
4. 금품 등을 받아 자진하여 그 금품 등을 신고한 경우
5. 그 밖에 포상금을 지급할 수 있다고 국민권익위원회법 제69조 제1항에 따른 보상심의위원회가 인정하는 경우

b) 포상금 지급주체 및 대상자

포상금은 국민권익위원회가 신고자 중 공적심사를 거쳐 지급대상자로 심의·의결된 자에게 지급한다. 포상금 지급대상자는 신고자 중에서 상훈법 등의 규정에 따라 국민권익위원회가 추천하여 보상심의위원회의 심의·의결을 거쳐서 결정된

다(국민권익위원회법 제68조 제1항). 따라서 보상금과 달리 신고자에게 당연히 포상금 지급신청권이 주어지는 것은 아니다.

c) 포상금 지급여부의 심사

포상금 지급요건, 지급금액, 기타 지급에 관한 사항은 국민권익위원회법에 의하여 설치된 보상심의위원회에서 심의·의결한다(동법 제69조 제1·2항). 보상심의위원회는 위원장과 당연직 위원 1명 및 위촉직 위원 5명으로 구성되고, 재적위원 과반수의 출석과 출석위원 과반수의 찬성으로 의결한다(동법 시행령 제74조, 제76조). 국민권익위원회는 보상심의위원회가 심의·의결한 사항을 기초로 하여 포상금의 지급여부 및 지급금액을 결정한다(동법 시행령 제79조 제1항).

d) 포 상 금

포상금은 예산의 범위 내에서 하되 지급사유에 따라 달라진다. 위 지급사유 제1~3호 및 제5호의 경우 1억원 이하로 되고, 제4호 수령한 금품등을 자진 신고한 경우 신고금액의 20% 범위 내에서 2억원 이하로 된다(국민권익위원회법 시행령 71조 제2·3항). 포상금은 증거자료의 신빙성 등 신고의 정확성, 신고한 부패행위가 신문·방송 등 언론매체에 의하여 이미 공개된 것인지의 여부, 신고자가 신고와 관련한 불법행위를 행하였는지의 여부, 그 밖에 부패행위사건의 해결에 기여한 정도 등을 고려하여 감액할 수 있고(동법 시행령 제77조 제2항), 동일한 위반행위를 2명 이상이 신고한 경우는 기여 정도에 따라 배분하며(동법 시행령 80조), 포상금 지급사유가 2 이상에 해당되는 경우에는 그 중 액수가 많은 것을 기준으로 한다(동법 시행령 제71조 제5항). 또 신고자가 허위 기타 부정한 방법으로 포상금을 지급받은 경우, 동일한 원인에 기하여 중복하여 지급받거나 보상금등과 합하여 과다하게 지급받은 경우, 그 밖에 착오 등의 사유로 잘못 지급된 경우에는 포상금을 환수할 수 있다(동법 시행령 제83조).

e) 포상금의 지급결정 시기 및 통지

청탁금지법 제15조 제7항에 의하면 포상금 지급결정 등에 관하여 국민권익위원회법 제70조를 준용하는 것 같이 되어 있으나 이 규정은 보상금의 지급여부 및 지급액의 결정 시기에 관한 것으로 지급신청일로부터 90일 이내에 결정하여야 한다는 것과 보상금 지급결정이 있은 때에는 즉시 이를 신청인에게 통지하여야 한다는 내용이다. 이는 보상금 지급신청인에게 절차적 권리로 보장된 것이고 포상금과는 무관한 규정이다. 포상금제도에는 지급신청권이나 지급신청일이 없고, 포상금의 지급여부는 위에서 본 바와 같이 포상금 지급사유가 있는 경우 국민권익위원회의 추천과 보상심의위원회의 심의·의결을 거쳐 결정되고, 포상금 지급대상자로 결정되면 포상금 지급을 위하여 국민권익위원회에서 적절한 시기에 당연히 통지한다.

2) 보상금의 지급

국민권익위원회는 이 법 위반행위가 발생하였거나 발생하고 있다는 신고로 인하여 공공기관에 직접적인 수입의 회복·증대 또는 비용의 절감을 가져온 경우에는 그 신고자의 신청에 의하여 보상금을 지급하여야 한다(법 제15조 제6항).

a) 보상금 지급사유

보상금은 지급하는 구체적 사유는 다음의 어느 하나에 해당하는 부과 및 환수 등으로 인하여 직접적인 공공기관 수입의 회복이나 증대 또는 비용의 절감을 가져오거나 그에 관한 법률관계가 확정된 경우를 말한다. 다만 각 부과 및 환수 등은 신고사항 및 증거자료 등과 직접적으로 관련된 것에 한한다(국민권익위원회법 시행령 제72조 제1·2항).

> 1. 몰수 또는 추징금의 부과
> 2. 국세 또는 지방세의 부과
> 3. 손해배상 또는 부당이득 반환 등에 의한 환수
> 4. 계약변경 등에 의한 비용절감
> 5. 그 밖의 처분이나 판결. 다만, 벌금·과료·과징금 또는 과태료의 부과와 통고처분을 제외한다.

b) 보상금 지급신청 및 지급주체

청탁금지법 위반행위가 발생하였거나 발생하고 있다는 신고를 한 자는 국민권익위원회에 보상금의 지급을 신청할 수 있고, 지급신청을 받은 국민권익위원회는 보상심의위원회의 심의·의결을 거쳐 보상금을 지급하여야 한다(국민권익위원회법 제68조 제2·3항). 포상금의 경우와 달리 신고로 인하여 직접적인 공공기관 수입의 회복이나 증대 또는 비용의 절감을 가져온 경우에 신고자에게 지급신청권이 인정된다. 신고자의 지급신청은 공공기관 수입의 회복이나 증대 또는 비용의 절감에 관한 법률관계가 확정되었음을 안 날부터 2년 이내에 하여야 한다(국민권익위원회법 제68조 제4항). 안 날로부터 2년은 제척기간이다. 따라서 2년 내에 신청권을 행사하지 않으면 권리가 소멸하고, 기간의 중단이나 갱신도 인정되지 않는다. 신고자의 신청에 의하여 지급하기 때문에 신청이 없으면 지급기관에서 임의로 지급할 수도 없다.

　　한편 이 법에 의하여 보상금을 지급받을 자는 다른 법령에 따라 보상금을 청구하는 것이 금지되지 아니한다(국민권익위원회법 제71조 제1항).

　c) 보상금 지급 심사

　　보상금 지급요건, 지급금액, 기타 지급에 관한 사항을 보상심의위원회에서 심의·의결하는 것이나 보상심의위원회의 회의운영 및 국민권익위원회가 보상심의위원회 심의·의결 사항을 기초로 보상금의 지급여부 및 지급금액을 결정하는 것은 포상금의 경우와 동일하다. 다만 청탁금지법 위반행위의 감사·수사 또는 조사업무에 종사 중이거나 종사하였던 공직자가 자기의 직무 또는 직무이었던 사항과 관련하여 신고한 경우에는 보상금을 지급하지 아니한다(국민권익위원회법 시행령 제78조).

　d) 보상금 지급결정 및 통지

　　국민권익위원회는 보상금의 지급신청이 있는 때에는 특별한 사유가 없는 한 신청일부터 90일 이내에 그 지급여부 및 지급금액을 결정하여야 한다(국민권익위원회법 제70조 제1항). 90일의 결정기한은 훈시규정이므로 기한을 도과하였다고 하여 법상 어떤 효과가 발생하는 것은 아니다. 위원회는 보상금 지급결정이 있은 때에는 즉시 이를 신청인에게 통지하여야 한다(동법 제70조 제2항). 지급결정의 기한 및 통지는 포상금과 달리 보상금에만 해당하는 규정이다.

　e) 보상금 지급 액수

　　보상금의 지급기준은 보상대상가액에 따라 정하되[73] 지급한도액은 20억원으로 한다(국민권익위원회법 시행령 제77조 제1·3항). 보상대상가액이란 위에서 본 보상금 지급사유 어느 하나에 해당하는 부과 및 환수 등으로 인하여 직접적인 공공기관 수입의 회복이나 증대 또는 비용의 절감을 가져오거나 그에 관한 법률관계가 확정된 금액을 말한다. 다만, 공직자가 자기 직무와 관련하여 신고한 사항에 대

---

[73] 국민권익위원회법 시행령 [별표1] 보상금 지급기준은 보상대상가액 1억원 이하 20%, 1억 초과 5억 이하 14%, 5억 초과 20억 이하 10%, 20억 초과 40억 이하 6%, 40억 초과 4%로 되어 있다.

하여는 보상금을 감액하거나 지급하지 아니할 수 있다(국민권익위원회법 제68조 제3항 단서). 보상금은 증거자료의 신빙성 등 신고의 정확성, 신고한 부패행위가 신문·방송 등 언론매체에 의하여 이미 공개된 것인지의 여부, 신고자가 신고와 관련한 불법행위를 행하였는지의 여부, 그 밖에 부패행위사건의 해결에 기여한 정도 등을 고려하여 감액할 수 있고(동법 시행령 제77조 제2항), 동일한 위반행위를 2명 이상이 신고한 경우는 하나의 신고로 보고, 보상금은 기여 정도 등을 종합적으로 고려하여 각각의 신고자에게 배분한다(동법 시행령 제80조). 보상금 지급액수를 산정함에 있어서 신고자가 신고로 인하여 받은 불이익처분에 대한 원상회복 등에 소요된 비용을 포함하는데, 원상회복 등에 소요된 비용은 치료, 이사 또는 실직·전직 등으로 지출된 비용 등을 포함하여 산정할 수 있다(동법 제68조 제2항 후단, 동법 시행령 제72조 제3항).

한편 보상금을 지급받을 자가 동일한 원인에 기하여 이 법에 의한 포상금을 받았거나 또는 다른 법령에 따라 보상을 받은 경우 그 포상금 또는 보상금의 액수가 이 법에 따라 받을 보상금의 액수와 같거나 이를 초과하는 때에는 보상금을 지급하지 아니하며, 그 포상금 또는 보상금의 액수가 이 법에 의하여 지급받을 보상금의 액수보다 적은 때에는 그 금액을 공제하고 보상금의 액수를 정하여야 한다. 또한 다른 법령에 따라 보상을 받을 자가 동일한 원인에 기하여 이 법에 따른 보상금을 지급받았을 때에는 그 보상금의 액수를 공제하고 다른 법령에 따른 보상금의 액수를 정하여야 한다(동법 제71조 제2·3항).

f) 보상금 지급시기

보상금은 위 각 지급사유의 어느 하나에 해당하는 부과 및 환수 등의 절차에 따라 직접적인 공공기관 수입의 회복이나 증대 또는 비용의 절감을 가져오거나 그에 관한 법률관계가 확정된 후에 지급한다. 이 경우 그 부과 및 환수 등에 대한 불복제기기간이 경과되지 아니하였거나 불복구제절차가 진행 중인 경우에는 그 기간 및 절차가 종료된 후에 지급한다. 법률관계가 확정된 후 보상금을 지급하는 경우에는 공공기관의 수입회복 등이 시작될 때까지 결정된 보상금의 100분의 50 범위에서 그 지급을 하지 아니할 수 있다(국민권익위원회법 시행령 제81조 제1·2항).

g) 보상금의 환수

국민권익위원회등 보상금을 지급한 기관은 신고자가 허위 기타 부정한 방법으로 보상금을 지급받은 경우, 동일한 원인에 기하여 중복하여 지급받거나 포상금 등과 합하여 과다하게 지급받은 경우, 그 밖에 착오 등의 사유로 잘못 지급된 경우에 보상금을 환수할 수 있다(국민권익위원회법 시행령 제83조).

7. 보호·보상의 배제

청탁금지법 위반행위를 신고한 자가 다음의 어느 하나에 해당하는 경우에는 이 법에 따른 보호 및 보상을 받지 못한다(법 제13조 제2항). 이른바 부정한 목적의 신고를 금지하기 위한 규정이다.

1. 신고의 내용이 거짓이라는 사실을 알았거나 알 수 있었음에도 신고한 경우
2. 신고와 관련하여 금품등이나 근무관계상의 특혜를 요구한 경우
3. 그 밖에 부정한 목적으로 신고한 경우

다만 위반행위가 사실이라면 단지 법령에 의하여 지급되는 보상금을 받을 목적으로 신고한 경우라도 부정한 목적으로 신고한 것이라 할 수 없다. 보상금 자체는 정당한 것이기 때문이다.

제 3 절 위법한 직무처리에 대한 조치

공공기관의 장은 공직자등이 직무수행 중에 또는 직무수행 후에 이 법 제5조, 제6조, 제8조의 규정을 위반한 사실을 발견한 경우에는 해당 직무를 중지하거나 취소하는 등 필요한 조치를 하여야 한다(법 제16조).

1. 조치의 요건

이 경우의 조치는 '공직자등'이 직무수행 중에 또는 직무수행 후에 이 법 규정 즉 금지된 부정청탁을 하거나 부정청탁에 따라 직무를 수행하거나 또는 수수가

금지된 금품등을 받거나 요구 또는 약속한 사실을 발견한 경우에 한다. 이에 관한 법조항의 제목이 '위법한 직무처리에 대한 조치'이고, 조치가 필요한 직무는 "해당"직무인 것을 보면 원칙적으로 직무수행과 이 법 위반행위 사이에 관련성이 있어 그 직무처리가 위법할 경우에 필요한 조치를 하는 것으로 이해된다. 이 법 제5조, 제6조 및 제8조 위반행위와 직무수행 사이에 관련성이 있으면 그 해당 직무처리를 위법한 것으로 보고 조치를 취하도록 되어 있으므로 반드시 해당 직무 자체가 법령을 위반하여 위법할 것을 요하지는 않는 것으로 해석된다. 그러나 위와 같은 위반행위가 적어도 공직자등과 관련이 있거나 특정 직무와 관련성이 있어야 해당 직무가 "위법한 직무처리"로 취급된다고 본다. 즉 공직자등과 무관한 제3자의 위반행위만으로 공직자등의 직무수행을 위법한 것으로 취급할 수는 없다고 본다.

1) 법 제6조 위반의 경우

공직자등이 법 제6조를 위반하는 경우는 부정청탁을 받고 그에 따라 직무를 수행하는 경우인데 이것이 부정청탁에 의한 직무수행이기 때문에 그 결과를 제거하고 원상회복을 시키는 조치가 필요하다. 법 제5조에서 정한 부정청탁의 유형은 모두 '법령을 위반'하거나 '권한을 벗어나' 직무를 수행하거나 일을 처리하는 것을 일컫기 때문에 부정청탁에 따른 직무수행은 그 자체가 곧 법령에 위반하거나 권한 없이 하는 행위로 된다. 이러한 부정청탁에 따른 직무수행을 그대로 계속하게 할 수 없고 직무수행이 완료된 위법한 결과를 그대로 유지할 수도 없기 때문에 이를 중단시키거나 결과를 제거하여야 함은 당연하다. 법 제6조 위반의 경우는 위법한 직무처리의 전형이라 할 수 있다. 부정청탁을 받고 직무수행에 들어가면 곧바로 법 제6조 위반이 되므로 발견될 당시 위법한 직무의 수행 중이거나 수행이 완료되었더라도 상관없다.

2) 법 제8조 위반의 경우

공직자등이 법 제8조를 위반한 경우는 직무와 관련한 금품등, 또는 직무와 관련 없이 동일인으로부터 1회 100만원 또는 매 회계연도 300만원을 초과하는 금품등을 받거나 요구 또는 약속하고 직무를 수행하는 경우를 말한다. 공직자가 제

8조에 위반하여 수수 금지 금품등을 받거나 요구 또는 약속하더라도 직무수행이 금품등 수수와 관련 없을 수 있고, 직무수행이 금품등과 관련되었더라도 모든 직무수행이 반드시 법령에 위반하거나 지위·권한을 벗어난 것일 수는 없으므로 나눠서 보기로 한다.

a) 우선 공직자등이 '직무와 관련하여' 금품등을 받거나 요구 또는 약속하여 법 제8조 제1항 또는 제2항을 위반한 경우에는 직무수행과 법 제8조 위반행위 사이에 관련성이 있기 때문에 해당직무를 중지하거나 취소하는 등 조치가 필요하다. 이 경우는 공직자등이 수행하는 직무의 공공성·공정성에 비추어 보더라도 금지된 금품등과 관련된 직무수행을 차단함으로써 직무의 순수성 내지 불가매수성(不可買收性)을 담보하고 공정한 직무수행 및 공직의 염결성을 확보하여 공직자등 직무의 공정성에 대한 사회일반의 신뢰를 유지하기 위해 그 직무를 중지시키거나 완료된 행위의 결과를 제거하는 조치가 필요하다. 즉 수수 금지 금품등과 관련된 직무수행은 직무처리 자체의 법령위반 여부를 불문하고 원칙적으로 중지 또는 취소되어야 한다고 해석함이 타당하다.

b) 그런데 직무와 관련 없는 금품등의 수수로 인한 제8조 제1항 위반의 경우는 문제이다. 예컨대, 공직자가 휴가를 이용하여 지인과 함께 2박3일 제주도 여행을 다녀왔는데 100만원이 넘는 경비를 경제적으로 여유가 있는 지인이 부담하였다면 그 공직자가 사무실에 돌아와 일상적으로 처리하는 직무 중 어떤 직무를 여기에 해당하는 위법한 직무처리라 할 것인가? 중지 또는 취소가 필요한 직무는 "해당" 직무여야 하고 이는 금품등과 관련 있는 직무를 의미한다. 그렇다면 직무와 관련 없이 금품등을 수수하여 제8조 제1항에 위반한 경우에는 "해당" 직무가 있다고 할 수 없어 법 제16조에서 말하는 조치가 필요하지 않다고 보는 것이 타당하다.

c) 법 제8조는 공직자등이 위반하는 경우 외에 '공직자등의 배우자' 또는 일반 제3자 '누구든지' 위반할 수 있는데 위반자가 '공직자등'의 경우만 조치를 하는 것으로 되어 있다. 따라서 일반 제3자가 법 제8조 제5항을 위반하는 경우에도 그로 인하여 공직자등의 법 제8조 위반행위가 있어야만 제16조가 적용될 수 있다. 제3자가 공직자등에게 금품등을 제공하여도 수령하지 아니하거나 제공의 의사표시를 하여도 수락하지 않으면 여기서 말하는 제8조 위반은 되지 않는다. 제3자가 제8조의 규정을 위반하여 공직자등의 해당 직무가 "위법한 직무처리"로 취급되

기 위해서는 위반행위와 공직자등의 직무 사이에 관련성이 있어야 하는데 그러기 위해서는 제3자의 일방적인 제8조 위반행위만으로 부족하고 공직자등이 위반행위와 관련이 있어야 하기 때문이다. 다만 공직자등이 이를 지체 없이 신고하지 아니하는 경우에 제9조 제1항 위반이 된다. 그러나 이 경우에는 원칙적으로 법 제16조가 적용되지 않는다. 공직자등의 배우자가 위반하였을 경우는 아래에서 따로 살펴보기로 한다.

3) 법 제5조 위반의 경우

법 제5조는 누구든지 공직자등에게 부정청탁을 해서는 아니 된다고 규정하고 있으므로 이 규정에 위반하는 것은 공직자등에게 부정청탁을 하는 것이다. 그러므로 공직자등이 법 제5조를 위반하려면 직접 또는 제3자를 통하여 다른 공직자등에게 부정청탁을 하여야 한다. 공직자등은 자신의 직무와 관련하여 부정청탁을 할 수가 없고 자신이 직접 처리하는 것이므로 다른 공직자등에게 청탁을 할 필요도 없다. 그런데 법 제16조 규정은 "공직자등이 직무수행 중에 또는 직무수행 후에 법 제5조의 규정을 위반한 사실"을 공공기관의 장이 발견한 경우라고 되어 있다. 위에서 본 바와 같이 법 제16조에서 위법한 직무처리에 대한 조치를 규정하고 있는 취지는 법에 금지된 부정청탁이나 금품등과 관련이 있는 직무수행을 위법한 것으로 취급하고 그 직무처리에 대하여 중지 또는 취소하는 등 필요한 조치를 하는 것이다. 그런데 만약 위 규정을 공직자등이 법 제5조를 위반하는 것으로 해석하면 결국 자신이 처리하는 직무가 아니라 다른 공직자등이 처리하는 직무에 관하여 자기 또는 제3자를 위하여 법 제5조를 위반하는 것인데 이 경우에 청탁을 하는 공직자등의 직무처리를 중지 또는 취소하는 조치가 필요하다면 이상한 결과가 된다. 예컨대 회계업무를 처리하는 공직자가 건축허가와 관련하여 건축허가 담당공무원에게 부정청탁을 하였을 경우에 해당 건축업무가 아니라 청탁한 공무원의 회계업무를 중지하거나 취소하는 꼴이다. 그렇다면 여기서 법 제5조를 위반하는 사람은 해당 공직자등이 아니라 제3자라고 풀이된다. 제3자가 공직자등에게 법 제5조의 부정청탁을 하면 그 자체로 법 위반이 된다. 제3자가 직무를 수행하는 공직자등에게 부정청탁을 한 사실을 직무 수행 중이거나 수행 후 발견한 경우에 부정청탁과 관련 있는 직무수행에 대한 조치의 필요성이 있을 수 있기 때문이다.

　그러면 이러한 부정청탁이 있었을 경우 항상 공직자등의 직무수행이 위법한 직무처리로 취급되어 직무를 중지 또는 취소하여야 하는가? 공직자등의 직무와 부정청탁 사이의 관련성에 따라 판단하여야 할 것이다. 우선 법 제7조에 의하면 공직자등이 부정청탁을 받았을 때에는 일단 그 청탁이 금지되는 부정청탁임을 알리고 이를 거절하는 의사를 명확히 표시하면 된다. 한 번의 청탁이 있으면 이를 신고할 필요도 없다. 그냥 거절하고 자신의 직무를 법령에 근거하여 공정하게 수행하면 공직자등은 법을 준수한 것이다. 그런데 이런 경우에도 법 제5조 위반이 있다고 해서 공직자등의 직무수행을 중지하거나 취소하여야 하는가? 만약 그래야 한다면 공공기관의 업무가 마비될 수 있으므로 그런 조치를 할 필요가 없다. 이러한 경우는 제3자의 부정청탁 행위와 공직자등의 직무와 사이에 관련성이 없기 때문에 정상적 업무처리로 보는 것이 옳다. 동일한 부정청탁이 거듭되는 경우 소속기관장에게 신고하고 법령에 따라 직무를 처리하는 경우도 마찬가지다. 다음으로 부정청탁을 받은 공직자등이 이를 승낙하고 청탁에 따라 직무를 수행하면 법 제5조 위반사실과 공직자등의 직무와 관련성이 있어서 위법한 직무처리가 되므로 이를 중지 또는 취소하여야 하지만 이 경우는 바로 법 제6조 위반에 해당하기 때문에 법 제5조 위반을 따로 논할 필요가 없다.

　마지막으로 공직자등이 부정청탁을 받고 거절 의사를 명확히 표시하지도 않고 이를 승낙하지도 아니한 때에는 직무처리 여하에 따라 나누어 봐야 한다. 공직자등이 명시적으로 승낙의 의사를 표시하지는 않았지만 청탁에 따라 직무를 수행하는 경우는 법 제16조 소정의 위법한 직무처리에 해당하나 이 경우는 법 제6조 위반에 해당하기 때문에 제5조 위반을 논할 필요가 없다. 한편 공직자등이 거절의 의사를 명확히 표시하지는 않았지만 부정청탁에 따르지 않고 법령에 따라 적법·공정하게 직무를 수행하는 경우는 여기서 말하는 위법한 직무처리에 해당한다고 볼 수도 있다. 법 제7조 제1항에 의하면 공직자등이 부정청탁을 받았을 때에는 이를 거절하는 의사를 명확히 표시하여야 할 의무가 있음에도 불구하고 이를 위반한 위법이 있어 부정청탁과 관련성이 있다고 볼 수 있기 때문이다. 다만 이러한 경우에는 해당 직무를 중지 또는 취소하는 등의 조치를 취할 필요가 없을 수 있다. 이렇게 보면 법 제16조에 법 제5조를 위반한 경우도 해당 직무를 중지

또는 취소하는 등 필요한 조치를 하여야 한다는 규정은 실제 의미가 별로 없다고
보여진다.

한편 법 제16조 규정이 "직무수행 중에 또는 직무수행 후에"라고 하고 있으므
로 아직 직무에 착수하지 않은 경우는 이에 해당하지 않고 법 제7조 제4항이 적
용되어 그에 따른 조치를 하여야 한다.

4) 법 규정을 위반한 사실을 발견하게 된 경위는 묻지 않는다. 제3자의 신고에
의하든 당해 공직자등의 신고등에 의하든 우연히 발견하든 상관이 없다.

2. 필요한 조치

공공기관의 장은 공직자등이 직무수행 중에 또는 직무수행 후에 법 제5조, 제6
조 및 제8조의 규정을 위반한 사실을 발견하면 위법한 직무처리에 대하여 필요한
조치를 하여야 한다. 필요한 조치에는 해당 직무를 중지하거나 또는 취소하는 것
이 포함된다. 구체적으로 어떤 경우에 공직자등의 해당 직무를 중지하거나 취소
하는 등 조치가 필요한지 여부는 부정청탁의 내용, 해당 직무의 종류 및 태양, 청
탁을 받은 공직자등의 태도, 직무수행 결과의 적법·공정성 등을 종합적으로 고려
하여 판단하여야 할 것이다. 공공기관의 장에게 "필요한 조치" 즉, 무엇이 적절
한 조치인지, 그와 같은 조치를 할 필요가 있는지에 대한 판단재량이 유보되어
있다. 다만 필요한 조치라고 인정되면 반드시 조치를 하여야 한다.

위반행위가 있었거나 혹은 위반행위 중에 발견하였을 경우에 취하는 조치이므
로 그 전 단계 즉 부정청탁이 있었던 사실 또는 수수 금지 금품등을 받거나 제공
의 약속 또는 의사표시를 받은 사실을 알게 된 경우에 취하는 법 제7조 제4항 소
정의 직무 참여 일시중지, 직무 대리자의 지정, 전보 등의 예방적 조치보다 형성
된 결과를 직접적으로 제거함에 있어서 필요한 조치이다. 그리고 필요한 조치는
원칙적으로 직무처리에 대한 것이지 직무처리를 한 공직자등에 대한 조치는 아
니다. 그러나 해당 직무수행에 지장이 있다고 인정되는 경우 필요하다면 직무에
대한 조치의 일환으로 해당 공직자등의 직무 참여 일시중지, 직무 대리자의 지정,
전보 등의 조치도 할 수 있다고 본다. 그리고 공공기관에는 사립학교법인 및 언
론사가 포함됨을 유의하여야 한다.

3. 공직자등 배우자의 법 위반

제16조에 규정된 법 위반행위를 제3자 중 해당 공직자등의 배우자가 하였을 경우에 어떻게 할 것인가의 문제이다. 법 제6조 위반은 공직자등이 직접 직무수행을 하여야 성립되므로 배우자와는 상관없다.

1) 법 제5조 위반의 경우

공직자등의 배우자가 법 제5조에 위반하여 공직자등에게 부정청탁 하는 경우에는 배우자를 다른 제3자와 달리 취급할 이유가 없다. 공직자등의 배우자에게 부정청탁과 관련하여 법이 특별히 부과하는 의무가 없기 때문이다. 배우자로부터 부정청탁을 받은 공직자등은 이를 명확히 거절하고 청탁이 계속되면 신고하고 적법·공정하게 직무를 수행하여야 한다. 하지만 부부간에 신고는 사실상 어려운 면이 있어 보인다.

2) 법 제8조 위반의 경우

공직자등이 직무수행 중에 또는 직무수행 후에 자신의 배우자가 법 제8조 제4항에 위반하여 자신의 직무와 관련하여 금품등을 받거나 요구 또는 약속한 사실이 발견된 경우의 문제이다. 공직자등이 자신의 배우자가 법 제8조 제4항을 위반한 사실을 알고 있었을 경우와 몰랐을 경우로 나눠서 보기로 한다.

공직자등이 알고 있었을 경우는 자신이 금품등을 수령한 경우와 마찬가지로 지체 없이 소속기관장에게 신고하여야 하고(법 제9조 제1항), 이를 위반하면 금품등 가액이 100만원을 초과하는지 여부에 따라 형사처벌(3년 이하의 징역 또는 3천만원 이하의 벌금) 또는 과태료(2배 이상 5배 이하)에 처하게 된다. 이 경우는 공직자등이 직접 받은 경우와 유사하여 해당 공직자등의 직무처리가 위법하거나 위법하다고 의심받을 소지가 있으므로 직무수행을 중지 또는 취소하는 등의 조치가 필요할 수 있다. 이 경우는 공직자등이 배우자의 금품등 수수 사실을 알고도 신고하지 아니하여 법 제9조 제1항을 위반한 것이 되므로 이를 이유로 직무처리가 위법하게 되어 조치가 필요하다고 보면 될 것이다. 공직자등 배우자의 경우에 금품등의 수수가 금지되는 것은 항상 공직자등의 직무와 관련한 경우이므로 모두 '해당 직무'에 대한 필요한 조치를 하여야 한다. 공직자등의 배우자는 직무와 관련 없으면 금품등을 수수하여도 아무런 제한이 없다.

다음으로 공직자등이 자신의 배우자가 법 제8조 제4항을 위반한 사실을 모른채 직무를 수행 중이거나 수행한 경우에는 알고 있었을 경우와 달리 취급하여도 무방하다 할 것이다. 이는 입법정책의 문제이다.

제 4 절 부당이득의 환수

공공기관의 장은 법 제5조, 제6조, 제8조를 위반하여 수행한 공직자등의 직무가 위법한 것으로 확정된 경우에는 그 직무의 상대방에게 이미 지출·교부된 금액 또는 물건이나 그 밖에 재산상 이익을 환수하여야 한다.

1. 직무의 위법 확정

1) 직무의 위법

환수조치는 공직자등이 법 제5조, 제6조, 제8조를 위반하여 수행한 직무가 위법한 경우에 한다. 해당 직무가 위법한 것으로 취급되는 것은 공직자등이 자신의 직무와 관련하여 법 제5조, 제6조, 제8조를 위반하였기 때문이지 반드시 직무처리 그 자체가 법령에 위반하여 위법할 필요는 없다. 이와 같이 해석하는 이유는, 법 제5조, 제6조, 제8조의 위반에 직무의 상대방이 부정청탁을 하거나 금품등을 제공하여 위법에 가담하였기 때문이다. 또한 이 규정은 공직자등이 법 제5조, 제6조, 제8조를 위반한 사실을 발견한 경우 해당 직무를 중지 또는 취소하는 조치를 규정한 법 제16조(위법한 직무처리에 대한 조치) 바로 다음 규정이므로 여기서 '직무가 위법한 것'을 위와 같이 해석함이 상당하다. 이와 같이 해석하지 않으면 법 제5조, 제6조, 제8조의 위반이 있었더라도 해당 직무 자체가 법령을 위반하지 않았으면 취소 및 환수조치를 하지 못하는 결과가 되는데 그렇게 되면 이 규정을 신설할 아무런 이유가 없다. 또한 이러한 경우에 직무처리 자체가 법령에 위반하여 위법하다면 이 규정이 없더라도 해당 직무를 취소하고 상대방에게 지출·교부된 금액이나 물건 등을 환수조치 하여야 하는 것은 당연하다. 이 규정은 예컨대, 공직자등이 제8조를 위반하여 직무와 관련하여 200만원을 받고 직무를 처리하였으나 그 직무처리 자체에는 법령위반이 없는 경우에 그 직무를 취소할 것인가 하는 문제에 관한 것이다. 공직자등이 수행하는 직무의 순수성, 불가매수성을 보호하고 공정한 직무수행 및 공직의 염결성을 확보하기 위해서 위와 같은 사례는 직무가 위법한 경우라 할 것이다. 다만 제6조를 위반하는 경우는 부정청탁에 따른 직무처리 자체도 법령에 위반하게 된다. 그러나 위에서 본 바와 같이 공직자등이 법 제5조를 위반하여 자신의 직무를 수행할 수는 없다. 그렇다면 법 제5조를 위반하여 수행한 공직자등의 직무란 공직자등이 법 제5조에서 금지된 부정청탁을 받고 수행한 직무를 뜻하는 것으로 해석된다. 그렇게 본다면 우선 부정청탁을 받고 청탁에 따라 직무를 수행하는 경우는 공직자등의 승낙 여부에 관계없이 제6조 위반에 포섭되므로 제외하여야 하고, 제3자의 부정청탁이 있더라도 공직자등이 부정청탁임을 알리고 이를 거절하는 의사를 명확히 표시한 경우는 공직자등에게 아무런 위법이 없고 그로 인하여 직무가 위법한 것으로 되지도 않기 때문에 이역시 제외된다. 그렇다면 나머지는 부정청탁을 받고 거절의사를 명확히 표시하지 아니하거나 2회 이상 부정청탁을 받고도 이를 신고하지 아니한 채 부정청탁에 따르지 않고 적법하게 직무를 처리하는 경우가 여기서 말하는 위법한 직무처리에 해당한다.

2) 위법의 확정

공직자등이 수행한 당해 직무가 "위법한 것으로 확정"되는 것을 말하고 직무가 확정되는 것을 요하지는 않는다. 해당 직무가 위법한 것으로 취급되는 것은 공직자등이 자신의 직무와 관련하여 법 제5조, 제6조, 제8조를 위반하였기 때문이지 반드시 직무 그 자체가 법령에 위반하여 위법할 필요는 없다. 그러므로 직무가 위법한 것으로 확정된다는 것은 직무수행과 관련 있는 법 제5조, 제6조, 제8조 위반이 확정된다는 것을 의미한다. 직무가 위법한 것으로 확정되면 되고 직무 그 자체가 확정될 필요는 없으므로 직무 수행중이라도 상관없다. 직무가 위법한 것으로 확정되기 위하여 필요한 확정절차나 확정을 위한 별도의 의사결정 또는 행위가 필요한 것은 아니다. 위법한 사실관계가 확정되면 그 직무도 위법한 것으로 확정된다고 본다. 다만 사실관계에 다툼이 있으면 그 쟁송절차가 종료되어야 비로소 법률관계가 확정된다.

2. 재산상 이익의 환수

직무가 위법한 것으로 확정된 경우에는 그 직무의 상대방에게 이미 지출·교부된 금액 또는 물건이나 그 밖에 재산상 이익을 환수하여야 한다. 환수하기 위해서는 공직자등의 직무로 인하여 상대방에게 이미 지출·교부된 금액 또는 물건이나 그 밖에 재산상 이익이 있어야 한다. 상대방에게 지출·교부된 것은 위법한 직무처리로 인한 것이므로 위법한 직무처리를 중지 또는 취소하는 등 필요한 조치를 한 다음 그 결과를 제거하고 집행된 예산을 환수하는 것은 당연하다. 재산상 이익 등 환수의 주체는 공공기관의 장이다.

제5절 비밀누설 금지

1. 비밀누설 금지의 주체

직무상 지득한 비밀의 누설이 금지되는 주체는 법 제7조에 따른 부정청탁의 신고 및 조치에 관한 업무 또는 제9조에 따른 수수 금지 금품등의 신고 및 처리에 관한 업무를 수행하거나 수행하였던 공직자등이다.

1) 소속기관장 및 업무담당자

법 제7조에 따른 부정청탁의 신고는 공직자등이 소속기관장에게 하여야 하고, 신고를 받은 소속기관장은 신고 내용이 부정청탁에 해당하는지를 확인하여야 하며 해당직무의 수행에 지장이 있다고 인정하는 경우에는 '직무 참여 일지중지' 등 조치를 할 수 있기 때문에 그 신고 및 조치에 관한 업무처리 과정에서 알게 된 비밀을 누설하여서는 아니 된다. 또한 법 제9조에 따른 수수 금지 금품등의 신고

도 공직자등이 소속기관장에게 하고, 신고를 받은 소속기관장은 금품등의 반환·
인도 및 수사기관에 통보, 직무 참여 일시중지 등 조치를 할 수 있기 때문에 그
신고 및 조치에 관한 업무처리 과정에서 알게 된 비밀을 누설하여서는 아니 된
다. 소속기관장 뿐만 아니라 소속기관의 업무분장상 기관장의 업무처리를 보좌하
는 실무 담당자도 비밀누설 금지의 주체에 속한다.

2) 감독기관·감사원·수사기관 또는 국민권익위원회 담당자

공직자등이 하는 법 제7조 부정청탁의 신고 및 제9조 수수 금지 금품등의 신
고 또는 금품등 인도는 소속기관장 외에 감독기관·감사원·수사기관 또는 국민권
익위원회에도 할 수 있으므로 그 신고기관에서 신고 및 인도 업무를 처리하는 담
당자도 업무처리 과정에서 알게 된 비밀을 누설하여서는 아니 된다.

2. 비밀누설 금지의 대상

누설이 금지되는 직무상 비밀은 제7조 및 제9조의 신고 및 조치 과정에서 알
게 된 비밀이면 제한이 없다. 직무상 비밀은 법 제7조 및 제9조의 신고에 따른
것으로 되어 있지만 그 신고를 제7조 제6항 및 제9조 제6항에 의하여 소속기관
이외의 외부기관에 하게 되면 신고에 관하여 조사·수사하는 기관은 법 제13조
제1항에 따른 신고로 취급하여 처리 및 조치를 하게 되기 때문에 그 과정에서 업
무처리를 한 공직자가 알게 된 직무상 비밀도 이에 포함된다.

직무상 비밀에는 신고자의 인적사항, 법 위반자의 인적사항, 부정청탁의 내용
또는 제공한 금품등의 내역과 같은 법 위반사항, 신고에 따른 부정청탁의 신고,
처리 및 조치 등 제한이 없다. 직무상 비밀은 반드시 법령에 의하여 비밀로 규정
되었거나 비밀로 분류 명시된 사항에 한하지 아니하고 공공기관 또는 국민이 객
관적, 일반적인 입장에서 외부에 알려지지 않는 것에 상당한 이익이 있는 사항도
포함하는 것이지만 실질적으로 그것을 비밀로서 보호할 가치가 있다고 인정할
수 있는 것이어야 할 것이다.[74] 다만 신고자의 인적사항에 관하여는 누설금지 규
정이 중복된다. 즉 신고자의 인적사항에 관하여는 법 제15조 제4항에 의하여 준

---

74 대법원 1996. 5. 10. 선고 95도780 판결 참조.

용되는 「공익신고자 보호법」 제12조 제1항에 의하여 누설이 금지되어 있다. 그 처벌조항도 아래에서 보는 바와 같이 이중으로 되어 있다.

3. 비밀누설 행위

누설이란 직무상의 비밀을 외부 즉 직무처리와 관련이 없는 제3자에게 알리는 것이다. 반드시 공직자등이 아닌 자에게 한하지 않고 같은 공직자라도 직무처리와 무관한 자에게 알리면 누설이 된다. 알리는 방법에는 제한이 없다. 누설의 시기는 직무 수행 중이거나 직무를 완료한 경우뿐만 아니라 퇴직한 이후라도 상관없다.

4. 위반에 대한 제재

비밀누설 금지규정(법 제18조)에 위반하여 그 업무처리 과정에서 알게 된 비밀을 누설한 공직자등은 3년 이하의 징역 또는 3천만원 이하의 벌금에 처하게 된다(법 제22조 제1항 제5호).

한편 신고와 관련하여 "신고자등의 인적사항이나 신고자등임을 미루어 알 수 있는 사실"을 다른 사람에게 알려주거나 공개 또는 보도하여 비밀을 누설한 경우는 별도로 법 제15조 제4항에 의하여 준용되는 「공익신고자 보호법」 제12조의 규정에 의하여 누설이 금지되어 있고 이에 위반하면 법 제22조 제1항 제4호에 의하여 같은 조항 제5호와 동일한 처벌을 받게 되어 있다.

이 경우에 신고자등의 인적사항을 누설한 공직자등의 죄가 1개의 죄인가 아니면 2개의 죄인가 하는 문제와 행위자를 어떻게 처벌할 것인가 하는 문제가 발생한다. 어떤 행위가 일죄인가 아니면 수죄인가를 결정하는 기준은 범죄행위, 침해되는 법익, 행위자의 의사, 해당 구성요건의 실현 등 여러 가지가 있다. 범죄는 하나의 의사에 의한 1개의 행위로 1개의 법익을 침해하여 1개의 구성요건을 충족하는 단순일죄가 기본이다. 그런데 위 경우는 범죄행위가 하나이고, 침해되는 법익도 하나이며 행위의사도 하나이지만 이 법 제22조 제1항 제4호와 제5호 2개의 구성요건을 충족하고 있다. 살피건대, 이는 공직자등의 인적사항을 누설하는 하나의 행위이기 때문에 수개의 행위를 전제로 하는 실체적 경합 또는 포괄일죄가 아님은 분명하다. 그리고 이 경우는 신고자등의 인적사항을 누설하는 1개의 법익침해가 있을 뿐이므로 예컨대 갑을 살해하려고 폭탄을 던졌는데 갑을 살해하고 옆에 있던 을도 살해한 것과 같이 1개의 행위로 수개의 법익을 침해하여 실질적으로 수개의 죄이지만 과형상(科刑上) 일죄인 상상적 경합범도 아니다. 또한 법 제22조 제1항 제4호 및 제5호 상호간에는 예컨대 살인죄와 존속살해죄, 일반건조물방화죄와 현주건조물방화죄, 낙태죄와 그에 수반된 부녀 신체의 상해죄, 공갈죄와 그 수단으로 행해진 협박죄, 사문서위조죄와 그 수단이 된 인장위조죄 등과 같은 특별관계·보충관계·흡수관계 등이 있어서 형벌규정의 성질상 어느 하나의 형벌규정이 적용되면 다른 형벌규정은 적용이 배제되는 관계에 있다고도 할 수 없기 때문에, 외관상 수개의 구성요건에 해당하는 것 같이 보이지만 실질적으로 하나의 구성요건만 충족하여 일죄가 되는 법조경합에 해당한다고 할 수도 없다.[75] 결국 신고자등의 인적사항을 누설한 자가 업무처리 담당 공직자등인 경우에는 위 처벌규정 제4호 및 제5호 중 어느 규정이 우선적용된다고 할 수 없는 관계이고 그 중 하나의 처벌규정만으로 충분함에도 불구하고 처벌규정이 중첩된 경우라 할 것이다. 따라서 신고자등의 인적사항을 누설한 공직자등의 죄는 1개의 행위에 의하여 1개의 법익을 침해한 일죄일 뿐이고 제4호 또는 제5호 어느 규정을 적용하여도 처벌이 가능하나 2개의 규정을 중복하여 적용한다고 하여 2개의 죄가 되는 것은 아니다. 다만 위 제4호의 경우는 업무를 처리하는 공직자등 이외에도 신고자등이라는 사정을 알고 있는 사람이면 누구든지 비밀누설 행위로 인한 처벌대상이 되므로 그 범위에서는 중첩되지 않는다.

5. 금지의 예외

다만 법 제7조 제7항에 따라 소속기관장이 '부정청탁의 내용 및 조치사항'을 해당 공공기관의 인터넷 홈페이지 등에 공개하는 경우에는 그러하지 아니하다. 공개의 범위는 부정청탁의 내용 및 조치사항이므로 법에 규정하지 않은 정보의 공개로 인하여 다른 법령을 위반하는 것은 허용되지 않는다. 이 경우 공개하는

---

75 이재상, 형법총론, 2011, 521면; 오영근, 형법총론, 2012, 686면 참조.

부정청탁의 내용 및 조치사항에는 부정청탁의 일시, 목적, 유형, 소속 부서, 법 제7조 제4항 각 호의 조치 및 부정청탁에 따른 제재 내용 등이 포함될 수 있다 (법 시행령 입법예고안 제5조 제2항). 위와 같이 '내용 및 조치사항'을 공개하더라도 형법 제127조 공무상 비밀누설죄에는 저촉되지 않는다. 이 법에서 허용하고 있 는 것이므로 법령에 의한 정당한 행위이고, 이와 같이 해석하지 않으면 이 규정 이 무의미하게 되기 때문이다.

제 6 절   부정청탁금지 등 업무의 총괄

국민권익위원회는 이 법에 따른 부정청탁의 금지 및 금품등의 수수 금지·제한 등에 관한 업무를 관장하는 소관부처로서의 지위에 있다(법 제12조).

1. 제도개선 및 교육·홍보 업무

국민권익위원회는 이 법에 따른 부정청탁의 금지 및 금품등의 수수 금지·제한 등에 관한 제도개선 및 교육·홍보계획의 수립 및 시행 업무를 담당한다(법 제12조 제1호). 이 법에는 제도개선 및 교육·홍보계획의 수립 및 시행 업무에 관한 구체 적인 내용이나 방법 등에 관한 명문의 규정이 없고 대통령령 등에 위임하는 규정 도 없다. 그러나 부정청탁의 금지 및 금품등의 수수 금지·제한 등에 위반하는 행 위는 "공직자가 직무와 관련하여 그 지위 또는 권한을 남용하거나 법령을 위반하 여 자기 또는 제3자의 이익을 도모하는 행위" 또는 "법령에 위반하여 공공기관 에 대하여 재산상 손해를 가하는 행위"에 속하여 국민권익위원회법 제2조 제4호 에서 정한 "부패행위"에 해당하고, 국민권익위원회는 공공기관의 부패방지를 위 한 시책 및 제도개선 사항의 수립·권고와 이를 위한 공공기관에 대한 실태조사, 공공기관의 부패방지시책 추진상황에 대한 실태조사·평가 및 부패방지 교육·홍 보 계획의 수립·시행 업무를 수행하며(국민권익위원회법 제12조 제5·6·7호) 위원회 는 필요하다고 인정하는 경우 공공기관의 장에게 부패방지를 위한 제도의 개선

을 권고할 수 있고, 권고를 받은 공공기관의 장은 이를 제도개선에 반영하여 그
조치결과를 위원회에 통보하여야 하며(동법 제27조 제1·2항), 동법 시행령에 그에
관한 절차가 규정되어 있으므로 국민권익위원회에서 부정청탁의 금지 및 금품등
의 수수 금지·제한 등에 관한 제도개선 및 교육·홍보계획의 수립 및 시행 업무
를 처리함에는 지장이 없다.

2. 부정청탁 등 기준의 작성·보급

국민권익위원회는 부정청탁 등에 관한 유형, 판단기준 및 그 예방 조치 등에
관한 기준의 작성 및 보급업무도 관장하게 되어 있다(법 제12조 제2호). 그런데 부
정청탁의 유형 및 판단기준은 금지된 부정청탁 행위로 인한 3천만원 이하의 과
태료 부과기준이 될 수 있는데 이 법에서 따로 시행령에 위임하는 규정은 없다.
그리고 법 제5조 제1항 제1호부터 제14호까지 부정청탁에 해당하는 14개 유형
을 법에서 자세히 규정하고 제15호에서 포괄적 유형까지 규정하고 있는데 이에
덧붙여서 부정청탁의 유형을 정할 필요가 있는지 의문일 뿐만 아니라 부정청탁
의 유형은 부정청탁에 따른 직무수행과 맞물려서 형사처벌 규정으로서의 성격도
띠고 있는데 법률이 아닌 형식으로 규정하는 것이 가능한지도 의문이다. 또한
부정청탁에 관한 판단기준의 작성업무와 관련하여 보건대, 만약 법 제5조 제1항
의 부정청탁에 해당하는 행위 기준이 미흡하면 법에서 그 기준을 명확히 하는
것이 원칙이고, 기준의 판단에 관한 문제는 법 해석의 영역에 속하는 것은 아닌
지 의문이다.

3. 부정청탁 신고 등의 안내·상담·접수·처리 업무

국민권익위원회는 부정청탁 등에 대한 신고 등의 안내·상담·접수·처리 등의
업무도 관장한다(법 제12조 제3호). 법 제7조 제8항에서 부정청탁의 신고·확인·처
리 및 기록·관리·공개 등에 필요한 사항을, 법 제9조 제8항에서 수수금지 금품
등의 신고 및 처리 등에 필요한 사항을, 법 제14조 제2항에서 신고된 위반행위의
사실관계 확인 및 조사기관에의 이첩 등 처리사항을 각 대통령령에 위임하고 있

다. 또한 법 제10조에서 외부강의 및 초과 사례금 신고절차에 관하여도 대통령령에 위임하고 있다. 한편 국민권익위원회법 제12조 제10호에 의하면 국민권익위원회는 부패행위 신고 안내·상담 및 접수 등 업무를 수행하게 되어 있고 신고의 방법, 신고의 처리, 조사결과의 처리 등에 관하여 자세하게 규정하고 있으므로 그 절차에 의하여도 위 업무를 처리할 수 있다.

4. 신고자등에 대한 보호·보상 업무

국민권익위원회는 신고자등에 대한 보호 및 보상 업무를 관장한다(법 제12조 제4호). 법 제15조(신고자등의 보호·보상) 규정과 그에 의하여 준용되는 「공익신고자 보호법」 제11조부터 제13조까지, 제14조 제3항부터 제5항까지 및 제16조부터 제25조까지의 규정에 의하여 신고자 등에 대한 보호·보상 업무를 처리하게 됨은 앞에서 본 바와 같다. 또한 국민권익위원회법에 제12조 제11호에 의하면 국민권익위원회는 부패행위 신고자의 보호 및 보상 업무를 수행하게 되어 있고 그에 관한 자세한 규정을 두고 있으므로 그 절차에 의하여 보호·보상업무를 처리할 수 있다.

5. 업무수행에 필요한 실태조사 및 자료수집 등

국민권익위원회는 위 각 업무 수행에 필요한 실태조사 및 자료의 수집·관리·분석 등에 관한 업무도 관장한다(법 제12조 제5호). 국민권익위원회법 제12조에 의하면 국민권익위원회는 공공기관의 부패방지를 위한 시책 및 제도개선 사항의 수립·권고와 이를 위한 공공기관에 대한 실태조사(제5호), 공공기관의 부패방지 시책 추진상황에 대한 실태조사·평가(제6호), 부패방지 및 권익구제와 관련된 자료의 수집·관리 및 분석(제13호) 등의 업무를 수행하므로 동법 시행령 제7조 규정에 의하여 실태조사 및 평가를 할 수 있고 자료의 수집·관리·분석 등 업무도 할 수 있다.

제 7 절 공공기관장의 책무

1. 교육과 홍보

1) 공직자등에 대한 교육

공공기관의 장은 공직자등에게 부정청탁 금지 및 금품등의 수수 금지에 관한 내용을 정기적으로 교육하여야 하며, 이를 준수할 것을 약속하는 서약서를 받아야 한다(법 제19조 제1항).

2) 국민에 대한 홍보 등

공공기관의 장은 이 법에서 금지하고 있는 사항을 적극적으로 알리는 등 국민들이 이 법을 준수하도록 유도하여야 한다(법 제19조 제2항).

3) 교육과 홍보에 대한 지원요청

공공기관의 장은 공직자등에 대한 교육 및 국민에 대한 홍보 등의 실시를 위하여 필요하면 국민권익위원회에 지원을 요청할 수 있다. 이 경우 국민권익위원회는 적극 협력하여야 한다(법 제19조 제3항).

2. 담당관의 지정

공공기관의 장은 소속 공직자등 중에서 부정청탁 금지 등을 담당하는 담당관을 지정하여야 한다. 담당관이 수행하는 업무는 부정청탁 금지 및 금품등의 수수 금지에 관한 내용의 교육·상담, 이 법에 따른 신고·신청의 접수, 처리 및 내용의 조사, 이 법에 따른 소속기관장의 위반행위를 발견한 경우 법원 또는 수사기관에 그 사실의 통보 등이다(법 제20조).

제5장 ▷ 징계 및 벌칙

제1절 ▷ 징계처분

공공기관의 장 등은 공직자등이 이 법 또는 이 법에 따른 명령을 위반한 경우에는 징계처분을 하여야 한다(법 제21조). 국가공무원법 및 지방공무원법에 의하면 징계의결등의 요구는 징계 등의 사유가 발생한 날부터 3년(금품 및 향응 수수, 공금의 횡령·유용의 경우에는 5년)이 지나면 하지 못하게 되어 있다(국가공무원법 제83조의2 제1항, 지방공무원법 제73조의2 제1항). 징계에 해당하는 사유는 다음과 같은 것이 있다.

① 공정·청렴한 직무수행 위반

공직자등은 사적 이해관계에 영향을 받지 아니하고 직무를 공정하고 청렴하게 수행하여야 할 의무가 있는데(법 제4조 제1항) 이에 위반하는 행위

② 공평무사한 직무수행 위반

공직자등은 직무수행과 관련하여 공평무사하게 처신하고 직무관련자를 우대하거나 차별해서는 아니 되는데(법 제4조 제2항) 이에 위반하는 행위

③ 부정청탁 금지 위반

공직자등이 법 제5조 제1항의 부정청탁 금지규정에 위반하여 자기 또는 제3

자를 위하여 부정청탁을 하는 행위

④ **부정청탁에 따른 직무수행**

공직자등이 법 제6조에 위반하여 부정청탁을 받고 그에 따라 직무를 수행하는 행위

⑤ **부정청탁의 거절의무 위반**

공직자등은 부정청탁을 받았을 때 부정청탁을 한 자에게 부정청탁임을 알리고 이를 거절하는 의사를 명확히 표시하여야 할 의무가 있는데(법 제7조 제1항) 이에 위반하는 행위

⑥ **부정청탁의 신고의무 위반**

공직자등은 부정청탁임을 알리고 이를 거절하는 의사를 명확히 표시하였음에도 불구하고 동일한 부정청탁을 다시 받은 경우에는 이를 소속기관장에게 서면(전자문서를 포함한다. 이하 같다)으로 신고하여야 하는데(법 제7조 제2항) 이에 위반하는 행위

⑦ **금품등 수수금지 위반**

공직자등은 직무 관련 여부 및 명목에 관계없이 동일인으로부터 1회에 100만원 또는 매 회계연도에 300만원을 초과하는 금품등을 받거나 요구 또는 약속해서는 아니 되며(법 제8조 제1항), 직무와 관련하여 대가성 여부를 불문하고 제1항에서 정한 금액 이하의 금품등을 받거나 요구 또는 약속해서는 아니 되는데(법 제8조 제2항) 이에 위반하는 행위

⑧ **수수 금지 금품등의 신고의무 위반**

공직자등은 자신이 수수 금지 금품등을 받거나 그 제공의 약속 또는 의사표시를 받은 경우 및 자신의 배우자가 수수 금지 금품등을 받거나 그 제공의 약속 또는 의사표시를 받은 사실을 안 경우에는 소속기관장에게 지체 없이 서면으로 신고하여야 하는데(법 제9조 제1항) 이에 위반하는 행위

⑨ **수수 금지 금품등 반환 또는 인도 의무**

공직자등은 자신이 수수 금지 금품등을 받거나 그 제공의 약속이나 의사표시를 받은 경우 또는 자신의 배우자가 수수 금지 금품등을 받거나 그 제공의 약속이나 의사표시를 받은 사실을 알게 된 경우에는 이를 제공자에게 지체 없이 반환하거나 반환하도록 하거나 그 거부의 의사를 밝히거나 밝히도록 하여야 하는데(법

제9조 제2항 본문) 이에 위반하는 행위. 또한, 받은 금품등이 멸실·부패·변질 등의 우려가 있는 경우, 해당 금품등의 제공자를 알 수 없는 경우, 그 밖에 제공자에게 반환하기 어려운 사정이 있는 경우에는 소속기관장에게 인도하거나 인도하도록 하여야 하는데(법 제9조 제2항 단서) 이에 위반하는 행위

　⑩ 외부강의등의 초과 사례금 수수

　공직자등은 자신의 직무와 관련되거나 그 지위·직책 등에서 유래되는 사실상의 영향력을 통하여 요청받은 교육·홍보·토론회·세미나·공청회 또는 그 밖의 회의 등에서 한 강의·강연·기고 등의 대가로서 대통령령으로 정하는 금액을 초과하는 사례금을 받아서는 아니 되는데(법 제10조 제1항) 이에 위반하는 행위 또는 초과 사례금의 신고 및 반환의무(법 제10조 제5항) 위반 행위

　⑪ 외부강의등 신고의무 위반

　공직자등은 외부강의등을 할 때에는 대통령령으로 정하는 바에 따라 외부강의등의 요청 명세 등을 소속기관장에게 미리 서면으로 신고하여야 하고, 미리 신고하는 것이 곤란한 경우에는 그 외부강의등을 마친 날부터 2일 이내에 서면으로 신고하여야 하는데(법 제10조 제2·3항) 이에 위반하는 행위

　⑫ 신고 방해 또는 취소 강요

　누구든지 이 법 제7조 제2항 및 제6항에 따른 부정청탁의 신고·제9조 제1항, 같은 조 제2항 단서 및 같은 조 제6항에 따른 수수 금지 금품등의 신고 및 인도·제13조 제1항에 따른 이 법 위반행위 신고·신고에 조력하는 행위를 하지 못하도록 방해하거나 신고등을 한 자에게 이를 취소하도록 강요해서는 아니 되는데(법 제15조 제1항) 이에 위반하는 행위

　⑬ 신고자등에 불이익조치 금지 위반

　누구든지 신고자등에게 신고등을 이유로 파면·해임 등 신분상의 불이익조치, 징계·정직·감봉 등 부당한 인사조치, 전보·전근 등 인사조치, 교육 또는 훈련등 자기계발 기회의 취소, 집단 따돌림·폭행 또는 폭언 등「공익신고자 보호법」제2조 제6호 소정의 불이익조치를 해서는 아니 되는데(법 제15조 제2항) 이에 위반하는 행위. 다만 위 불이익조치 중에 인사조치에 해당하는 것은 공공기관의 장이 하게 될 것인데 이 경우 징계는 누가 어떻게 할 것인가 의문이다. 그 경우 사실상 징계조치는 이루어지지 않을 것으로 생각된다.

⑭ 비밀누설 금지 위반

부정청탁의 신고 및 조치에 관한 업무 또는 수수 금지 금품등의 신고 및 처리에 관한 업무를 수행하거나 수행하였던 공직자등은 그 업무처리 과정에서 알게 된 비밀을 누설해서는 아니 되는데(법 제18조) 이에 위반하는 행위

⑮ 부정청탁금지 등 담당관의 위반행위

부정청탁 금지 등을 담당하는 담당관이 이 법에 따른 소속기관장의 위반행위를 발견한 경우 법원 또는 수사기관에 그 사실의 통보하여야 하는데(법 제20조 제3호) 이에 위반하는 행위

제 2 절 벌칙규정

1. 징역 3년 또는 벌금 3천만원 이하의 처벌 대상

1) 1회 100만원 또는 매 회계연도 300만원 초과 금품등 수수

a) 처벌 대상

제8조 제1항에 위반하여 1회 100만원 또는 매 회계연도 300만원을 초과하는 금품등을 받거나 요구 또는 약속한 공직자등이 처벌대상이다(법 제22조 제1항 제1호). 직무관련 여부나 명목에 관계없이 동일인으로부터 1회 100만원 또는 매 회계연도 300만원을 초과하는 금품등을 받거나 요구 또는 약속하면 이에 해당하고 공직자등에 공무수행사인이 포함된다. 다만, 제9조 제1항·제2항 또는 제6항에 따라 신고하거나 그 수수 금지 금품등을 반환 또는 인도하거나 거부의 의사를 표시한 공직자등은 제외한다. 이 경우 거부의 의사표시는 반환 또는 인도와 마찬가지로 금품등을 주고받기로 약속하였다가 사후에 이를 거부하는 것을 의미한다. 처벌규정에서 제외한다고 하는 것은 원래 죄가 되지 않는 것을 제외한다고 규정할 이유가 없고 죄에 해당한다고 할 수 있을 경우에 규정의 의미가 있기 때문이다. 예컨대 ○○시청 A과장이 초등학교 동창회에서 초·중·고등학교 동창이면서 이웃에 사는 친구 B로부터 3박4일 태국 여행을 가자는 제의를 받았는데, 이 친구가 하는 말이 "공직에 있으면 춥고 배고픈데 누가 챙겨주는 사람도 없을 테고 절친인 내가

신경써야 안 되겠나. 비용 걱정은 말고 시간만 내라. 나 요즘 잘나간다. 마침 임시 공휴일이 생겨서 4일 연휴가 되는 바람에 6학년 때 한 반이었던 영길이, 창수와 셋이서 놀러 가려고 하는데 마침 골프 칠 멤버도 한 사람 모자란다"고 하였다. 이에 A 과장은 곧바로 웃으면서 "업무가 바쁜데 연휴라고 다 쉴 수 있나? 연휴 끝나면 올려야 될 보고서도 있고 4일 다 쉬자니 솔직히 눈치도 보인다. 그리고 비용이 최소 150만원은 될 텐데 네가 아무리 잘나가도 부담스럽다"라며 거절하였다. 이러한 경우 A 과장은 법 제22조 제1항 제1호를 위반하지 않았다. 거부 의사표시 여부를 떠나서 약속을 하지 않았으면 법 제8조 제1항을 위반하지 않아 죄가 되지 않기 때문에 위 조항에서 말하는 제외사유에 해당하지 않는다. 그러므로 여기서 처벌 제외사유에 해당하는 거부의 의사표시는 제8조에 위반하여 약속하였다가 사후에 거부하는 경우를 말한다고 해석된다. 예컨대 위 사례에서 A 과장이 3박4일 태국여행 제의에 그러자고 약속하였다가 집에 가서 생각해보고 밤늦게 제의를 거절하고 약속을 취소한 경우는 제8조 제1항에 위반되나 그 다음날 소속기관장에게 지체 없이 신고하였다면 처벌대상에서 제외된다. 금품등을 요구하였다가 실제로 받기 전에 의사표시를 철회 또는 취소한 경우도 형평의 원칙상 거부의 의사표시에 포함된다고 해석하여야 할 것이다.

    b) '제외한다'는 의미

    법 제22조 제1항에서 공직자등이 금품등을 받거나 요구 또는 약속을 하여 제8조 제1항을 위반한 후에 제9조 제1항, 제6항에 의하여 신고하거나 제9조 제2항에 의하여 이를 지체 없이 반환 또는 인도한 때에는 형사처벌 되는 공직자등에서 '제외한다'는 것은 어떤 의미인가? 범죄구성요건을 조각(阻却)한다는 것인가 아니면 위법성 또는 책임을 조각한다는 것인가의 문제이다. 제외한다는 것의 사전적 의미는 '따로 떼어내어 한데 헤아리지 않는다', 또는 '범위 밖에 두어 빼어놓는다'는 뜻이고 반대말은 '포함한다'로 이해된다. 그러므로 여기서 제외한다는 뜻은 처벌대상 즉 범죄에서 제외한다는 뜻으로 해석되어 언뜻 구성요건해당성(構成要件該當性) 자체를 조각하는 사유로 해석될 수 있다. 그러나 이 규정은 일단 법 제8조 제1항을 위반하여 구성요건에 해당하는 위법한 행위를 한 이후에 신고하거나 반환 또는 인도하였다는 사유로 제외하는 것이므로 범죄구성요건을 조각한다고 할 수는 없다.

한편 위법성이란 법질서 전체에 반하여 용납되지 않는다는 것으로 행위에 대한 부정적 가치판단이라 할 수 있다. 범죄구성요건에 해당하는 행위는 위법한 행위의 정형이므로 원칙적으로 위법하다 할 수 있고, 다만 위법성 조각사유가 있을 경우에는 위법한 행위로 평가되지 않는다. 형법에 의하여 인정되는 위법성 조각사유에는 정당행위, 정당방위, 긴급피난(緊急避難), 자구행위(自救行爲), 피해자의 승낙 등이 있다. 형법은 '사회상규에 위배되지 아니하는 행위'를 정당행위로 규정하고 있으므로 사회상규에 위배되지 아니하는 것은 기본적 위법성 조각사유라 할 수 있다. 거꾸로 보면 위법성은 사회상규에 위배되는 행위에 대한 부정적 판단을 의미한다고도 할 수 있다. 전술한 바와 같이 사회상규란 "법질서 전체의 정신이나 그의 배후에 놓여 있는 사회윤리 도의적 감정 내지 사회통념"이라 할 수 있으므로(대법원 2009. 12. 24. 선고 2007도6243 판결 등 참조) 위법성은 법질서 전체의 정신이나 사회윤리 내지 사회통념에 위배되는 성질이라 할 수 있다. 다시 이 법으로 돌아와 살펴보면 법 제8조 제1항을 위반한 위법행위가 그 이후 신고·반환 또는 인도하였다는 사유로 위법성이 조각된다고 하기 위해서는 법질서 전체의 정신 내지 사회상규에 위배되지 않는다고 할 수 있어야 한다. 그런데 법 제8조 제1항에서 금지하고 있는 행위는 금품등을 받거나 요구 또는 약속하는 행위이고 받는다는 것은 요구하여 받거나 약속하고 받는 경우까지 포함한다 할 것인데, 이러한 행위가 사후에 마음을 고쳐먹고 지체 없이 신고하거나 반환 또는 인도하였다는 사유로 위법성이 조각되고 사회상규에 위배되지 않는 행위로 된다고 하기는 어렵다 할 것이다. 유의할 점은 위법성 조각의 문제와 금품등을 수수함에 있어서 영득(領得)의 의사가 없는 경우와는 구별되어야 한다. 불법영득의 의사가 없는 경우는 금품등을 수수한 행위가 없었다고 보는 경우, 즉 법 제8조 제1항의 위반행위가 있었다고 할 수 없는 경우에 해당하나, 법 제22조 제1항은 위반행위가 있어서 범죄가 완성된 이후에 신고·반환 등을 한 행위자의 사정을 이유로 처벌대상에서 제외하기 때문이다. 결론적으로 법 제8조 제1항을 위반한 공직자등이 사후에 신고·반환 또는 인도하였다는 사유로 위반행위의 위법성이 조각된다고 하기는 어렵다고 본다.

그러면 책임을 조각한다는 의미인가?

범죄론에서의 책임이란 구성요건에 해당하고 위법한 행위를 이유로 한 "행위자에 대한 비난가능성"이라는 것이 학계의 통설이다.[76] 즉 근대 형법의 기본원칙인 행위책임의 원칙과 책임주의 원칙상 책임은 행위자가 위법한 행위를 하였다는 데 대한 불법의 비난가능성이 본질이다. 이러한 비난가능성은 행위자가 자신의 충동을 조절·통제하고 법질서와 사회윤리적 규범에 따라 행위 할 수 있는 의사결정능력이 있음에도 불구하고 불법을 감행하였다는 데 대한 비난가능성이다. 그러므로 사물을 변별할 능력 또는 의사결정능력이 없으면 행위에 대한 비난가능성이 없고 따라서 형사책임도 물을 수 없게 된다. 이러한 전제 하에서 형법은 소극적으로 책임능력이 없어 책임이 조각되거나 책임능력이 한정되어 책임 및 형벌이 감경되는 경우를 규정하고 있는데, 14세 미만의 형사미성년자(제9조), 심신상실자(제10조 제1항)가 전자에 해당하고, 심신미약자(제10조 제2항) 및 농아자(제11조)가 후자에 해당한다. 그러나 이 법 제22조 제1항의 제외사유를 보면 일반적인 형사책임 또는 책임능력과 관련한 책임조각사유를 규정한 것으로 보기도 어렵다. 이 법 규정이 "제외한다"고 하고 있어서 일부 책임이 감경되거나 형벌이 면제되는 경우라고 보기도 어렵다.

　　결론적으로 법 제22조 제1항에서 위반행위 후에 신고·반환 또는 인도가 있었다는 사정으로 처벌대상에서 제외한 것은 현재의 범죄이론 체계에 비추어 설명하기 어려운 규정이다.

　　다만 법 제22조 제1항의 제외사유를 살펴보면, 법 제8조 제1항을 위반한 공직자등이 받은 금품등을 반환 또는 소속기관장에게 인도하거나, 요구 또는 약속한 행위를 신고함으로써 위법한 수익을 보유하지 않거나 요구 또는 약속한 후 금품등을 받는 행위로 나아가지 않은 사정이 있어서 그러한 공직자등을 처벌을 하지 않거나 형벌을 감경할 필요가 있는 점은 수긍이 간다. 즉 금품등을 요구 또는 약속한 자가 이를 받는 것을 포기하고 중간에 범죄행위를 중지하였거나, 이미 받은 금품등을 자신이 보유하지 아니하고 반환 또는 인도한 경우이기 때문에 자기의 위법행위를 중지시킨 측면에서 행위자의 비난가능성 내지는 책임이 감소되고, 범죄를 최종적으로 완성시키는 것을 방지하고 범죄자로 하여금 정상인의 세계로「되돌아오는 황금의 다리」(eiene Goldene Brücke zum Rückzug)를 만들어주기 위한 형사정책적 이유에서도[77] 형벌을 감경 또는 면제할 필요성이 있는 것은 인정된다.

---

76 이재상, 형법총론, 2011, 289면; 오영근, 형법총론, 2012, 395면.
77 신동운, 형법총론, 2011, 489면; 이재상, 전게서, 376면.

그러나 범죄의 실행에 착수한 자가 범죄행위 완성 전에 이를 중지하거나 결과의 발생을 방지하는 중지미수의 경우와 달리 법 제22조 제1항의 경우는 법 제8조 제1항을 위반한 자가 범죄완성 후에 신고·반환 또는 인도하였다는 사유로 처벌대상에서 제외하는 것이므로 중지미수에 관한 이론적 설명을 그대로 원용하기 어려운 점이 있다. 더구나 범죄가 완성되기 전에 중지하거나 결과발생을 방지하여 결과가 발생하지 않은 중지미수의 경우에도 형을 감경 또는 면제할 뿐인데, 법 제22조 제1항은 범죄행위가 이미 완성한 이후에 수령한 금품등을 반환·인도하였거나 신고하여 더 이상 금품등을 수령 내지 보유하지 않았다는 사유로 처벌대상에서 제외하고 면죄부를 준 것은 형사정책 내지 입법정책적으로도 형평에 어긋난다는 비판을 면할 수 없다. 그러므로 법 제22조 제1항의 사유가 있을 경우에 처벌대상에서 완전히 제외할 것이 아니라 그 형을 감경 또는 면제하는 것으로 개정하는 것이 바람직하다고 생각한다.

2) 배우자의 1회 100만원·매 회계연도 300만원 초과 수수 미신고

자신의 배우자가 제8조 제4항을 위반하여 공직자등의 직무와 관련하여 1회 100만원 또는 매 회계연도 300만원을 초과하는 금품등을 받거나 요구하거나 제공받기로 약속한 사실을 알고도 소속기관장 등에게 신고하지 아니한 공직자등(법 제22조 제1항 제2호). 공직자등에는 공무수행사인이 포함되고, 공직자등 또는 배우자가 제9조 제2항에 따라 수수 금지 금품등을 반환 또는 인도하거나 거부의 의사를 표시한 경우에 처벌대상에서 제외되는 것은 공직자등이 직접 제8조 제1항을 위반한 경우와 같다. 다만 공직자등은 자신의 배우자가 수수 금지 금품등 "제공의 의사표시를 받은 경우"에도 제9조 제1항 제2호에 의하여 신고할 의무가 있지만 그 신고를 하지 않더라도 형사처벌 또는 과태료 제재는 받지 않고 징계의 대상이 될 뿐이다.

3) 공직자등에게 금품등의 제공·약속·의사표시

누구든지 법 제8조 제5항을 위반하여 공직자등 또는 그 배우자에게 1회 100만원 또는 매 회계연도 300만원을 초과하는 금품등을 제공하거나 그 제공의 약속 또는 의사표시를 한 자(법 제22조 제1항 제3호). 이 경우에도 공직자등에는 공무수행사인이 포함된다.

　이 경우 일반 국민은 같은 조항 제1·2호에서 공직자등이 처벌대상에서 제외될 수 있는 사유와 유사한 신고·의사표시의 철회 또는 취소로써 처벌대상에서 제외될 수 있는 규정이 없다. 금품등 제공의 의사표시는 공직자등의 요구와 유사하고, 약속의 경우 쌍방의 의사합치로 인한 것이므로 공직자등이 약속한 것과 동일하며 특히 공직자등의 요구에 의하여 울며 겨자 먹기 식으로 제공의 약속을 한 경우는 공직자보다 불법적 요소가 과중하다고 할 수 없음에도 공직자등과 달리 처벌대상에서 제외될 수 있는 길이 없다. 이 점에서 제1·2호의 공직자등과 비교하여 형평에 어긋난다는 비판을 면하기 어렵다. 예컨대 공직자등이 금품등을 요구하여 약속이 이루어진 경우에 공직자등은 혼자 마음을 바꿔 소속기관장에게 신고하고 처벌대상에서 제외될 수 있으나 그 상대방인 일반 국민은 위와 같은 신고의 길도 없을 뿐만 아니라 사후에 공직자등의 신고로 인하여 범죄사실이 발각되었을 경우에 공직자등과 달리 요구에 의하여 약속하게 되었다는 경위를 설명하더라도 처벌대상에서 제외되거나 법률상 감경 또는 면제 대상이 될 수는 없고 오로지 양형(量刑) 사유로 선처를 호소할 수 있을 뿐이기 때문에 공직자등과 비교하여 형평에 어긋난다 할 것이다.

　위 사례와 같이 B가 동창회에서 초·중·고등학교 동창이면서 이웃에 사는 친구 ○○시청 A 과장에게 비용은 걱정하지 말고 시간만 내라면서 100만원이 넘는 3박4일 태국 여행을 가자고 제의를 하였는데, A 과장은 B가 업무관련성도 전혀 없고 사업을 성공하여 돈도 많은 절친한 친구의 호의를 거절하기가 뭣해서 태국 여행 제의에 그러자고 약속하였다면 본인은 법 제8조 제1항에, 친구 B 과장은 제8조 제5항에 저촉된다. A 과장이 사후에 집에 가서 생각해보고 아무래도 부담스러워 밤늦게 전화로 제의를 거절하고 약속을 취소하였더라도 마찬가지다. 약속을 하는 순간 범죄는 완성되기 때문이다. 그런데 A 과장이 그 다음날 출근하여 소속기관장에게 지체 없이 신고하였다면 자신은 처벌대상에서 제외된다. 그러나 친구 B는 그대로 처벌될 수밖에 없다. 위 사례에서 A 과장이 술 한 잔 한 김에 먼저 푸념조로 "박봉에 애들 교육시키기도 힘들고 업무는 많아 매일같이 야근을 밥 먹듯이 해도 끝이 없고, 국민들은 일만 있으면 공무원 탓을 하니 공무원이 무슨 죄인도 아니고 … 살기 힘들다"고 하여 이를 듣고 있던 친구 B가 위로와 함께 위와 같은 제의를 하였을 경우라도 마찬가지다. 만약 그 경우 A가 즉석에서 거절하여 없었던 일로 되었더라도 A가 다음날 위와 같은 사실을 금품제공의 의사표시로 신고하면 B는 처벌받게 되는 것은 당연하다.

4) 신고자등의 인적사항 등을 알려주거나 공개 또는 보도 행위

누구든지 「공익신고자 보호법」 제12조 제1항을 위반하여 신고자등이라는 사정을 알면서 그의 인적사항이나 그가 신고자등임을 미루어 알 수 있는 사실을 다른 사람에게 알려주거나 공개 또는 보도한 자(법 제22조 제1항 제4호). 위반의 주체에는 제한이 없다. 부정청탁의 신고 및 조치에 관한 업무 또는 수수 금지 금품등의 신고 및 처리에 관한 업무를 수행하거나 수행하였던 공직자등은 당연히 그 업무처리 과정에서 알게 된 신고자등의 인적사항이나 신고자임을 알 수 있는 사실을 다른 사람에게 알려주거나 공개하여서는 아니 되고, 그 공직자등으로부터 신고자등의 인적사항 등을 전해들은 사람도 포함되며 이를 언론에 보도하거나 보도에 관여한 사람도 포함된다. 다만 위반행위자는 신고자등이라는 사실을 '알면서' 공개 등 행위를 하여야 한다. 알게 된 경위는 묻지 않는다. 그러므로 막연한 추측이나 근거 없는 짐작으로 특정인이 신고자등임을 밝히거나 암시하는 행위는 포함되지 않는다고 해석된다. 일반 국민의 표현의 자유 영역에 속하는 것이기 때문에 정확한 정보에 근거하지 않은 경우까지 규율하는 것은 지나친 해석이다. 그러나 이 규정이 아닌 형법상 명예훼손죄 등을 구성함은 별론으로 한다.

5) 비밀누설 행위

이 법 제7조에 따른 부정청탁의 신고 및 조치에 관한 업무, 제9조에 따른 수수 금지 금품등의 신고 및 처리에 관한 업무를 수행하거나 수행하였던 공직자등이 법 제18조를 위반하여 그 업무처리 과정에서 알게 된 비밀을 누설한 자(법 제22조 제1항 제5호). 직접 신고, 처리 및 조치 업무를 담당한 공직자등은 신고자등의 인적사항 뿐만 아니라 신고의 내용, 그에 대한 처리 및 조치 내용도 소상히 알 수 있으므로 이를 누설하면 처벌받게 된다. 법 제7조 및 제9조에 따른 업무뿐만 아니라 제13조 제1항에 의한 신고업무를 처리한 감독기관·감사원·수사기관 또는 국민권익위원회의 공직자등도 포함됨은 앞에서 본 바와 같다. 다만 신고·조치·

처리 등 업무를 처리하거나 하였던 공직자등이 신고자등의 인적사항을 누설하는 경우는 법 제22조 제1항 제4호와 제5호에 모두 해당되나 그 행위는 2개의 죄가 아니라 단순일죄에 해당하고 처벌조항이 중첩되었음은 위 제4장 제5절 비밀누설 금지 해당부분에서 설명한 바와 같다.

2. 징역 2년 또는 벌금 2천만원 이하의 처벌 대상

1) 부정청탁에 따른 직무수행

법 제6조를 위반하여 부정청탁을 받고 그에 따라 직무를 수행한 공직자등(법 제22조 제2항 제1호). 공직자등에는 공무수행사인도 포함된다. 부정청탁을 받은 공직자등이란 청탁대상 업무를 직무로 수행하는 자이면 족하고 반드시 결정권한이 있어야 하는 것은 아니며, 부정청탁에 따른 직무수행이란 법령을 위반하여 직무행위를 하거나 또는 그와 관련되는 업무행위를 하여야 한다. 이에 관하여는 위 제2장 제4절 '공직자등의 부정청탁에 따른 직무수행의 금지' 부분에서 자세히 설명한 바와 같다.

2) 신고자등에게 파면·해임 등 신분상 불이익조치 행위

법 제15조 제2항을 위반하여 신고자등에게 「공익신고자 보호법」 제2조 제6호 가.목 소정의 파면, 해임, 해고, 그 밖에 신분상실에 해당하는 신분상의 불이익조치를 한 자(법 제22조 제2항 제2호). 「공익신고자 보호법」 제2조 제6호의 불이익조치는 여러 종류가 있는데 그중 가장 중한 조치를 한 경우이기 때문에 불이익조치에 대한 처벌 중에서 가장 무거운 처벌을 받게 된다. 이보다 가벼운 제2조 제6호 나.목부터 사.목까지의 불이익조치를 한 경우에는 보다 가벼운 처벌을 받고 제2조 제6호 아.목, 자.목에 해당하는 불이익조치를 한 경우에는 처벌받지 않는다. 다만 국민권익위원회는 조사 결과 제2조 제6호 아.목 또는 자.목에 해당하는 불이익조치를 받았다고 인정될 때에는 불이익조치를 한 자에게 30일 이내의 기간을 정하여 인허가 또는 계약 등의 효력 유지 등 필요한 보호조치를 취할 것을 권고할 수 있다(「공익신고자 보호법」 제20조 제2항).

불이익조치를 하였다가 보호조치결정에 따라 원상회복을 한 기관장 등의 처벌은 어떻게 되는가? 보호조치결정에 따라 원상회복을 하였다 하더라도 불이익조치에 대한 필요적 책임감면 규정은 없으므로 처벌을 받게 된다. 다만 사후에 보호조치 된 사정은 양형에 대한 정상참작사유로 될 수 있을 것이다. 한편 징계절차상 징계권자와 징계내용 결정자가 다를 경우는 위반자가 누구인가? 징계권자가 징계위원회 등 독립된 의사결정기관에 징계요청을 하여 그 결정내용에 따라 징계하는 경우에도 원칙적으로 징계요청 및 최종 조치는 징계권자가 하는 것이고 징계 의사결정기관은 절차상 징계양정에만 관여하기 때문에 징계권자가 처벌대상으로 되어야 할 것이다.

3) 불이익조치를 한 자의 보호조치결정 불이행

법 제15조 제4항에 따라 준용되는「공익신고자 보호법」제2조 제6호 소정의 불이익조치를 한 자가 신고자등의 신청에 의하여 국민권익위원회로부터 동법 제20조 소정의 원상회복이나 그 밖에 필요한 보호조치결정을 받고 30일이 경과하여 확정되거나 행정소송을 제기하여 확정된 보호조치결정을 이행하지 아니한 자(법 제22조 제2항 제3호). 불이익조치를 한 후 신고자등의 신청에 의하여 국민권익위원회로부터 원상회복 등 필요한 보호조치결정을 받고 그 결정이 확정되었음에도 불구하고 이를 이행하지 않은 자를 처벌하는 것이다. 여기서 불이익조치를 한 자는 반드시 소속기관장이 아니라도 무방하다. 위 불이익조치에는 파면, 해임, 해고, 정직, 감봉, 전보 등 기관장의 권한이나 법령에 근거한 조치도 있지만 직무 재배치, 성과평가 또는 동료평가에서의 차별, 그 밖에 근무조건 등에 부정적인 영향을 미치는 차별 또는 조치와 같은 사실상의 불이익조치도 있으므로 소속기관장이 아닌 소속 부서장이나 상사, 동료들에 의하여서도 행해질 수 있기 때문이다.

3. 징역 1년 또는 벌금 1천만원 이하의 처벌 대상

1) 신고방해 또는 취소 강요

법 제15조 제1항을 위반하여 신고등을 방해하거나 신고등을 취소하도록 강요한 자(법 제22조 제3항 제1호). 여기서 '신고등'이란 부정청탁의 신고, 수수 금지 금품등의 신고 및 인도뿐만 아니라 그에 따른 신고를 한 자 외에 협조를 한 자가 신고

에 관한 조사·감사·수사·소송 또는 보호조치에 관한 조사·소송 등에서 진술·증언
및 자료제공 등의 방법으로 조력하는 행위를 포함한다.

2) 신분상 불이익 외의 불이익조치

법 제15조 제2항을 위반하여 신고자등에게「공익신고자 보호법」제2조 제6호
나.목부터 사.목까지의 어느 하나에 해당하는 불이익조치를 한 자(법 제22조 제3항
제2호). 제2조 제6호 가.목의 파면, 해임, 해고 등 신분상의 불이익조치 이외의 것
으로 정직, 감봉, 강등, 징계, 전보, 전근, 직무 미부여, 직무 재배치, 성과평가 또
는 상여금 등에서의 차별, 주의 대상자 명단 작성 또는 공개, 부당한 감사 또는
조사, 폭행 또는 폭언, 집단 따돌림 등 대부분의 직접적인 불이익조치가 이에 해
당한다.

4. 몰수 및 추징

1) 몰수의 의의

일반적으로 몰수는 범죄의 반복 또는 범죄에 제공되거나 제공될 물건, 금품 기
타 재산상 이익을 박탈하여 범죄 관련자들로 하여금 부정한 이익을 보유하지 못
하게 할 목적에서 범죄행위와 관련된 물건이나 재산을 박탈하는 것을 내용으로
하는 형법상 형벌이고, 원칙적으로 타형(他刑)에 부가하여 과하는 것이다. 주형(主
刑)을 선고하지 않는 경우에도 몰수의 요건이 있는 때에는 몰수만을 선고할 수
있다. 몰수는 임의적 몰수가 원칙이나(형법 제48조) 뇌물죄나 특정재산범죄에 있
어서의 몰수는 필요적 몰수이다(형법 제134조, 「특정범죄 가중처벌 등에 관한 법률」 제
13조, 「특정경제범죄 가중처벌 등에 관한 법률」 제10조 등). 「공무원범죄에 관한 몰수 특
례법」에도 특정공무원범죄의 범죄행위로 얻은 재산은 필요적으로 몰수하게 되어
있다(동법 제3조 제1항).

2) 몰수의 대상

일반적으로 몰수의 대상은 범죄행위에 제공하였거나 제공하려고 한 물건 및
범죄행위로 인하여 생(生)하였거나 이로 인하여 취득한 물건 그리고 그 대가로

취득한 물건의 전부 또는 일부이다(형법 제48조). 청탁금지법에서 규정한 몰수의
대상은 다음과 같다(법 제22조 제4항).

　　① 법 제8조 제1항을 위반하여 수수·요구·약속한 금품등

　공직자등이 법 제8조 제1항에 위반하여 1회 100만원 또는 매 회계연도 300
만원을 초과하는 금품등을 받거나 요구 또는 약속해서는 아니 되는데 이에 위반하
여 공직자등이 받거나 요구 또는 약속한 금품등은 몰수한다.

　　② 배우자가 법 제8조 제4항을 위반하여 수수·요구·약속한 금품등

　공직자등의 배우자는 공직자등의 직무와 관련하여 금품등을 받거나 요구 또
는 약속할 수 없는데 이에 위반하여 공직자등의 배우자가 1회 100만원 또는 매
회계연도 300만원을 초과하는 금품등을 받거나 요구 또는 약속한 경우의 금품등
도 몰수의 대상이다.

　　③ 법 제8조 제5항을 위반하여 공직자등 또는 그 배우자에게 제공 또는 제공하려
　　　한 금품등

　누구든지 공직자등 또는 그 배우자에게 수수금지 금품등을 제공하거나 제공
의 약속 또는 의사표시를 하여서는 아니 되는데 이에 위반한 경우 그 금품등을
몰수한다.

3) 몰수의 요건

　몰수의 대상이라도 범인 이외의 자의 소유에 속하는 물건 등 재산은 이를 몰수
할 수 없다(형법 제48조 제1항). 그러므로 몰수는 범인 이외의 자의 소유에 속하지
아니한 물건 등이어야 한다. '범인' 속에는 '공범자'도 포함되므로 범인 자신의
소유물은 물론 공범자의 소유물도 그 공범자의 소추 여부를 불문하고 몰수할 수
있다(대법원 2013. 5. 23. 선고 2012도11586 판결 참조). 범죄 후 범인 이외의 자가 그
정을 알면서 취득한 물건 등도 몰수한다. 그 정을 알면서 취득한다는 것은 몰수
의 대상이라는 사정 즉, 범죄행위에 제공하였거나 제공하려고 한 물건 및 범죄행
위로 인하여 생하였거나 이로 인하여 취득한 물건 그리고 그 대가로 취득한 물건
이라는 사정을 알면서 취득한다는 뜻이다.

　일반적으로 몰수의 대상이 되는지 여부는 범죄구성요건사실에 관한 것이 아니
어서 엄격한 증명은 필요 없지만 역시 증거에 의하여 인정되어야 함은 당연하다

(대법원 2008. 6. 26. 선고 2008도1392 판결 참조). 그러나 이 법에서 몰수의 대상이 되는 수수 금지 금품등에 해당하는 것 중에 직무와 관련 없는 금품등과 같이 그 액수의 다과에 따라 범죄구성요건이 되는 경우에는 엄격한 증명의 대상이 된다(대법원 2009. 8. 20. 선고 2009도4391 판결 등 참조).

4) 금품등의 '요구'와 몰수

그런데 위와 같이 몰수할 수 있는 경우 중 공직자등 또는 그 배우자가 상대방에게 금품등을 '요구'하여 이 법을 위반하는 경우에 몰수의 대상은 무엇인지 의문이다. 원래 금품등을 요구하는 범죄행위는 요구 즉시 완성되고 상대방이 금품등을 제공하거나 제공하기로 약속하거나 묵묵부답 또는 거절하더라도 상관없다. 일단 상대방이 공직자등의 요구에 응하여 제공하면 금품등을 받은 경우에 해당하고, 요구에 응하여 제공하기로 약속하면 금품등을 제공하기로 약속한 경우에 해당한다. 그 이외에 공직자등의 금품 요구에 상대방이 묵묵부답하거나 거절하였을 경우는 범죄행위에 제공하였거나 제공하려고 한 물건 또는 범죄행위로 인하여 생(生)하였거나 이로 인하여 취득한 물건 또는 그 대가로 취득한 물건이 존재하지 않는다, 그렇다면 이 경우에는 몰수의 대상이 없어 몰수할 수 없고 따라서 추징도 할 수 없다고 본다. 참고로 대법원은 뇌물을 받은 자가 그 뇌물을 증뢰자에게 반환한 때에는 이를 증뢰자로부터 몰수 또는 추징을 할 것이지 수뢰자로부터 추징할 수 없다고 하여(대법원 1984. 2. 28. 선고 83도2783 판결) 몰수의 대상은 존재하나 피고인이 보유하고 있지 않을 경우에도 그 피고인으로부터 몰수할 수 없다고 하고 있다.

5) 추 징

그 금품등의 전부 또는 일부를 몰수하는 것이 불가능한 경우에는 그 가액을 추징한다. 추징은 몰수의 대상 중에 몰수하는 것이 불가능한 경우 그 가액을 대신 추징하는 것이므로 그 대상과 요건이 몰수와 동일하다. 수수 금지 금품등 몰수대상을 특정할 수 없는 경우에는 그 가액을 추징할 수 없다(위 대법원 2008도1392 판결 참조). 추징은 부정한 이익을 박탈하여 이를 보유하지 못하게 하는 데에 목적이 있으므로, 수인이 공동으로 이익을 얻은 경우에는 실질적으로 귀속된 이익금만을 개별적으로 추징하여야 하고(대법원 2008. 6. 26. 선고 2008도1312 판결 참조), 실질적으로 귀속된 이익이 없는 피고인에 대하여는 추징할 수 없다(대법원 2007. 10. 12. 선고 2007도6019 판결 참조).

제 3 절 과태료 부과

1. 과태료의 의의

　과태료는 형법상의 형사벌과는 다른 행정벌에 해당하고 그 중에 형법에 정해진 형(刑)이 아니므로 행정형벌이 아닌 행정질서벌에 해당한다. 행정법상 의무위반에 대하여 과해지는 행정벌이지만 그 법령위반이 간접적으로 행정상의 질서에 장해를 줄 위험성이 있는 정도의 단순한 의무태만에 대한 제재이기 때문에 행정법규 위반이 직접적으로 행정목적과 사회공익을 침해하는 경우에 과해지는 행정형벌과는 다르다(대법원 1969. 7. 29.자 69마400 결정 참조). 형벌이 아니므로 형법총칙 및 형사소송법이 적용되지 아니하고 독자적인 법리 및 절차에 의하여 부과된다. 따라서 행정법상의 질서벌인 과태료의 부과처분과 형사처벌은 그 성질이나 목적을 달리하는 별개의 것이므로 과태료를 납부한 후에 형사처벌을 한다하여 이를 일사부재리의 원칙에 반하는 것이라고 할 수 없다(대법원 1988. 1. 19. 선고 87도2265 판결, 1996. 4. 12. 선고 96도158 판결 등). 또한 과태료는 일반 사인에게 과해지는 제재이기 때문에 특별행정법관계에서 내부질서를 유지하기 위한 징계벌과 다르고, 과거의 의무위반 행위에 대한 제재인 점에서 장래 이행을 확보하기 위하여 과하는 이행강제금과 같은 집행벌과도 다르다.

　과태료와 같은 행정질서벌은 행정질서유지를 위하여 행정법규위반이라는 객관적 사실에 대하여 과하는 제재이므로 반드시 현실적인 행위자가 아니라도 법령상 책임자로 규정된 자에게 부과되고 또한 특별한 규정이 없는 한 원칙적으로 위반자의 고의·과실을 요하지 아니한다는 것이 종래의 판례 입장이었다(대법원 2000. 5. 26. 선고 98두5972 판결, 1994. 8. 26. 선고 94누6949 판결 등 참조). 그러나 질서위반행위의 성립요건과 과태료의 부과·징수 및 재판 등에 관한 일반법으로 질서위반행위규제법이 2007. 12. 21. 제정되어 2008. 6. 22.부터 시행되었는바,

동법 제7조는 "고의 또는 과실이 없는 질서위반행위는 과태료를 부과하지 아니한다"고 하여 질서위반행위의 성립요건으로 고의와 과실을 요구하고 있다. 이는 행정형벌이 행정질서벌로 전환되는 경향에 맞추어 행위자의 권익보호를 강화하기 위한 것으로 풀이된다.[78]

2. 과태료 부과대상

1) 3천만원 이하의 과태료 부과대상

① 부정청탁 금지규정을 위반하여 제3자를 위하여 다른 공직자등에게 부정청탁을 한 공직자등(법 제23조 제1항 제1호). 공직자등에는 공무수행사인이 포함된다. 다만, 형법 등 다른 법률에 따라 형사처벌을 받은 경우에는 과태료를 부과하지 아니하며, 과태료를 부과한 후 형사처벌을 받은 경우에는 그 과태료 부과를 취소한다. 과태료 부과 취소에 관하여는 아래에서 함께 살펴보기로 한다.

② 법 제15조 제4항에 의하여 준용되는 「공익신고자 보호법」 제19조 제2항 및 제3항을 위반하여 자료 제출, 출석, 진술서의 제출을 거부한 자(법 제23조 제1항 제2호). 신고등을 이유로 불이익조치를 받은 자가 국민권익위원회에 보호조치 신청을 한 경우에 국민권익위원회는 보호조치 신청에 대한 조사가 필요하다고 인정하면 신청인, 불이익조치를 한 자, 참고인, 관계 기관·단체 또는 기업에게 관련자료의 제출을 요구할 수 있고(「공익신고자 보호법」 제19조 제2항), 신청인, 불이익조치를 한 자, 참고인에게 출석을 요구하여 진술을 청취하거나 진술서의 제출을 요구할 수 있는데(「공익신고자 보호법」 제19조 제3항) 국민권익위원회의 요구에 불응하여 자료 제출, 출석, 진술서의 제출을 거부한 자는 과태료 부과대상이 된다. 신고자등은 신고등을 이유로 불이익조치를 받을 우려가 명백한 경우에는 국민권익위원회에 불이익조치 금지신청을 할 수 있고, 국민권익위원회는 금지신청에 관하여 조사가 필요하다고 인정하면 보호조치신청의 경우와 마찬가지로 자료제출, 출석 등을 요구할 수 있는데(「공익신고자 보호법」 제22조 제3항) 이에 불응하거나 거부한 자도 과태료 부과대상이 된다.

---

78 정하중, 행정법개론, 2015, 483면 참조.

2) 2천만원 이하의 과태료 부과대상

부정청탁 금지규정을 위반하여 제3자를 위하여 공직자등에게 부정청탁을 한 자(법 제23조 제2항). 공직자등에는 공무수행사인이 포함된다. 제3자를 위하여 공직자등에게 부정청탁을 한 자 중에 '공직자'는 위와 같이 3천만원 이하의 과태료 부과대상이기 때문에 여기서는 제외된다. 다만, 형법 등 다른 법률에 따라 형사처벌을 받은 경우에는 과태료를 부과하지 아니하며, 과태료를 부과한 후 형사처벌을 받은 경우에는 그 과태료 부과를 취소한다.

3) 1천만원 이하의 과태료 부과대상

부정청탁 금지규정을 위반하여 제3자를 통하여 공직자등에게 부정청탁을 한 자(법 제23조 제3항). 공직자등에는 공무수행사인도 포함된다. 제3자를 통하여 공직자등에게 부정청탁을 한 이해당사자 본인이 과태료 부과대상이다. 그러므로 제3자를 위하여 부정청탁을 한 공직자등이나 일반인은 3천만원 또는 2천만원 이하의 과태료에 처하기 때문에 여기서는 제외된다. 다만, 형법 등 다른 법률에 따라 형사처벌을 받은 경우에는 과태료를 부과하지 아니하며, 과태료를 부과한 후 형사처벌을 받은 경우에는 그 과태료 부과를 취소한다.

4) 500만원 이하의 과태료 부과대상

외부강의등의 사례금으로 대통령령이 정하는 금액을 초과하여 사례금을 받은 경우에는 법 제10조 제5항에 따라 소속기관장에게 신고하고 제공자에게 초과금액을 지체 없이 반환하여야 할 의무가 있는데 이에 위반하여 신고 및 반환조치를 하지 아니한 자(법 제23조 제4항).

5) 금품등 가액의 2배 이상 5배 이하의 과태료 부과대상

① 직무와 관련하여 1회 100만원 또는 매 회계연도 300만원 이하의 금품등을 받거나 요구 또는 약속한 공직자등(법 제23조 제5항 제1호). 공직자등에는 공무수행사인도 포함된다. 다만, 법 제9조 제1항에 따라 소속기관장에게 지체 없이 서면으로 신고한 경우, 법 제9조 제2항에 따라 금품등을 받거나 제공의 약속 또는 의

사표시를 받은 후 지체 없이 반환하거나 소속기관장에게 인도하거나 또는 거부의 의사를 밝힌 경우에는 부과대상에서 제외한다. 법 제9조 제6항에 따라 감독기관·감사원·수사기관 또는 국민권익위원회에 신고한 자도 제외된다. 공직자등이 직무와 관련하여 1회 100만원 또는 매 회계연도 300만원 이하의 금품등 제공의 의사표시를 받은 경우 신고의 대상은 되지만 신고하지 않더라도 과태료 부과대상은 되지 않고 다만 징계처분의 대상이 될 뿐이다. 이때 거부의사를 밝힌 경우란 약속을 하였다가 사후에 거부의사를 밝힌 것을 말한다고 해석된다. 처음부터 거부의사를 밝힌 경우는 제8조 제2항을 위반한 것으로 되지 않기 때문이다. 예컨대 ○○시청 건축과장 A는 초등학교 동창회에서 초·중·고등학교 동창이면서 이웃에 사는 건축사 친구 B로부터 연휴에 3박4일 동남아 여행을 가자는 제의를 받고 그 자리에서 거절하였는데, 그러자 이 친구 하는 말이 "야, 그게 부담스러우면 연휴 끝나는 날 저녁에 부부동반해서 식사라도 한번 하자. 너 집사람 영숙 씨도 같은 초등학교 동창인데 본지 오래고 하니 같이 보자. 나 L호텔 멤버십 있어서 돈도 크게 들지 않아. 마침 그날 오전에 귀국할 예정이라 저녁에는 시간이 된다. 친구끼리 밥 한 끼 먹는 것은 괜찮지 않아?"라고 하기에 또 거절하기가 뭣해서 "집에 가서 물어보고 연락해 줄게"라고 하고는 집에 와서 생각해보니 B가 최근에 건축허가 신청을 한 사실이 있어 아내에게 물어보지도 않고 집안에 일이 있다는 핑계로 거절하였다. 이와 같은 경우는 A가 B의 식사 제의에 응하지 않고 거절하였기 때문에 법 제8조 제2항을 위반하였다고 할 수 없으므로 처음부터 과태료 부과대상이 되지 않는다. 그러나 위와 같이 B의 식사 제의를 받은 A가 일단 승낙하고 약속하였다가 집에 가서 생각해보고 건축허가 신청한 것이 마음에 걸려 거부의 의사표시를 하였다면 위에서 말하는 과태료 부과대상에서 제외되는 것이다. 그러나 일단 금품제공의 의사표시를 받았다면 제9조 제1항에 의해 신고의무가 있다고 해석된다.

② 자신의 배우자가 자신의 직무와 관련하여 1회 100만원 또는 매 회계연도 300만원 이하의 금품등을 받거나 요구하거나 제공받기로 약속한 사실을 알고도 소속기관장이나 감독기관·감사원·수사기관 또는 국민권익위원회에 신고하지 아니한 공직자등(법 제23조 제5항 제2호). 공직자등에는 공무수행사인도 포함된다. 다만, 공직자등 또는 배우자가 법 제9조 제2항에 따라 금품등을 반환 또는 소속기

관장에게 인도하거나 거부의 의사를 밝힌 경우에는 부과대상에서 제외한다. 앞에
서 본 바와 같이 공직자등이 자신의 배우자가 자신의 직무와 관련하여 1회 100
만원 또는 매 회계연도 300만원 이하의 금품등 제공의 의사표시를 받은 경우 신
고의 대상은 되지만 신고하지 않더라도 과태료 부과대상은 되지 않는다.

　③ 누구든지 공직자등의 직무와 관련하여 1회 100만원 또는 매 회계연도 300만
원 이하의 금품등을 공직자등 또는 그 배우자에게 제공하거나 그 제공의 약속 또는
의사표시를 한 자(법 제23조 제5항 제3호). 공직자등에는 공무수행사인도 포함된다.

3. 과태료 부과의 취소 등

1) 과태료를 부과하지 아니하는 경우

a) 해당 사유

　위에서 본 바와 같이 법 제23조 제1항 제1호, 제2항, 제3항, 제5항의 과태료
부과대상의 경우 이미 형법 등 다른 법률에 따라 형사처벌을 받은 경우에는 과태
료를 부과하지 아니한다. 또한 이 법에 의한 과태료 부과대상자에게 국가공무원
법, 지방공무원법 등 다른 법률에 따라 징계부가금 부과의 의결이 있은 후에는
과태료를 부과하지 아니한다(법 제23조 제6항).

b) 과태료를 부과하지 아니한다는 의미

　이는 과태료 부과대상에 해당하는 법 위반행위이지만 다른 법률에 의하여 형
사처벌 또는 징계부가금을 받은 사정을 감안하여 과태료를 부과하지 아니하는 것
이므로 형 면제와 같이 과태료 부과를 면제하는 것이라 해석된다. 앞에서 본 바와
같이 과태료는 질서벌로서 형사처벌과 그 성질이나 목적이 다르기 때문에 과태료
가 부과된 후에 다시 형사처벌 하더라도 동일한 범죄에 대하여 거듭 처벌받는 것
이라 할 수 없다. 그러므로 형사처벌이 있었더라도 그 후에 과태료를 부과한다고
하여 법리상 문제는 없다. 그러나 과태료 부과가 있은 후에 형사처벌 하는 경우는
과태료만으로는 위반행위에 대한 제재가 부족하고 응보(應報), 일반예방(一般豫防)
및 특별예방(特別豫防)이라는 형벌목적을 달성하기 위하여 처벌할 필요가 있다 할
것이나 이미 중한 형사처벌을 받은 이후에 다시 경한 과태료의 제재를 가하는 것
은 그 필요성 내지 실효성이 크지 않다는 점에서 과태료를 부과하지 아니하고 면

제하는 것으로 이해된다.

징계부가금 부과의결이 있은 후에도 과태료를 부과하지 아니하는데 징계부가금이란 징계사유에 해당하여 징계를 하는 경우 그 징계에 덧붙여서 금전납부의무도 아울러 부과하는 것을 말한다. 국가공무원법 제78조의2 및 지방공무원법 제69조의2에 의하면 공무원의 징계사유가 금품 및 향응 수수(授受), 공금의 횡령(橫領)·유용(流用)인 경우에는 파면·해임·강등·정직·감봉·견책 등 징계처분 외에 금품 및 향응 수수액, 공금의 횡령액·유용액의 5배 내의 징계부가금을 부과하도록 되어 있는데, 이와 같이 하나의 행위로 징계와 아울러 징계부가금까지 부과받은 경우에 또다시 과태료를 부과하는 것은 이중으로 제재를 받는 결과가 되기 때문에 과태료 부과를 면제해주는 것으로 해석된다. 그와 같은 이유에서 징계부가금을 부과하여야 하는 경우에도 과태료 부과가 먼저 있으면 징계부가금 부과의 의결을 하지 아니하도록 하고 있다(법 제23조 제6항 후단). 타당한 입법이라 생각한다.

c) 과태료 면제 사유로서의 형사처벌

과태료 부과가 면제되는 것은 "형사처벌"을 받은 경우이다. 여기서 형사처벌이란 해당 법에 정해진 형의 종류에 따라 처벌되는 것을 의미하고, 형의 종류는 형법 제41조에 "사형, 징역, 금고, 자격상실, 자격정지, 벌금, 구류, 과료, 몰수" 등 9가지가 있다. 이와 같은 형의 종류 중에 몰수는 다른 형과 달리 주형(主刑)이 아니라 다른 형(刑)에 부가하여 과하는 부가형이기는 하나 주형을 선고하지 않는 경우에도 몰수만을 선고할 수 있음은 앞에서 본 바와 같다.

그런데 이 법은 과태료를 부과하지 않는 사유로서 형사처벌을 규정하면서 제23조 제1항 제1호 및 제2·3항의 경우는 "형사처벌"이라고 하고, 유독 제23조 제5항의 경우는 "형사처벌(몰수나 추징을 당한 경우를 포함한다)"라고 규정하고 있다. 그러나 형사처벌에 몰수가 포함되지 않는다 할 수 없고 추징은 몰수를 규정한 형법 제48조에 의하여 몰수가 불가능한 때에 몰수에 갈음하여 하는 부가적 처분이기 때문에 처벌을 받았는지 여부에 있어서는 몰수와 같이 볼 것인데 굳이 같은 조문에서 달리 규정할 필요가 있는지 의문이다. 다만 법 제23조 제5항이 금품등의 수수와 관련한 위반행위에 대한 제재이므로 그로 인하여 형사처벌을 받는다면 금품등의 몰수형도 선고받을 것이 쉽게 예상되는 경우이기는 하다.

d) 형법 등 다른 법률에 따른 형사처벌

형법 등 다른 법률에 따라 형사처벌을 받은 경우에는 과태료 부과를 하지 아니한다. 예컨대, 공무원인 공직자등이 직무와 관련하여 100만원을 받았으나 이로 인하여 형법상 수뢰죄로 처벌받은 경우에는 그 외에 따로 이 법 제8조 제2항 위반을 이유로 과태료를 부과하지 아니한다.

그 외에 이 법에 의한 수수 금지 금품등을 수수, 요구 또는 약속하여 법 제22조 제1항 제1호부터 제3호까지의 규정에 의하여 형사처벌을 받은 경우에도 과태료를 부과하지 아니한다. 예컨대 공직자등이 대가성은 없으나 직무와 관련하여 1회 80만원 상당의 상품권과 30만원 상당의 양주 1병 합계 110만원 상당의 금품을 받은 사실이 밝혀져 청탁금지법 제8조 제1항 위반을 이유로 제22조 제1항 제1호에 의하여 형사처벌 받았는데 사실은 그에 앞서 각 장소와 사정을 달리하여 30만원 상당의 주유권을 1회 받고 그 후에도 50만원 상당의 향응을 1회 받아 직무와 관련하여 같은 회계연도에 합계 190만원 상당의 금품을 받은 경우에 제8조 제2항 위반을 이유로 과태료를 부과함에 있어서 위와 같이 형사처벌 받은 부분에 관하여는 과태료를 부과하지 아니한다.

2) 과태료를 취소하는 경우

a) 해당 사유

위에서 본 바와 같이 법 제23조 제1항 제1호, 제2항, 제3항, 제5항의 과태료 부과 대상에 해당하는 경우 과태료를 부과한 후 형사처벌을 받은 경우에는 그 과태료 부과를 취소한다. 형사처벌을 받은 경우는 위에서 살펴본 바와 같다.

b) 과태료 부과 취소와 관련한 문제

이 법에 의하면 공직자등의 소속기관장은 과태료 부과대상자에 대하여 그 위반사실을 비송사건절차법에 따른 과태료 재판 관할법원에 통보하여야 한다고 규정하고 있다(제23조 제7항). 이 규정의 당부는 아래의 '과태료 부과절차'에서 보기로 하고 우선 위 규정에 따라 살펴본다. 위 규정에 의하면 이 법에 의한 과태료는 관할법원에서 재판으로 부과하도록 되어 있고, 제1심 관할법원이 과태료재판을 하였으나 위반행위자가 즉시항고를 하여 재판절차가 종료되지 아니한 경우에는 아직 과태료를 부과한 후라고 할 수 없으므로 여기서 말하는 '과태료를 부과한 후'라는 것은 과태료 부과절차인 재판이 확정된 후를 의미함이 원칙이다. 그런데 위반행위자가 과태료 부과절차인 재판이 확정된 후에 형사처벌을 받았다는 사정을 이유로 확정된 재판을 취소할 수 있는지, 취소한다면 누가 어떤 절차에 의하여 취소할 것인지 의문이다.

과태료 재판이 확정 된 후에 이를 취소하는 절차는 민사소송법 제461조에 따른 준재심에 의해야 하고 준재심 청구는 준재심사유가 있어야만 할 수 있는데, 과태료재판 후에 형사처벌을 받은 사실이 있다는 사정은 민사소송법 제461조의 준재심사유(제451조 제1항의 재심사유와 동일하다)에 해당한다고 할 수 없기 때문에 위와 같은 경우는 준재심청구가 불가능하다. 결국 이 법 외에 현행법상 과태료재판이 확정된 이후에 형사처벌을 받았다는 사유로 과태료 재판을 취소하는 절차는 없다 할 것이다. 준재심 사유와 같이 재판에 고유한 사유가 아니라 형사처벌을 받았다는 재판외적 사정으로 확정된 과태료 재판을 취소하는 것은 법적 안정성을 해치고 과태료에 관한 통일된 법체계와도 맞지 아니하므로 향후 법 개정이 필요하다고 본다. 이와 관련하여 '법 시행령 입법예고안' 제29조는 "과태료 재판 관할법원은 직권으로 또는 법 제23조, 제24조에 따라 과태료를 부과받은 자의 신청에 의하여 법 제23조 제1항 제1호 단서, 제2항 단서, 제3항 단서, 제5항 단서에 따라 과태료 부과를 취소한다"고 규정하고 있다.

질서위반행위규제법에 따른 과태료 부과절차에서도 일차적으로는 행정청이 과태료를 부과하나 당사자의 이의제기가 있으면 과태료부과처분은 효력을 상실하게 되고 행정청은 관할법원에 통보하여 결국 법원이 과태료재판을 하기 때문에 동일한 문제가 발생한다. 다만 행정청의 과태료 부과처분이 확정되고 그 후에 형사처벌을 받은 경우에는 당해 행정청이 부과처분을 취소할 수 있다 할 것이다.

이러한 문제는 형사처벌을 받았다는 이유로 "과태료 부과를 취소한다"고 규정하여 발생한 것이므로 이 규정을 '과태료의 집행을 면제한다'고 개정하면 해결될 것으로 보인다. 만약 과태료를 부과 받았으나 그 절차가 확정되기 전, 예컨대 과태료재판을 받고 즉시항고를 하여 항고법원 계류 중에 형사처벌을 받게 되면 위에서 본 "과태료를 부과하지 아니한다"는 규정을 적용하여 종국적으로 과태료를 부과하지 아니하는 재판을 하면 될 것이기 때문이다. 참고로 금품 및 향응 수수 등을 이유로 공무원을 징계하면서 그와 함께 부과하는 징계부가금의 경우 "징계부가금 부과 의결을 한 후에 형사처벌을 받거나 변상책임 등을 이행한 경우(몰수나 추징을 당한 경우를 포함한다)에는 … 징계부가금의 감면 등의 조치를 하여야 한다" 고 규정하고 있다(국가공무원법 제78조의2 및 지방공무원법 제69조의2). 물론 징계부가 금은 재판으로 부과하는 것은 아니다.

3) 과태료 부과대상에서 제외되는 경우

법 제23조 제5항 제1호의 과태료 부과대상인 공직자등이 법 제9조 제1항, 제2 항 또는 제6항에 따라 신고하거나 그 수수 금지 금품등을 반환 또는 인도하거나 거부의 의사를 표시한 경우 및 법 제23조 제5항 제2호의 과태료 부과대상인 공직 자등이 법 제9조 제2항에 따라 공직자등 또는 배우자가 수수 금지 금품등을 반환 또는 인도하거나 거부의 의사를 표시한 경우에는 과태료 부과대상에서 제외한다.

일단 위반행위를 한 공직자등이 사후에 신고하거나 금품등을 반환 또는 인도 하거나 거부의 의사를 표시하는 경우에 과태료 부과대상에서 제외한다는 것이다. 따라서 과태료 부과대상은 되나 부과하지 아니하는 면제사유와는 구별된다. 이 경우는 법 제22조의 형사처벌 대상에서 제외하는 경우와 같은 범죄론과 관련한 이론적인 문제는 생기지 않는다.

4. 과태료 부과절차

1) 과태료 부과에 적용되는 법률

청탁금지법 제23조 제7항은 과태료 부과에 관하여 소속기관장이 부과대상 위 반사실을 비송사건절차법에 따른 과태료 재판 관할법원에 통보하여야 한다고 규 정하고 있어서 비송사건절차법에 의한 관할법원의 과태료 재판을 통하여 과태료 를 부과하는 것으로 규정하고 있다. 그런데, 과태료 부과 절차와 집행에 관하여 는 비송사건절차법 이외에 2008. 6. 22.부터 시행되고 있는 질서위반행위규제법 이 있는데, 동법은 법률상 의무의 효율적인 이행을 확보하고 국민의 권리와 이익 을 보호하기 위하여 질서위반행위의 성립요건과 과태료의 부과·징수 및 재판 등 에 관한 사항을 규정한 것으로 행정질서벌에 관한 통칙적 규정이다.[79] 다만 질서

---

[79] 김남진·김연태, 행정법 I, 2012, 534면.

위반행위 중 동법 시행령에서 정하는 사법(私法)상·소송법상 의무를 위반하거나 또는 법률에 따른 징계사유에 해당하여 과태료를 부과하는 행위는 동법의 적용범위에서 제외된다.[80] 한편 동법 제5조는 "과태료의 부과·징수, 재판 및 집행 등의 절차에 관한 다른 법률의 규정 중 이 법의 규정에 저촉되는 것은 이 법으로 정하는 바에 따른다"고 규정하여 과태료의 부과·징수·재판에 관하여는 다른 법률에 우선하여 적용되므로 과태료의 부과·징수 및 재판에 관하여 비송사건절차법이 질서위반행위규제법 규정에 어긋나면 비송사건절차법 규정은 효력이 없게 된다.[81] 그런데 질서위반행위규제법이 과태료의 부과·징수 및 재판에 관한 통칙적 규정으로서 자세한 규정을 두고 있기 때문에 사실상 비송사건절차법 규정이 적용될 사항은 질서위반행위규제법에 의하여 준용되는 비송사건절차법 제2조부터 제4조까지, 제6조, 제7조, 제10조(인증과 감정 제외) 및 제24조부터 제26조까지의 규정을 제외하고는 없다 해도 과언이 아니다. 사정이 이러한데도 청탁금지법을 제정하면서 과태료 부과절차에 관한 적용 법률로 질서위반행위규제법이 아닌 비송사건절차법을 규정한 것은 잘못이라 할 것이다.

2) 소속기관장의 통보

청탁금지법에 의하면 소속기관장은 과태료 부과 대상자의 위반 사실을 비송사건절차법에 따른 과태료 재판 관할법원에 통보하여야 한다(법 제23조 제7항).

그러나, 질서위반행위규제법에 의하면 일차적으로 행정청이 질서위반행위에 대하여 과태료를 부과하고(제17조), 과태료 부과에 불복하는 당사자가 서면으로 이의제기를 하면 행정청의 과태료처분은 그 효력을 상실하며(제20조), 이의제기를 받은 행정청은 14일 이내에 이에 대한 의견 및 증빙서류를 첨부하여 관할법원에 통보하여야 하는 것으로 되어 있다(제21조).

a) 관할 행정청의 문제

질서위반행위규제법에 의하면 질서위반행위에 대한 1차 과태료 부과기관은 관할 행정청인데 청탁금지법 위반행위에 대한 과태료의 경우 과태료를 부과할 수

---

80 동법 시행령에 의하여 제외되는 구체적 행위는 민법·상법 등 사인 간의 법률관계를 규율하는 법 또는 민사소송법·가사소송법·형사소송법·민사분쟁법 등 분쟁해결에 관한 절차를 규율하는 법률상의 의무위반행위 및 공증인법·변리사법·변호사법 등 기관·단체의 질서유지 의무위반으로 징계사유에 해당하는 행위가 그것이다(동법 시행령 제2조).
81 같은 해석으로 김남진·김연태, 전게서, 538면.

있는 행정청이 있는지 여부와 있다면 어느 기관이 이에 해당하는 기관이라 할 것
인가의 문제가 생긴다.

　　과태료 부과기관과 관련하여 국회 입법과정에서 정무위원회가 의결하여 제출
한 법률안에는 국민권익위원회가 관할 행정청으로 과태료를 부과하는 것으로 되
어 있었다. 그러나 법사위를 통과하면서 과태료를 부과하는 행정청이 사라지고,
다만 소속기관장이 위반사실을 비송사건절차법에 따른 관할법원에 통보하여야 하
는 것으로 변경되어 본회의를 통과하였다. 정무위원회 법률안에 따르면 과태료 부
과·재판에 관한 통칙규정인 질서위반행위규제법에 따라 과태료를 부과·집행하는
데 아무런 문제가 없는데 법사위원회에서 위와 같이 변경하는 바람에 문제가 발생
한 것이다. 물론 정부가 제출한 입법안에도 동일한 문제는 있었다.

　　결론적으로 청탁금지법은 이 법 위반행위에 대하여 과태료를 부과할 수 있는
행정청에 관한 규정이 없기 때문에 현재로서는 소속기관장 뿐만 아니라 국민권익
위원회 등 위반행위 신고를 받는 기관에서도 과태료를 부과할 수는 없다.

　　이와 관련하여 질서위반행위규제법 제2조 제2호에 의하면 "행정청"이란 행
정에 관한 의사를 결정하여 표시하는 국가 또는 지방자치단체의 기관, 그 밖의 법
령 또는 자치법규에 따라 행정권한을 가지고 있거나 위임 또는 위탁받은 공공단체
나 그 기관 또는 사인(私人)을 말한다. 그런데 청탁금지법 제2조 제1호 라.목 및
마.목 소정의 공공기관은 업무의 공공성에 의하여 편입된 각급학교 및 학교법인과
언론사인데 이러한 공공기관의 장이 소속기관장일 경우는 질서위반행위규제법 제
17조에 의하여 과태료를 부과할 수 있는 행정청에 해당하지 아니하므로 이러한
점에서도 동법에 의한 과태료 부과가 불가능하다.

　b) **소속기관장의 문제**

　　청탁금지법에 의하면 소속기관장은 위반사실을 과태료 재판 관할법원에 통보
하도록 되어 있다. 이 경우 소속기관장이 누구인지 하는 문제가 생긴다.

　　질서위반행위를 한 자가 공직자등일 경우에는 소속기관장이 누구인지 의문이
없다. 그러나 법 제23조 제1항 제2호의 자료제출, 출석, 진술서의 제출을 거부한
경우에는 제출 등을 요구한 기관과 질서위반행위자의 소속기관이 서로 다르고, 법
제23조 제2항의 부정청탁을 한 경우(공직자등은 제외되어 있다)에는 행위자의 소속
기관장이 없으며, 법 제23조 제3항의 부정청탁을 한 경우 및 법 제23조 제5항 제

3호의 수수 금지 금품등을 제공, 약속 또는 의사표시를 한 경우에는 질서위반행위
자가 대부분 공직자등이 아닌 일반인이기 때문에 역시 소속기관장이 없다.

　　현재로서는 해석상 질서위반행위의 상대방 공직자등이 있는 경우에는 그 공
직자등의 소속기관장이 관할법원에 통보할 소속기관장에 해당한다고 보고, 법 제
23조 제1항 제2호의 자료제출 등 거부행위의 경우에는 제출 등을 요구한 국민권
익위원회 위원장이 해당 소속기관장에 해당하는 것으로 해석하는 것이 타당하지
않을까 생각한다. 왜냐하면 법원이 비송사건절차법에 따라서 하는 과태료 재판은
관할 관청이 부과한 과태료처분에 대한 당부를 심판하는 행정소송절차가 아니라
법원의 직권으로 개시·결정하는 것이고(대법원 1998. 12. 23.자 98마2866 결정 참조),
관할관청의 통고 또는 통지는 법원의 직권발동을 촉구하는 데 지나지 아니하므로
(대법원 1977. 8. 24.자 77마228 결정 참조) 통보하는 소속기관장이 위반행위자의 소
속기관장인지 여부를 엄격하게 해석할 필요는 없다고 보기 때문이다.

3) 과태료 재판

　　비송사건절차법 제247조에 의하면 관할법원은 "다른 법령에 특별한 규정이 있
는 경우를 제외하고는 과태료를 부과받을 자의 주소지의 지방법원"이 된다. 과태
료 재판에 관한 통칙규정인 질서위반행위규제법도 과태료 사건은 "당사자의 주
소지의 지방법원 또는 그 지원의 관할로 한다"고 규정하고 있고(제25조), 관할은
소속기관장이 법원에 통보한 때를 표준으로 정하도록 하고 있다(제26조).

　　한편 질서위반행위규제법에 의하면 법원은 소속기관장의 통보가 있는 경우 이
를 즉시 검사에게 통지하여야 하고(제30조), 심문기일을 열어 당사자의 진술을 들
어야 하며 검사의 의견을 구하여야 한다(제31조). 법원은 필요한 경우에 행정청으
로 하여금 심문기일에 출석하여 의견을 진술하게 할 수 있고(제32조), 직권으로
사실의 탐지와 필요한 증거조사를 하여야 하며(제33조) 재판은 이유를 붙인 결정
으로 하고(제36조 제1항), 결정은 당사자와 검사에게 고지하여야 효력이 생긴다(제
37조). 또한 당사자와 검사는 과태료 재판에 대하여 즉시항고를 할 수 있고, 이
경우 항고는 집행정지의 효력이 있다(제38조).

　　그 외에도 법원은 상당하다고 인정하는 때에는 제31조 제1항에 따른 심문 없
이 약식으로 과태료 재판을 할 수 있고(제44조), 당사자와 검사는 약식재판의 고

지를 받은 날부터 7일 이내에 이의신청을 할 수 있으며(제45조) 법원이 이의신청을 적법하다고 인정하는 때에는 약식재판은 그 효력을 잃고 법원은 심문을 거쳐 다시 재판하여야 한다(제50조).

4) 제척기간과 집행

질서위반행위규제법에 의하면 행정청은 과태료 부과대상 질서위반행위가 종료된 날로부터 5년이 경과한 경우에는 과태료를 부과할 수 없다(제19조 제1항). 과태료재판은 검사가 명령으로써 집행하고 그 명령은 집행력 있는 집행권원과 동일한 효력이 있으며 집행절차는 민사집행법에 따른다(동법 제42조 제1·2항, 비송사건절차법 제249조).

제 4 절 양벌규정

1. 법인의 범죄능력

범죄란 구성요건에 해당하는 위법하고 책임 있는 행위를 말한다. 그러므로 법인의 범죄능력은 법인의 행위능력과 책임능력을 포함하는 문제라 할 것이다. 전통적으로 형법상 행위의 주체는 원칙적으로 의사활동에 따라 행위 할 수 있는 자연인에 한하는 것으로 이해한다. 따라서 법인이나 단체는 그 대표기관인 자연인의 의사결정에 따른 대표행위를 통하여 의사를 실현하는 것이므로 범죄행위의 주체가 될 수 없다는 것이 대륙법계 형법사상의 전통적인 견해이고 우리의 통설과[82] 판례의 입장이다(대법원 1984. 10. 10. 선고 82도2595 전원합의체 판결). 한편 근대 형법의 기본원칙인 행위책임의 원칙과 「책임 없으면 형벌 없다」는 책임주의의 원칙상 범죄의 주체와 형벌의 객체는 일치할 것이 요구된다. 책임은 위법한 행위에 대하여 행위자를 비난할 수 있느냐라는 비난가능성이 그 본질이고, 전통적 견해에 의하면 비난가능성은 위법한 행위를 하였다는 윤리적 비난가능성을 의미한다. 따라서 행위자에게 법규범에 따라 행위 할 수 있는 의사결정능력 즉,

---

82 이재상, 형법총론, 2011, 93면.

책임능력이 없으면 원칙적으로 책임도 없고 형벌도 없다. 그런데 법인은 자연적 의사를 가진 개인과 달리 시비와 선악을 변별하여 적법하게 행위 하도록 의사결정을 할 능력이 없기 때문에 자유로운 의사에 의하여 적법한 행위를 할 수 있었음에도 불구하고 위법한 행위를 하였다는 비난가능성이 없고, 따라서 책임능력도 없다고 보는 것이 전통적인 도의적 책임론의 입장이다.[83]

2. 법인의 형사책임

전술한 바와 같이 오늘날 법인과 단체의 사회적 활동이 증대함에 따라 반사회적 위법활동도 격증하는 현실에 비추어 법인을 처벌해야 할 형사정책적 필요가 있는 것은 사실이다. 이에 따라 형사법규가 아닌 각종 행정법규에서는 대부분 양벌규정의 방식으로 행위자 이외에 법인도 처벌하는 규정을 두고 있다. 법인의 범죄능력을 인정하는 입장에서는 자신의 행위에 의하여 법인이 처벌되는 것은 당연하다고 보지만 법인의 범죄능력을 부인하는 통설 및 판례의 입장에서도 이러한 현실을 감안하여 법인이 범죄능력은 없지만 행정형법에 있어서 형벌능력은 가진다고 해석하여 문제를 해결하고 있다. 즉 행정형법은 형법에 비하여 윤리적 색채가 약하고 행정목적을 달성하기 위한 기술적·합목적적 요소가 강조되는 것이므로 행정단속 기타 행정적 필요에 따라 법인을 처벌할 수 있다는 것이다.[84]

3. 양벌규정의 취지와 책임의 근거

청탁금지법상 양벌규정은 "법인 또는 단체의 대표자나 법인·단체 또는 개인의 대리인, 사용인, 그 밖의 종업원"이 일정한 위반행위를 하면 실제 행위자를 처벌하는 외에 "그 법인·단체 또는 개인에게도" 벌금 또는 과태료를 과한다는 것이다(법 제24조).

이와 같은 양벌규정의 취지는 법인·단체 또는 개인 등 업무주(業務主)의 처벌을 통하여 벌칙조항의 실효성을 확보하는 데 있는 것이다. 그러므로 여기에서 말하는 법인·단체 또는 개인의 대리인, 사용인, 그 밖의 종업원에는 법인·단체 또

---

[83] 이재상, 전게서, 291면 이하 참조.
[84] 이재상, 전게서, 97면.

는 개인과 정식 고용계약이 체결되어 근무하는 자 뿐만 아니라 그 법인·단체 또는 개인의 업무를 직접 또는 간접으로 수행하면서 그 통제·감독 하에 있는 자도 포함된다 할 것이다(대법원 2006. 2. 24. 선고 2003도4966 판결 등 참조),

　　이 규정은 일견하여 범죄의 주체와 형벌의 객체가 동일하여야 한다는 책임주의 원칙과는 맞지 않는 것같이 보인다. 그렇지만 위 규정이 곧바로 무과실책임을 인정하여 '책임 없는 자에게 형벌을 부과할 수 없다'는 책임주의에 반하는 것은 아니다. 위 규정 단서에 "다만, 법인·단체 또는 개인이 그 위반행위를 방지하기 위하여 해당 업무에 관하여 상당한 주의와 감독을 게을리 하지 아니한 경우에는 그러하지 아니하다"라고 하여 위반행위가 발생한 그 업무와 관련하여 법인·단체 또는 개인이 상당한 주의 또는 관리·감독 의무를 게을리 한 과실이 있는 경우에만 처벌하기 때문이다. 즉 법인·단체 또는 개인은 자신의 관리·감독 의무를 게을리 한 과실로 인하여 처벌되는 것이다. 이와 관련하여 헌법재판소는 '구 보건범죄단속에 관한 특별조치법' 제6조 중 종업원의 위반행위에 대하여 양벌조항으로서 개인인 영업주에게도 동일하게 무기 또는 2년 이상의 징역형으로 처벌하도록 한 규정이 형사법상 책임원칙에 반하는지 여부를 판단함에 있어, "종업원의 업무 관련 무면허의료행위가 있으면 이에 대해 영업주가 비난받을 만한 행위가 있었는지 여부와는 관계없이 자동적으로 영업주도 처벌하도록 규정하고 있고, … 결국 위 법률 조항은 다른 사람의 범죄에 대해 그 책임 유무를 묻지 않고 형벌을 부과함으로써 … 형사법의 기본원리인 '책임없는 자에게 형벌을 부과할 수 없다'는 책임주의에 반한다"라고 판시하여 위헌결정을 한 바 있다(헌법재판소 2007. 11. 29. 2005헌가10 결정).

4. 양벌규정 대상의 위반행위

　　실제 행위자를 처벌하는 외에 "그 법인·단체 또는 개인에게도" 일정한 처벌 또는 제재를 과하게 되는 위반행위는 다음과 같다.

1) 제22조 제1항 제3호 위반행위

　　법 제8조 제5항을 위반하여 공직자등 또는 그 배우자에게 1회 100만원 또는 매 회계연도 300만원을 초과하는 금품등을 제공하거나 그 제공의 약속 또는 의사표시

를 하는 행위가 이에 해당한다. 공직자등에는 공무수행사인이 포함된다. 다만 금품
등의 제공자가 공직자등(공무수행사인을 포함한다)인 경우는 제외한다. 공직자등이 금
품등을 제공하는 경우에 실제 행위자 아닌 법인·단체는 이 법 소정의 공공기관이
되기 때문에 제외한 것으로 보인다. 그런데 이 법이 국회 논의과정에서 적용범위가
확대되는 바람에 문제가 생겼다. 이 법에서 말하는 공공기관에는 언론사와 각급 사
립학교 및 학교법인이 포함되었고, 공직자등에는 언론사의 대표자 및 그 종사자,
각급 학교의 장과 교직원 및 학교법인의 임직원이 포함되었는데 이들이 자신의 언
론사 또는 사립학교 및 학교법인의 업무에 관하여 감독관청의 공무원에게 금품등
을 제공하는 경우에도 그 언론사나 사립학교 및 학교법인은 처벌대상에서 빠지게
된 것이다. 그렇다고 여기서 말하는 법인·단체에 언론사나 학교법인이 제외된다고
한정적으로 해석할 이유도 없다. 언론사나 사립학교가 이 법에 공공기관으로 남아
있는 한 이 부분도 법을 보완하여야 할 것으로 보인다. 이 경우 위반행위의 실제 행
위자는 3년 이하의 징역 또는 3천만원 이하의 벌금에 처하게 되어 있으므로 양벌
규정이 적용되는 법인·단체 또는 개인은 3천만원 이하의 벌금에 처하게 된다.

2) 제23조 제2항 위반행위

법 제5조 제1항 부정청탁 금지규정을 위반하여 '제3자를 위하여' 공직자등에
게 부정청탁을 하는 행위가 이에 해당한다. 공직자등에는 공무수행사인이 포함된
다. 이 경우에도 부정청탁을 한 자가 공직자등(공무수행사인을 포함한다)일 경우는
제외한다. 위 부정청탁을 한 자가 공직자등일 경우에는 법 제23조 제1항 제1호
가 적용되기 때문이다. 이 경우 위반행위의 실제 행위자는 2천만원 이하의 과태
료에 처하게 되어 있으므로 양벌규정이 적용되는 법인·단체 또는 개인도 2천만
원 이하의 과태료를 부과 받게 된다.

3) 제23조 제3항 위반행위

법 제5조 제1항 부정청탁 금지규정을 위반하여 '제3자를 통하여' 공직자등에
게 부정청탁을 하는 행위가 이에 해당한다. 공직자등에는 공무수행사인도 포함된
다. 제3자를 통하여 공직자등에게 부정청탁을 한 이해당사자 본인이 과태료 부과
대상이다. 그러므로 '제3자를 위하여' 부정청탁을 한 자(공직자등 및 공무수행사인을

포함한다)는 제외된다. 이 경우 위반행위의 실제 행위자에게는 1천만원 이하의 과
태료를 부과하게 되어 있으므로 양벌규정이 적용되는 법인·단체 또는 개인도 1
천만원 이하의 과태료를 부과 받게 된다.

4) 제23조 제5항 제3호 위반행위

누구든지 법 제8조 제5항을 위반하여 공직자등의 직무와 관련하여 1회 100만
원 또는 매 회계연도 300만원 이하의 금품등을 공직자등 또는 그 배우자에게 제
공하거나 그 제공의 약속 또는 의사표시를 하는 행위가 이에 해당한다. 공직자등
에는 공무수행사인도 포함된다. 법 규정은 이 경우에도 금품등의 제공자가 공직
자등(공무수행사인을 포함한다)인 경우는 양벌규정 적용대상에서 제외하고 있어서
(법 제24조) 위 제22조 제1항 제3호 위반행위에서 본 바와 같은 문제가 있다. 하
지만 언론사나 각급 학교법인의 대표자·대리인·사용인 및 종업원이 행위자인 경
우 과태료 부과에 관하여는 아래에서 보는 바와 같이 질서위반행위규제법 제11
조에 의하여 그 법인에게 과태료를 부과하기 때문에 결과적으로는 문제가 없다.
이 경우 위반행위의 실제 행위자가 금품등 가액의 2배 이상 5배 이하에 해당하는
금액의 과태료를 부과 받게 되므로 양벌규정이 적용되는 법인·단체 또는 개인도
등일한 금액의 과태료를 부과 받게 된다.

5. 과태료에 관한 양벌규정의 문제점

이상에서 본 바와 같이 법 제23조 제2·3항 및 제5항 제3호의 위반행위를 하
면 그 행위자를 벌하는 외에 그 법인·단체 또는 개인에게도 해당조문의 과태료
를 과한다고 되어 있다. 그런데 과태료에 관한 통칙규정인 질서위반행위규제법
제11조는 "법인의 대표자, 법인 또는 개인의 대리인·사용인 및 그 밖의 종업원
이 업무에 관하여 법인 또는 그 개인에게 부과된 법률상의 의무를 위반한 때에는
법인 또는 그 개인에게 과태료를 부과한다"고 규정하고 있는 바, 이는 대표자 외
의 임직원 또는 대리인이 법인 등의 업무를 위하여 공직자등에게 부정청탁을 하더
라도 법인에게만 과태료를 부과하는 것으로 해석된다. 한편 동법 제5조에 의하면
"과태료의 부과·징수, 재판 및 집행 등의 절차에 관한 다른 법률의 규정 중 이 법

의 규정에 저촉되는 것은 이 법으로 정하는 바에 따른다"고 규정하고 있음은 위에서 본 바와 같다. 그렇다면 양벌규정 중 과태료 부분은 사실상 행위자인 법인의 임직원, 법인 또는 개인의 대리인·사용인 및 그 밖의 종업원은 처벌할 수 없게 되어 의미가 없게 되는 문제가 발생한다. 이 부분에 대하여 입법적인 검토와 아울러 법인의 대표자·임직원 또는 대리인 등 실제 행위자에게 과태료를 부과할 것인지에 대한 신중한 검토가 필요하다고 본다.

6. 양벌규정 대상자의 면책

법인 또는 단체의 대표자나 법인·단체 또는 개인의 대리인, 사용인, 그 밖의 종업원이 그 법인·단체 또는 개인의 업무에 관하여 양벌규정 대상의 위반행위를 하였더라도 법인·단체 또는 개인이 그 위반행위를 방지하기 위하여 해당 업무에 관하여 상당한 주의와 감독을 게을리 하지 아니한 경우에는 양벌규정의 적용을 받지 아니하고 면책된다(법 제24조 단서).

구체적인 사안에서 법인·단체 또는 개인이 상당한 주의와 감독을 게을리 하지 않았는지 여부는 당해 위반행위와 관련된 모든 사정 즉, 당해 법률의 입법 취지, 처벌조항 위반으로 예상되는 법익 침해의 정도, 위반행위에 관하여 양벌규정을 마련한 취지 등은 물론 위반행위의 구체적인 모습과 그로 인하여 실제 야기된 피해 또는 결과의 정도, 법인의 영업 규모 및 행위자에 대한 감독가능성이나 구체적인 지휘·감독 관계, 법인이 위반행위 방지를 위하여 실제 행한 조치 등을 전체적으로 종합하여 판단하여야 할 것이다(대법원 2012. 5. 9. 선고 2011도11264 판결, 2010. 12. 9. 선고 2010도12069 판결 등 참조).

제5절 법 시행일

이 법은 공포 후 1년 6개월이 경과한 날인 2016. 9. 28.부터 시행한다. 통상의 행정법규가 공포한 날로부터 시행되거나 통상 6개월 정도의 유예기간을 두고 시행됨에 비추어 유예기간을 길게 둔 것은 사실이다. 이를 두고 세간에서는 법을 통과시킨 19대 국회의원 자신들은 적용을 받지 않기 위하여 그렇게 한 것이라는 비판이 제기되기도 하였다. 원래 입법예고안과 정부법률안에서부터 유예기간을 1년으로 하고 있었는데 이는 부정청탁 및 금품수수 금지 등 새로운 금지규정을 신설함에 따라 징계 및 벌칙 규정의 적용을 받게 되는 대상자가 많기 때문에 법 공포 후 교육·홍보 및 계도기간을 충분히 두어 법 적용에 혼란이 없도록 하기 위한 것이었다. 그런데 국회 입법과정에서 시행일을 1년에서 1년 6개월로 연장하였고, 공교롭게도 이 법이 국회를 통과한 날은 2015. 3. 3.이고 공포된 것은 2015. 3. 27.이므로 원안대로 1년이 경과한 날부터 시행하게 되면 제19대 국회의원 임기만료 전이 되고, 1년 6개월이 경과한 날부터 시행하면 제19대 국회의원의 임기만료 후가 된다. 그렇기 때문에 외견상 보면 위와 같은 비판이 가능할 수도 있으나 위와 같은 사정들을 종합적으로 고찰하면 이러한 비판은 근거가 희박하다 할 것이다.

부정청탁 및 금품등 수수의 금지에 관한 법률

[시행 2016.9.28.] [법률 제13278호, 2015.3.27., 제정]

제1장 총 칙

제1조(목적) 이 법은 공직자 등에 대한 부정청탁 및 공직자 등의 금품 등의 수수(收受)를 금지함으로써 공직자 등의 공정한 직무수행을 보장하고 공공기관에 대한 국민의 신뢰를 확보하는 것을 목적으로 한다.

제2조(정의) 이 법에서 사용하는 용어의 뜻은 다음과 같다.

1. "공공기관"이란 다음 각 목의 어느 하나에 해당하는 기관·단체를 말한다.

가. 국회, 법원, 헌법재판소, 선거관리위원회, 감사원, 국가인권위원회, 중앙행정기관(대통령 소속 기관과 국무총리 소속 기관을 포함한다)과 그 소속 기관 및 지방자치단체

나. 「공직자윤리법」 제3조의2에 따른 공직유관단체

다. 「공공기관의 운영에 관한 법률」 제4조에 따른 기관

라. 「초·중등교육법」, 「고등교육법」, 「유아교육법」 및 그 밖의 다른 법령에 따라 설치된 각급 학교 및 「사립학교법」에 따른 학교법인

마. 「언론중재 및 피해구제 등에 관한 법률」 제2조 제12호에 따른 언론사

2. "공직자등"이란 다음 각 목의 어느 하나에 해당하는 공직자 또는 공적 업무 종사자를 말한다.

가. 「국가공무원법」 또는 「지방공무원법」에 따른 공무원과 그 밖에 다른 법률에 따라 그 자격·임용·교육훈련·복무·보수·신분보장 등에 있어서 공무원으로 인정된 사람

나. 제1호 나목 및 다목에 따른 공직유관단체 및 기관의 장과 그 임직원

다. 제1호 라목에 따른 각급 학교의 장과 교직원 및 학교법인의 임직원

라. 제1호 마목에 따른 언론사의 대표자와 그 임직원

3. "금품등"이란 다음 각 목의 어느 하나에 해당하는 것을 말한다.

가. 금전, 유가증권, 부동산, 물품, 숙박권, 회원권, 입장권, 할인권, 초대권, 관람권, 부동산 등의 사용권 등 일체의 재산적 이익

나. 음식물·주류·골프 등의 접대·향응 또는 교통·숙박 등의 편의 제공

다. 채무 면제, 취업 제공, 이권(利權) 부여 등 그 밖의 유형·무형의 경제적 이익

4. "소속기관장"이란 공직자등이 소속된 공공기관의 장을 말한다.

제3조(국가 등의 책무) ① 국가는 공직자가 공정하고 청렴하게 직무를 수행할 수 있는 근무 여건을 조성하기 위하여 노력하여야 한다.

② 공공기관은 공직자등의 공정하고 청렴한 직무수행을 보장하기 위하여 부정청탁 및 금품등의 수수를 용인(容認)하지 아니하는 공직문화 형성에 노력하여야 한다.

③ 공공기관은 공직자등이 위반행위 신고 등 이 법에 따른 조치를 함으로써 불이익을 당하지 아니하도록 적절한 보호조치를 하여야 한다.

제4조(공직자등의 의무) ① 공직자등은 사적 이해관계에 영향을 받지 아니하고 직무를 공정하고 청렴하게 수행하여야 한다.

② 공직자등은 직무수행과 관련하여 공평

무사하게 처신하고 직무관련자를 우대하거나
차별해서는 아니 된다.

제2장　부정청탁의 금지 등

제5조(부정청탁의 금지) ① 누구든지 직접
또는 제3자를 통하여 직무를 수행하는 공직
자등에게 다음 각 호의 어느 하나에 해당하
는 부정청탁을 해서는 아니 된다.
  1. 인가·허가·면허·특허·승인·검사·검정·
시험·인증·확인 등 법령(조례·규칙을
포함한다. 이하 같다)에서 일정한 요건
을 정하여 놓고 직무관련자로부터 신청
을 받아 처리하는 직무에 대하여 법령
을 위반하여 처리하도록 하는 행위
  2. 인가 또는 허가의 취소, 조세, 부담금,
과태료, 과징금, 이행강제금, 범칙금,
징계 등 각종 행정처분 또는 형벌부과
에 관하여 법령을 위반하여 감경·면제
하도록 하는 행위
  3. 채용·승진·전보 등 공직자등의 인사에
관하여 법령을 위반하여 개입하거나 영
향을 미치도록 하는 행위
  4. 법령을 위반하여 각종 심의·의결·조정
위원회의 위원, 공공기관이 주관하는 시
험·선발 위원 등 공공기관의 의사결정
에 관여하는 직위에 선정 또는 탈락되도
록 하는 행위
  5. 공공기관이 주관하는 각종 수상, 포상,
우수기관 선정 또는 우수자 선발에 관하
여 법령을 위반하여 특정 개인·단체·법
인이 선정 또는 탈락되도록 하는 행위
  6. 입찰·경매·개발·시험·특허·군사·과세
등에 관한 직무상 비밀을 법령을 위반하
여 누설하도록 하는 행위
  7. 계약 관련 법령을 위반하여 특정 개인·
단체·법인이 계약의 당사자로 선정 또
는 탈락되도록 하는 행위

  8. 보조금·장려금·출연금·출자금·교부금·
기금 등의 업무에 관하여 법령을 위반
하여 특정 개인·단체·법인에 배정·지
원하거나 투자·예치·대여·출연·출자하
도록 개입하거나 영향을 미치도록 하는
행위
  9. 공공기관이 생산·공급·관리하는 재화
및 용역을 특정 개인·단체·법인에게
법령에서 정하는 가격 또는 정상적인
거래관행에서 벗어나 매각·교환·사용·
수익·점유하도록 하는 행위
  10. 각급 학교의 입학·성적·수행평가 등의
업무에 관하여 법령을 위반하여 처리·
조작하도록 하는 행위
  11. 징병검사, 부대 배속, 보직 부여 등 병
역 관련 업무에 관하여 법령을 위반하
여 처리하도록 하는 행위
  12. 공공기관이 실시하는 각종 평가·판정
업무에 관하여 법령을 위반하여 평가
또는 판정하게 하거나 결과를 조작하도
록 하는 행위
  13. 법령을 위반하여 행정지도·단속·감사·
조사 대상에서 특정 개인·단체·법인이
선정·배제되도록 하거나 행정지도·단
속·감사·조사의 결과를 조작하거나 또
는 그 위법사항을 묵인하게 하는 행위
  14. 사건의 수사·재판·심판·결정·조정·중
재·화해 또는 이에 준하는 업무를 법령
을 위반하여 처리하도록 하는 행위
  15. 제1호부터 제14호까지의 부정청탁의 대
상이 되는 업무에 관하여 공직자등이 법
령에 따라 부여받은 지위·권한을 벗어
나 행사하거나 권한에 속하지 아니한 사
항을 행사하도록 하는 행위
  ② 제1항에도 불구하고 다음 각 호의 어느
하나에 해당하는 경우에는 이 법을 적용하지
아니한다.
  1. 「청원법」, 「민원사무 처리에 관한 법률」,

「행정절차법」, 「국회법」 및 그 밖의 다른 법령·기준(제2조 제1호 나목부터 마목까지의 공공기관의 규정·사규·기준을 포함한다. 이하 같다)에서 정하는 절차·방법에 따라 권리침해의 구제·해결을 요구하거나 그와 관련된 법령·기준의 제정·개정·폐지를 제안·건의하는 등 특정한 행위를 요구하는 행위

2. 공개적으로 공직자등에게 특정한 행위를 요구하는 행위
3. 선출직 공직자, 정당, 시민단체 등이 공익적인 목적으로 제3자의 고충민원을 전달하거나 법령·기준의 제정·개정·폐지 또는 정책·사업·제도 및 그 운영 등의 개선에 관하여 제안·건의하는 행위
4. 공공기관에 직무를 법정기한 안에 처리하여 줄 것을 신청·요구하거나 그 진행상황·조치결과 등에 대하여 확인·문의 등을 하는 행위
5. 직무 또는 법률관계에 관한 확인·증명 등을 신청·요구하는 행위
6. 질의 또는 상담형식을 통하여 직무에 관한 법령·제도·절차 등에 대하여 설명이나 해석을 요구하는 행위
7. 그 밖에 사회상규(社會常規)에 위배되지 아니하는 것으로 인정되는 행위

제6조(부정청탁에 따른 직무수행 금지) 부정청탁을 받은 공직자등은 그에 따라 직무를 수행해서는 아니 된다.

제7조(부정청탁의 신고 및 처리) ① 공직자등은 부정청탁을 받았을 때에는 부정청탁을 한 자에게 부정청탁임을 알리고 이를 거절하는 의사를 명확히 표시하여야 한다.

② 공직자등은 제1항에 따른 조치를 하였음에도 불구하고 동일한 부정청탁을 다시 받은 경우에는 이를 소속기관장에게 서면(전자문서를 포함한다. 이하 같다)으로 신고하여야 한다.

③ 제2항에 따른 신고를 받은 소속기관장은 신고의 경위·취지·내용·증거자료 등을 조사하여 신고 내용이 부정청탁에 해당하는지를 신속하게 확인하여야 한다.

④ 소속기관장은 부정청탁이 있었던 사실을 알게 된 경우 또는 제2항 및 제3항의 부정청탁에 관한 신고·확인 과정에서 해당 직무의 수행에 지장이 있다고 인정하는 경우에는 부정청탁을 받은 공직자등에 대하여 다음 각 호의 조치를 할 수 있다.

1. 직무 참여 일시중지
2. 직무 대리자의 지정
3. 전보
4. 그 밖에 국회규칙, 대법원규칙, 헌법재판소규칙, 중앙선거관리위원회규칙 또는 대통령령으로 정하는 조치

⑤ 소속기관장은 공직자등이 다음 각 호의 어느 하나에 해당하는 경우에는 제4항에도 불구하고 그 공직자등에게 직무를 수행하게 할 수 있다. 이 경우 제20조에 따른 소속기관의 담당관 또는 다른 공직자등으로 하여금 그 공직자등의 공정한 직무수행 여부를 주기적으로 확인·점검하도록 하여야 한다.

1. 직무를 수행하는 공직자등을 대체하기 지극히 어려운 경우
2. 공직자등의 직무수행에 미치는 영향이 크지 아니한 경우
3. 국가의 안전보장 및 경제발전 등 공익증진을 이유로 직무수행의 필요성이 더 큰 경우

⑥ 공직자등은 제2항에 따른 신고를 감독기관·감사원·수사기관 또는 국민권익위원회에도 할 수 있다.

⑦ 소속기관장은 다른 법령에 위반되지 아니하는 범위에서 부정청탁의 내용 및 조치사항을 해당 공공기관의 인터넷 홈페이지 등에 공개할 수 있다.

⑧ 제1항부터 제7항까지에서 규정한 사항

외에 부정청탁의 신고·확인·처리 및 기록· 관리·공개 등에 필요한 사항은 대통령령으로 정한다.

제3장 금품등의 수수 금지 등

제8조(금품등의 수수 금지) ① 공직자등은 직무 관련 여부 및 기부·후원·증여 등 그 명목에 관계없이 동일인으로부터 1회에 100만원 또는 매 회계연도에 300만원을 초과하는 금품등을 받거나 요구 또는 약속해서는 아니 된다.

② 공직자등은 직무와 관련하여 대가성 여부를 불문하고 제1항에서 정한 금액 이하의 금품등을 받거나 요구 또는 약속해서는 아니 된다.

③ 제10조의 외부강의등에 관한 사례금 또는 다음 각 호의 어느 하나에 해당하는 금품등의 경우에는 제1항 또는 제2항에서 수수를 금지하는 금품등에 해당하지 아니한다.

1. 공공기관이 소속 공직자등이나 파견 공직자등에게 지급하거나 상급 공직자등이 위로·격려·포상 등의 목적으로 하급 공직자등에게 제공하는 금품등
2. 원활한 직무수행 또는 사교·의례 또는 부조의 목적으로 제공되는 음식물·경조사비·선물 등으로서 대통령령으로 정하는 가액 범위 안의 금품등
3. 사적 거래(증여는 제외한다)로 인한 채무의 이행 등 정당한 권원(權原)에 의하여 제공되는 금품등
4. 공직자등의 친족(「민법」 제777조에 따른 친족을 말한다)이 제공하는 금품등
5. 공직자등과 관련된 직원상조회·동호인회·동창회·향우회·친목회·종교단체·사회단체 등이 정하는 기준에 따라 구성원에게 제공하는 금품등 및 그 소속 구성원 등 공직자등과 특별히 장기적·

지속적인 친분관계를 맺고 있는 자가 질병·재난 등으로 어려운 처지에 있는 공직자등에게 제공하는 금품등
6. 공직자등의 직무와 관련된 공식적인 행사에서 주최자가 참석자에게 통상적인 범위에서 일률적으로 제공하는 교통, 숙박, 음식물 등의 금품등
7. 불특정 다수인에게 배포하기 위한 기념품 또는 홍보용품 등이나 경연·추첨을 통하여 받는 보상 또는 상품 등
8. 그 밖에 다른 법령·기준 또는 사회상규에 따라 허용되는 금품등

④ 공직자등의 배우자는 공직자등의 직무와 관련하여 제1항 또는 제2항에 따라 공직자등이 받는 것이 금지되는 금품등(이하 "수수 금지 금품등"이라 한다)을 받거나 요구하거나 제공받기로 약속해서는 아니 된다.

⑤ 누구든지 공직자등에게 또는 그 공직자등의 배우자에게 수수 금지 금품등을 제공하거나 그 제공의 약속 또는 의사표시를 해서는 아니 된다.

제9조(수수 금지 금품등의 신고 및 처리) ① 공직자등은 다음 각 호의 어느 하나에 해당하는 경우에는 소속기관장에게 지체 없이 서면으로 신고하여야 한다.

1. 공직자등 자신이 수수 금지 금품등을 받거나 그 제공의 약속 또는 의사표시를 받은 경우
2. 공직자등이 자신의 배우자가 수수 금지 금품등을 받거나 그 제공의 약속 또는 의사표시를 받은 사실을 안 경우

② 공직자등은 자신이 수수 금지 금품등을 받거나 그 제공의 약속이나 의사표시를 받은 경우 또는 자신의 배우자가 수수 금지 금품등을 받거나 그 제공의 약속이나 의사표시를 받은 사실을 알게 된 경우에는 이를 제공자에게 지체 없이 반환하거나 반환하도록 하거나 그 거부의 의사를 밝히거나 밝히도록 하

여야 한다. 다만, 받은 금품등이 다음 각 호의 어느 하나에 해당하는 경우에는 소속기관장에게 인도하거나 인도하도록 하여야 한다.

1. 멸실·부패·변질 등의 우려가 있는 경우
2. 해당 금품등의 제공자를 알 수 없는 경우
3. 그 밖에 제공자에게 반환하기 어려운 사정이 있는 경우

③ 소속기관장은 제1항에 따라 신고를 받거나 제2항 단서에 따라 금품등을 인도받은 경우 수수 금지 금품등에 해당한다고 인정하는 때에는 반환 또는 인도하게 하거나 거부의 의사를 표시하도록 하여야 하며, 수사의 필요성이 있다고 인정하는 때에는 그 내용을 지체 없이 수사기관에 통보하여야 한다.

④ 소속기관장은 공직자등 또는 그 배우자가 수수 금지 금품등을 받거나 그 제공의 약속 또는 의사표시를 받은 사실을 알게 된 경우 수사의 필요성이 있다고 인정하는 때에는 그 내용을 지체 없이 수사기관에 통보하여야 한다.

⑤ 소속기관장은 소속 공직자등 또는 그 배우자가 수수 금지 금품등을 받거나 그 제공의 약속 또는 의사표시를 받은 사실을 알게 된 경우 또는 제1항부터 제4항까지의 규정에 따른 금품등의 신고, 금품등의 반환·인도 또는 수사기관에 대한 통보의 과정에서 직무의 수행에 지장이 있다고 인정하는 경우에는 해당 공직자등에게 제7조 제4항 각 호 및 같은 조 제5항의 조치를 할 수 있다.

⑥ 공직자등은 제1항 또는 같은 조 제2항 단서에 따른 신고나 인도를 감독기관·감사원·수사기관 또는 국민권익위원회에도 할 수 있다.

⑦ 소속기관장은 공직자등으로부터 제1항 제2호에 따른 신고를 받은 경우 그 공직자등의 배우자가 반환을 거부하는 금품등이 수수 금지 금품등에 해당한다고 인정하는 때에는 그 공직자등의 배우자로 하여금 그 금품등을 제공자에게 반환하도록 요구하여야 한다.

⑧ 제1항부터 제7항까지에서 규정한 사항 외에 수수 금지 금품등의 신고 및 처리 등에 필요한 사항은 대통령령으로 정한다.

제10조(외부강의등의 사례금 수수 제한) ① 공직자등은 자신의 직무와 관련되거나 그 지위·직책 등에서 유래되는 사실상의 영향력을 통하여 요청받은 교육·홍보·토론회·세미나·공청회 또는 그 밖의 회의 등에서 한 강의·강연·기고 등(이하 "외부강의등"이라 한다)의 대가로서 대통령령으로 정하는 금액을 초과하는 사례금을 받아서는 아니 된다.

② 공직자등은 외부강의등을 할 때에는 대통령령으로 정하는 바에 따라 외부강의등의 요청 명세 등을 소속기관장에게 미리 서면으로 신고하여야 한다. 다만, 외부강의등을 요청한 자가 국가나 지방자치단체인 경우에는 그러하지 아니하다.

③ 공직자등은 제2항 본문에 따라 외부강의등을 미리 신고하는 것이 곤란한 경우에는 그 외부강의등을 마친 날부터 2일 이내에 서면으로 신고하여야 한다.

④ 소속기관장은 제2항에 따라 공직자등이 신고한 외부강의등이 공정한 직무수행을 저해할 수 있다고 판단하는 경우에는 그 외부강의등을 제한할 수 있다.

⑤ 공직자등은 제1항에 따른 금액을 초과하는 사례금을 받은 경우에는 대통령령으로 정하는 바에 따라 소속기관장에게 신고하고, 제공자에게 그 초과금액을 지체 없이 반환하여야 한다.

제11조(공무수행사인의 공무 수행과 관련된 행위제한 등) ① 다음 각 호의 어느 하나에 해당하는 자(이하 "공무수행사인"이라 한다)의 공무 수행에 관하여는 제5조부터 제9조까지를 준용한다.

1. 「행정기관 소속 위원회의 설치·운영에 관한 법률」 또는 다른 법령에 따라 설

치된 각종 위원회의 위원 중 공직자가
아닌 위원

2. 법령에 따라 공공기관의 권한을 위임·
위탁받은 법인·단체 또는 그 기관이나
개인

3. 공무를 수행하기 위하여 민간부문에서
공공기관에 파견 나온 사람

4. 법령에 따라 공무상 심의·평가 등을 하
는 개인 또는 법인·단체

② 제1항에 따라 공무수행사인에 대하여
제5조부터 제9조까지를 준용하는 경우 "공
직자등"은 "공무수행사인"으로 보고, "소속
기관장"은 "다음 각 호의 구분에 따른 자"로
본다.

1. 제1항 제1호에 따른 위원회의 위원: 그
위원회가 설치된 공공기관의 장

2. 제1항 제2호에 따른 법인·단체 또는 그
기관이나 개인: 감독기관 또는 권한을
위임하거나 위탁한 공공기관의 장

3. 제1항 제3호에 따른 사람: 파견을 받은
공공기관의 장

4. 제1항 제4호에 따른 개인 또는 법인·단
체: 해당 공무를 제공받는 공공기관의 장

제4장　부정청탁 등 방지에 관한
업무의 총괄 등

제12조(공직자등의 부정청탁 등 방지에 관
한 업무의 총괄) 국민권익위원회는 이 법에
따른 다음 각 호의 사항에 관한 업무를 관장
한다.

1. 부정청탁의 금지 및 금품등의 수수 금
지·제한 등에 관한 제도개선 및 교육·
홍보계획의 수립 및 시행

2. 부정청탁 등에 관한 유형, 판단기준 및
그 예방 조치 등에 관한 기준의 작성 및
보급

3. 부정청탁 등에 대한 신고 등의 안내·상

담·접수·처리 등

4. 신고자 등에 대한 보호 및 보상

5. 제1호부터 제4호까지의 업무 수행에 필
요한 실태조사 및 자료의 수집·관리·분
석 등

제13조(위반행위의 신고 등) ① 누구든지 이
법의 위반행위가 발생하였거나 발생하고 있다
는 사실을 알게 된 경우에는 다음 각 호의 어
느 하나에 해당하는 기관에 신고할 수 있다.

1. 이 법의 위반행위가 발생한 공공기관 또
는 그 감독기관

2. 감사원 또는 수사기관

3. 국민권익위원회

② 제1항에 따른 신고를 한 자가 다음 각
호의 어느 하나에 해당하는 경우에는 이 법
에 따른 보호 및 보상을 받지 못한다.

1. 신고의 내용이 거짓이라는 사실을 알았
거나 알 수 있었음에도 신고한 경우

2. 신고와 관련하여 금품등이나 근무관계
상의 특혜를 요구한 경우

3. 그 밖에 부정한 목적으로 신고한 경우

③ 제1항에 따라 신고를 하려는 자는 자신
의 인적사항과 신고의 취지·이유·내용을 적
고 서명한 문서와 함께 신고 대상 및 증거 등
을 제출하여야 한다.

제14조(신고의 처리) ① 제13조 제1항 제1
호 또는 제2호의 기관(이하 "조사기관"이라
한다)은 같은 조 제1항에 따라 신고를 받거
나 제2항에 따라 국민권익위원회로부터 신고
를 이첩받은 경우에는 그 내용에 관하여 필
요한 조사·감사 또는 수사를 하여야 한다.

② 국민권익위원회가 제13조 제1항에 따
른 신고를 받은 경우에는 그 내용에 관하여
신고자를 상대로 사실관계를 확인한 후 대
통령령으로 정하는 바에 따라 조사기관에
이첩하고, 그 사실을 신고자에게 통보하여
야 한다.

③ 조사기관은 제1항에 따라 조사·감사 또

는 수사를 마친 날부터 10일 이내에 그 결과를 신고자와 국민권익위원회에 통보(국민권익위원회로부터 이첩받은 경우만 해당한다)하고, 조사·감사 또는 수사 결과에 따라 공소 제기, 과태료 부과 대상 위반행위의 통보, 징계 처분 등 필요한 조치를 하여야 한다.

④ 국민권익위원회는 제3항에 따라 조사기관으로부터 조사·감사 또는 수사 결과를 통보받은 경우에는 지체 없이 신고자에게 조사·감사 또는 수사 결과를 알려야 한다.

⑤ 제3항 또는 제4항에 따라 조사·감사 또는 수사 결과를 통보받은 신고자는 조사기관에 이의신청을 할 수 있으며, 제4항에 따라 조사·감사 또는 수사 결과를 통지받은 신고자는 국민권익위원회에도 이의신청을 할 수 있다.

⑥ 국민권익위원회는 조사기관의 조사·감사 또는 수사 결과가 충분하지 아니하다고 인정되는 경우에는 조사·감사 또는 수사 결과를 통보받은 날부터 30일 이내에 새로운 증거자료의 제출 등 합리적인 이유를 들어 조사기관에 재조사를 요구할 수 있다.

⑦ 제6항에 따른 재조사를 요구받은 조사기관은 재조사를 종료한 날부터 7일 이내에 그 결과를 국민권익위원회에 통보하여야 한다. 이 경우 국민권익위원회는 통보를 받은 즉시 신고자에게 재조사 결과의 요지를 알려야 한다.

제15조(신고자등의 보호·보상) ① 누구든지 다음 각 호의 어느 하나에 해당하는 신고 등(이하 "신고등"이라 한다)을 하지 못하도록 방해하거나 신고등을 한 자(이하 "신고자등"이라 한다)에게 이를 취소하도록 강요해서는 아니 된다.

1. 제7조 제2항 및 제6항에 따른 신고
2. 제9조 제1항, 같은 조 제2항 단서 및 같은 조 제6항에 따른 신고 및 인도
3. 제13조 제1항에 따른 신고

4. 제1호부터 제3호까지에 따른 신고를 한 자 외에 협조를 한 자가 신고에 관한 조사·감사·수사·소송 또는 보호조치에 관한 조사·소송 등에서 진술·증언 및 자료제공 등의 방법으로 조력하는 행위

② 누구든지 신고자등에게 신고등을 이유로 불이익조치(「공익신고자 보호법」 제2조 제6호에 따른 불이익조치를 말한다. 이하 같다)를 해서는 아니 된다.

③ 이 법에 따른 위반행위를 한 자가 위반사실을 자진하여 신고하거나 신고자등이 신고등을 함으로 인하여 자신이 한 이 법 위반행위가 발견된 경우에는 그 위반행위에 대한 형사처벌, 과태료 부과, 징계처분, 그 밖의 행정처분 등을 감경하거나 면제할 수 있다.

④ 제1항부터 제3항까지에서 규정한 사항 외에 신고자등의 보호 등에 관하여는 「공익신고자 보호법」 제11조부터 제13조까지, 제14조 제3항부터 제5항까지 및 제16조부터 제25조까지의 규정을 준용한다. 이 경우 "공익신고자등"은 "신고자등"으로, "공익신고등"은 "신고등"으로 본다.

⑤ 국민권익위원회는 제13조 제1항에 따른 신고로 인하여 공공기관에 재산상 이익을 가져오거나 손실을 방지한 경우 또는 공익의 증진을 가져온 경우에는 그 신고자에게 포상금을 지급할 수 있다.

⑥ 국민권익위원회는 제13조 제1항에 따른 신고로 인하여 공공기관에 직접적인 수입의 회복·증대 또는 비용의 절감을 가져온 경우에는 그 신고자의 신청에 의하여 보상금을 지급하여야 한다.

⑦ 제5항과 제6항에 따른 포상금·보상금 신청 및 지급 등에 관하여는 「부패방지 및 국민권익위원회의 설치와 운영에 관한 법률」 제68조부터 제71조까지의 규정을 준용한다. 이 경우 "부패행위의 신고자"는 "제13조 제1항에 따라 신고를 한 자"로, "이 법에 따른 신

고"는 "제13조 제1항에 따른 신고"로 본다.

제16조(위법한 직무처리에 대한 조치) 공공기관의 장은 공직자등이 직무수행 중에 또는 직무수행 후에 제5조, 제6조 및 제8조를 위반한 사실을 발견한 경우에는 해당 직무를 중지하거나 취소하는 등 필요한 조치를 하여야 한다.

제17조(부당이득의 환수) 공공기관의 장은 제5조, 제6조, 제8조를 위반하여 수행한 공직자등의 직무가 위법한 것으로 확정된 경우에는 그 직무의 상대방에게 이미 지출·교부된 금액 또는 물건이나 그 밖에 재산상 이익을 환수하여야 한다.

제18조(비밀누설 금지) 다음 각 호의 어느 하나에 해당하는 업무를 수행하거나 수행하였던 공직자등은 그 업무처리 과정에서 알게 된 비밀을 누설해서는 아니 된다. 다만, 제7조 제7항에 따라 공개하는 경우에는 그러하지 아니하다.

　　1. 제7조에 따른 부정청탁의 신고 및 조치에 관한 업무

　　2. 제9조에 따른 수수 금지 금품등의 신고 및 처리에 관한 업무

제19조(교육과 홍보 등) ① 공공기관의 장은 공직자등에게 부정청탁 금지 및 금품등의 수수 금지에 관한 내용을 정기적으로 교육하여야 하며, 이를 준수할 것을 약속하는 서약서를 받아야 한다.

　② 공공기관의 장은 이 법에서 금지하고 있는 사항을 적극적으로 알리는 등 국민들이 이 법을 준수하도록 유도하여야 한다.

　③ 공공기관의 장은 제1항 및 제2항에 따른 교육 및 홍보 등의 실시를 위하여 필요하면 국민권익위원회에 지원을 요청할 수 있다. 이 경우 국민권익위원회는 적극 협력하여야 한다.

제20조(부정청탁 금지 등을 담당하는 담당관의 지정) 공공기관의 장은 소속 공직자등 중에서 다음 각 호의 부정청탁 금지 등을 담당하는 담당관을 지정하여야 한다.

　　1. 부정청탁 금지 및 금품등의 수수 금지에 관한 내용의 교육·상담

　　2. 이 법에 따른 신고·신청의 접수, 처리 및 내용의 조사

　　3. 이 법에 따른 소속기관장의 위반행위를 발견한 경우 법원 또는 수사기관에 그 사실의 통보

제5장　징계 및 벌칙

제21조(징계) 공공기관의 장 등은 공직자등이 이 법 또는 이 법에 따른 명령을 위반한 경우에는 징계처분을 하여야 한다.

제22조(벌칙) ① 다음 각 호의 어느 하나에 해당하는 자는 3년 이하의 징역 또는 3천만원 이하의 벌금에 처한다.

　　1. 제8조 제1항을 위반한 공직자등(제11조에 따라 준용되는 공무수행사인을 포함한다). 다만, 제9조 제1항·제2항 또는 제6항에 따라 신고하거나 그 수수 금지 금품등을 반환 또는 인도하거나 거부의 의사를 표시한 공직자등은 제외한다.

　　2. 자신의 배우자가 제8조 제4항을 위반하여 같은 조 제1항에 따른 수수 금지 금품등을 받거나 요구하거나 제공받기로 약속한 사실을 알고도 제9조 제1항 제2호 또는 같은 조 제6항에 따라 신고하지 아니한 공직자등(제11조에 따라 준용되는 공무수행사인을 포함한다). 다만, 공직자등 또는 배우자가 제9조 제2항에 따라 수수 금지 금품등을 반환 또는 인도하거나 거부의 의사를 표시한 경우는 제외한다.

　　3. 제8조 제5항을 위반하여 같은 조 제1항에 따른 수수 금지 금품등을 공직자등

(제11조에 따라 준용되는 공무수행사인을 포함한다) 또는 그 배우자에게 제공하거나 그 제공의 약속 또는 의사표시를 한 자

4. 제15조 제4항에 따라 준용되는 「공익신고자 보호법」 제12조 제1항을 위반하여 신고자등의 인적사항이나 신고자등임을 미루어 알 수 있는 사실을 다른 사람에게 알려주거나 공개 또는 보도한 자

5. 제18조를 위반하여 그 업무처리 과정에서 알게 된 비밀을 누설한 공직자등

② 다음 각 호의 어느 하나에 해당하는 자는 2년 이하의 징역 또는 2천만원 이하의 벌금에 처한다.

1. 제6조를 위반하여 부정청탁을 받고 그에 따라 직무를 수행한 공직자등(제11조에 따라 준용되는 공무수행사인을 포함한다)

2. 제15조 제2항을 위반하여 신고자등에게 「공익신고자 보호법」 제2조 제6호 가목에 해당하는 불이익조치를 한 자

3. 제15조 제4항에 따라 준용되는 「공익신고자 보호법」 제21조 제2항에 따라 확정되거나 행정소송을 제기하여 확정된 보호조치결정을 이행하지 아니한 자

③ 다음 각 호의 어느 하나에 해당하는 자는 1년 이하의 징역 또는 1천만원 이하의 벌금에 처한다.

1. 제15조 제1항을 위반하여 신고등을 방해하거나 신고등을 취소하도록 강요한 자

2. 제15조 제2항을 위반하여 신고자등에게 「공익신고자 보호법」 제2조 제6호 나목부터 사목까지의 어느 하나에 해당하는 불이익조치를 한 자

④ 제1항 제1호부터 제3호까지의 규정에 따른 금품등은 몰수한다. 다만, 그 금품등의 전부 또는 일부를 몰수하는 것이 불가능한 경우에는 그 가액을 추징한다.

제23조(과태료 부과) ① 다음 각 호의 어느 하나에 해당하는 자에게는 3천만원 이하의 과태료를 부과한다.

1. 제5조 제1항을 위반하여 제3자를 위하여 다른 공직자등(제11조에 따라 준용되는 공무수행사인을 포함한다)에게 부정청탁을 한 공직자등(제11조에 따라 준용되는 공무수행사인을 포함한다). 다만, 「형법」 등 다른 법률에 따라 형사처벌을 받은 경우에는 과태료를 부과하지 아니하며, 과태료를 부과한 후 형사처벌을 받은 경우에는 그 과태료 부과를 취소한다.

2. 제15조 제4항에 따라 준용되는 「공익신고자 보호법」 제19조 제2항 및 제3항(같은 법 제22조 제3항에 따라 준용되는 경우를 포함한다)을 위반하여 자료 제출, 출석, 진술서의 제출을 거부한 자

② 제5조 제1항을 위반하여 제3자를 위하여 공직자등(제11조에 따라 준용되는 공무수행사인을 포함한다)에게 부정청탁을 한 자(제1항 제1호에 해당하는 자는 제외한다)에게는 2천만원 이하의 과태료를 부과한다. 다만, 「형법」 등 다른 법률에 따라 형사처벌을 받은 경우에는 과태료를 부과하지 아니하며, 과태료를 부과한 후 형사처벌을 받은 경우에는 그 과태료 부과를 취소한다.

③ 제5조 제1항을 위반하여 제3자를 통하여 공직자등(제11조에 따라 준용되는 공무수행사인을 포함한다)에게 부정청탁을 한 자(제1항 제1호 및 제2항에 해당하는 자는 제외한다)에게는 1천만원 이하의 과태료를 부과한다. 다만, 「형법」 등 다른 법률에 따라 형사처벌을 받은 경우에는 과태료를 부과하지 아니하며, 과태료를 부과한 후 형사처벌을 받은 경우에는 그 과태료 부과를 취소한다.

④ 제10조 제5항에 따른 신고 및 반환 조치를 하지 아니한 공직자등에게는 500만원

이하의 과태료를 부과한다.

⑤ 다음 각 호의 어느 하나에 해당하는 자에게는 그 위반행위와 관련된 금품등 가액의 2배 이상 5배 이하에 상당하는 금액의 과태료를 부과한다. 다만, 제22조 제1항 제1호부터 제3호까지의 규정이나 「형법」 등 다른 법률에 따라 형사처벌(몰수나 추징을 당한 경우를 포함한다)을 받은 경우에는 과태료를 부과하지 아니하며, 과태료를 부과한 후 형사처벌을 받은 경우에는 그 과태료 부과를 취소한다.

1. 제8조 제2항을 위반한 공직자등(제11조에 따라 준용되는 공무수행사인을 포함한다). 다만, 제9조 제1항·제2항 또는 제6항에 따라 신고하거나 그 수수 금지 금품등을 반환 또는 인도하거나 거부의 의사를 표시한 공직자등은 제외한다.

2. 자신의 배우자가 제8조 제4항을 위반하여 같은 조 제2항에 따른 수수 금지 금품등을 받거나 요구하거나 제공받기로 약속한 사실을 알고도 제9조 제1항 제2호 또는 같은 조 제6항에 따라 신고하지 아니한 공직자등(제11조에 따라 준용되는 공무수행사인을 포함한다). 다만, 공직자등 또는 배우자가 제9조 제2항에 따라 수수 금지 금품등을 반환 또는 는 인도하거나 거부의 의사를 표시한 경우는 제외한다.

3. 제8조 제5항을 위반하여 같은 조 제2항에 따른 수수 금지 금품등을 공직자등(제11조에 따라 준용되는 공무수행사인을 포함한다) 또는 그 배우자에게 제공하거나 그 제공의 약속 또는 의사표시를 한 자

⑥ 제1항부터 제5항까지의 규정에도 불구하고 「국가공무원법」, 「지방공무원법」 등 다른 법률에 따라 징계부가금 부과의 의결이 있은 후에는 과태료를 부과하지 아니하며, 과태료가 부과된 후에는 징계부가금 부과의 의결을 하지 아니한다.

⑦ 소속기관장은 제1항부터 제5항까지의 과태료 부과 대상자에 대해서는 그 위반 사실을 「비송사건절차법」에 따른 과태료 재판 관할법원에 통보하여야 한다.

제24조(양벌규정) 법인 또는 단체의 대표자나 법인·단체 또는 개인의 대리인, 사용인, 그 밖의 종업원이 그 법인·단체 또는 개인의 업무에 관하여 제22조 제1항 제3호[금품등의 제공자가 공직자등(제11조에 따라 제8조가 준용되는 공무수행사인을 포함한다)인 경우는 제외한다], 제23조 제2항, 제23조 제3항 또는 제23조 제5항 제3호[금품등의 제공자가 공직자등(제11조에 따라 제8조가 준용되는 공무수행사인을 포함한다)인 경우는 제외한다]의 위반행위를 하면 그 행위자를 벌하는 외에 그 법인·단체 또는 개인에게도 해당 조문의 벌금 또는 과태료를 과한다. 다만, 법인·단체 또는 개인이 그 위반행위를 방지하기 위하여 해당 업무에 관하여 상당한 주의와 감독을 게을리하지 아니한 경우에는 그러하지 아니하다.

부칙 〈제13278호, 2015.3.27.〉

제1조(시행일) 이 법은 공포 후 1년 6개월이 경과한 날부터 시행한다.
제2조(수수 금지 금품등의 신고에 관한 적용례) 제9조 제1항은 이 법 시행 후 같은 항 각 호의 행위가 발생한 경우부터 적용한다.
제3조(외부강의등의 사례금 수수 제한에 관한 적용례) 제10조 제1항은 이 법 시행 후 하는 외부강의등부터 적용한다.

판례색인

사항색인

저자약력

홍성칠(洪性七)

성균관대학교 법과대학 졸업
독일 프랑크푸르트대학 Visiting Scholar
성균관대학교 대학원 졸업(법학박사)

서울민사지방법원 판사
대구지방법원 안동지원 판사
서울남부지방법원 판사
서울지방법원 판사
서울동부지방법원 판사
서울고등법원 판사
대구지방법원 상주지원장
영주시·상주시선거관리위원장
법무법인 로앤 대표변호사
국민권익위원회 부위원장
중앙행정심판위원장

(現) 법무법인 서일 대표변호사

청탁금지법 해설

초판발행	2016년 6월 15일
중판발행	2016년 10월 20일
지은이	홍성칠
펴낸이	안종만
편 집	이승현
기획/마케팅	조성호
표지디자인	조아라
제 작	우인도·고철민
펴낸곳	㈜ 박영사
	서울특별시 종로구 새문안로3길 36, 1601
	등록 1959. 3. 11. 제300-1959-1호(倫)
전 화	02)733-6771
f a x	02)736-4818
e-mail	pys@pybook.co.kr
homepage	www.pybook.co.kr
ISBN	979-11-303-2800-3 93360

정 가   20,000원